遵义师范学院乌江流域历史文化研究中心
遵义师范学院土司文化研究院
遵义师范学院中国仡佬族文化研究院

乌江流域苗族传统节日文化的保护与开发研究

GELAOZUCHUANTONGTIYUWENHUAFAZHANYANJIU

●陈风波 陈风华 刘燕燕 著

遵义师范学院乌江流域历史文化研究中心项目（项目编号：WJ2015001）

中央民族大学出版社
China Minzu University Press

图书在版编目（CIP）数据

乌江流域苗族传统节日文化的保护与开发研究／陈风波，陈风华，刘燕燕著．—北京：中央民族大学出版社，2017.12（2018.3重印）

ISBN 978-7-5660-1456-6

Ⅰ.①乌　Ⅱ.①陈… ②陈… ③刘…　Ⅲ.①乌江—流域—苗族—民族节日—文化研究　Ⅳ.①K892.1

中国版本图书馆 CIP 数据核字（2017）第 291634 号

乌江流域苗族传统节日文化的保护与开发研究

作　　者	陈风波　陈风华　刘燕燕
责任编辑	舒　松
责任校对	胡菁瑶
封面设计	符　蓉
出 版 者	中央民族大学出版社 北京市海淀区中关村南大街 27 号　邮编：100081 电　话：68472815（发行部）　传真：68932751（发行部） 68932218（总编室）　68932447（办公室）
发 行 者	全国各地新华书店
印 刷 厂	北京盛华达印刷有限公司
开　　本	787×1092（毫米）　1/16　印张：16
字　　数	260 千字
版　　次	2017 年 12 月第 1 版　2018 年 3 月第 2 次印刷
书　　号	ISBN 978-7-5660-1456-6
定　　价	60.00 元

《乌江流域民族文化丛书》总序

在一个民族的历史与现实发展中，民族文化起着维系社会共同生活、维持社会稳定的重要作用，是本民族生存与发展的精神根基。中华文化历史悠久、源远流长，是中华民族共同创造、长期历史发展所沉淀的文化，在五千年漫长历史长河的不断演进中，因历史的积淀、时代的变迁与区域的差异，形成了丰富多彩、各具特色的地域民族文化。在中华民族文化宝库中，古朴、神秘、斑斓的乌江流域民族文化是其中一颗璀璨的明珠。

乌江流域横跨贵州、重庆、云南及湖北四省市，共56个县市，总人口为1666万人，居住着汉、苗、侗、土家、彝、仡佬、布依、回等40多个民族。乌江丰美的水土滋养了流域内的各族人民，同时也孕育了源远流长、博大精深的乌江流域民族文化，据不完全统计，乌江流域的国家级非物质文化遗产达30余项。乌江流域民族文化蕴含了万物平等、和谐共生、互惠共荣、生命平等、相互依存、平衡协调、自强不息、敬畏感恩等思想观念，是本地区文化的精粹，长期以来，一直影响着流域内不同民族的生产方式和交往方式，对人们的生活态度和思维习惯亦有潜移默化之功。乌江流域民族文化是流域内各民族引以为豪的宝贵精神财富，无论是在过去、现在，还是未来，它在乌江流域各民族的经济、政治、文化、教育、社会生活的方方面面都发挥着十分重要的作用。

但是，随着经济社会的高速发展，新型工业化、农业现代化、新型城镇化以及信息化建设进程的不断加快，强势的现代文明正在无情地挤压着农耕文明，该流域很多原有的生产方式和生活方式正在发生迅速的变化。作为农耕文明重要代表的民族文化，正在失去其往昔的辉煌，有的甚至已寿终正寝，一些珍贵的历史文化资料及许多极富特色的风俗、习惯和文化传统正处于濒临消亡的边缘，因此发掘、抢救、保护和梳理该流域的物质和非物质文化遗产是地方历史文化建设的当务之急。

正如习近平主席所说："没有文明的继承和发展，没有文化的弘扬和繁荣，就没有中国梦的实现"。为了发掘、特别是抢救、保护和梳理乌江流域历史文化资料，彰显其民族文化的核心价值，传播时代精神的正能量，做好对民族文化的传承、开发与利用，进而扩大乌江流域民族文化的研究成果，2013 年 7 月遵义师范学院成立了乌江流域历史文化研究基地，组建了乌江流域民族文化方向的研究团队，并获得中央财政部支持地方高校发展专项基金资助。团队成员坚持马克思主义的立场和方法、坚持社会主义的方向，坚持党的文化政策和民族政策，经过几年的艰辛付出，对留存于乌江流域的民族文化资料进行了搜集、整理、分析与研究，最终由刘丽、袁礼辉、范维、牟孝梅、李军星、黄正廩、罗永忠等老师共同撰写了《乌江流域民族文化研究丛书》十册（以下简称《丛书》）。

《丛书》较为全面、系统地展示了乌江流域民族的历史、信仰、语言、文学艺术、非物质文化遗产、旅游与经济发展、民族地区生态环境等等，可谓荟萃众美，雅俗共赏。这套丛书的出版，既是继承和发扬乌江流域民族优秀传统文化的重要媒介，也是我校哲学社会科学建设的新成果。文化的延续性在于继承，文化的包容性在于开放，文化的生命力在于创新。我们继承乌江流域民族优秀传统文化，不是抱残守缺、守旧复古，而是充分发掘其民族文化的精髓，不断从乌江流域民族文化中萃取优秀传统的精华，拓展和丰富其民族文化精神价值的内涵，体现其历史意义和现实价值，并在此基础上去粗取精、推陈出新，创造出符合时代特征的新的文化产品，为乌江流域民族地区，乃至贵州省经济发展与社会的不断进步催生新的增长点。

《丛书》的付梓出版，是对《丛书》作者数年来辛勤劳动付出的回报，是我校哲学社会科学建设的又一重要成果，亦是弘扬和传承民族文化、体现和彰显文化自信的可贵探索。为此，我们谨向始终支持和关心乌江流域民族文化研究的领导、专家表示衷心的感谢！对负责定稿的专家学者，以及中央民族大学出版社的领导和编辑，为《丛书》出版付出的辛勤劳动深表由衷的谢意！由于我们水平有限，书中难免存在疏漏、瑕疵之处，还望读者批评指正。

是为序。

遵义师范学院《乌江流域民族文化研究丛书》编辑委员会

二〇一七年五月二十六日

前　言

乌江流域是中国西南少数民族的主要聚居区，有近50个少数民族，其中世居民族有15个，包括苗族、土家族、侗族、彝族、白族、布依族、哈尼族等少数民族，乌江流域苗族主要分布在乌江流域贵州段、湖北段、重庆段和云南段。乌江流域苗族地区风景秀丽，民族传统节日文化资源十分丰富，但由于大多地处偏远深山之中，自然生存条件十分恶劣，交通不便，与外界沟通不畅，其丰富的传统节日文化资源并没有作为经济发展和文化传承的途径予以有效保护和开发利用。因此，如何保护与开发乌江流域苗族传统节日文化，使其与现代社会实现对接，促进当地苗族地区的经济发展，提高苗族人民的生活水平，创新传承苗族传统节日文化成为我们亟须关注的重要课题。

一、对苗族节日文化研究现状综述

从目前国内研究现状来看，针对乌江流域苗族传统节日文化的保护与开发还是一个比较薄弱的环节，很多研究在视野上都以研究单个民族地区为主，未能将乌江流域视为整体展开研究，以乌江流域作为整体研究其民族节日文化的更是寥寥无几。通过查阅该领域大量的相关专著如：李品良、莫代山、祝国超的《乌江流域民族史》，张世史的《变迁与交融——乌江流域历代移民与民族关系研究》，伍新福的《中国苗族通史》（上下册），伍新福的《苗族文化史》《中国苗族民俗》《苗族社会历史调查》，王朝文《王朝文文集：苗学研究与苗族发展》，贵州省群众文化学会的《贵州少数民族节日大观》，颜勇、雷秀武的《贵州省民族传统节日综论》

《贵州节日文化》，黄泽的《西南民族节日文化》，刘晖、吴建民的《贵州省民族传统节日进入旅游市场的文化条件分析》，贵州省民族研究所《贵州民族调查》、翁家然主编的《贵州民族志》等。相关学术论文主要有黄泽的《西南民族节日文化》、迟燕琼的《少数民族传统节日的文化传承功能》、袁定基和张原的《苗族传统文化的保存、传承和利用》、潘定智的《黔东南苗族节日简论》、王清敏的《论黔东南苗族传统节日的文化精神》、贾哗和邵志忠的《苗族传统节日文化》、罗连祥的《改革开放以来我国少数民族传统文化的变迁与保护——以黔东南苗族传统节日文化为例》、李炳昌的《民族文化开发的基本原则——以黔东南苗族侗族自治州为例》、王希辉的《论乌江流域少数民族文化的开发与保护》、王剑的《乌江流域少数民族传统节日特征研究》、杨光宗的《民族地区节日文化的保护与创新——以恩施州节日文化为例》、杨涛声的《民族节日文化与民族经济的发展》、石群勇和龙晓飞的《论民间博物馆在民族文化保护、传承中的作用——以凤凰山江苗族家庭博物馆为例》、龚德全的《30年来贵州世居民族岁时节日文化研究综述》、吴正光和庄嘉如的《贵州少数民族节日简介》、韩荣培的《略论贵州民族节日的地方文化特色》、薛丽娥的《论政府参与模式对民族节日文化的影响》、吴宗友和曹荣的《论节日的文化功能》等。此外还有硕博论文，龚曼丹的《少数民族传统节日与现代社会的对接》、孔翠芳的《中央民族大学少数民族传统节日文化功能研究》等。通过仔细研读、整理、分析发现，学者们对乌江流域贵州苗族的传统节日有详细的分类介绍，阐述比较清晰全面，节日系统比较完整，对贵州苗族传统节日的特征及其社会功能也有所研究；但对重庆、湖北、云南苗族的传统节日的研究资料比较少，不够详实，阐述不够细致、全面。此外，学者们还分析概括了苗族传统节日的特征，对苗族传统节日的变迁进行了阐述，分析了民族传统节日的文化和社会功能，研究了当前民族传统节日的文化价值与经济价值，深入探究了民族传统节日文化的保护、开发、传承问题，并提出了相应的对策和建议。

在过去的相关研究中，有些问题研究比较少或者还处于空白状态：（一）对于苗族文化的研究多注重苗族传统文化的独特性，而对于苗族传统节日文化的保护与开发利用的研究较少；（二）对于苗族传统节日文化的表现形式与内涵，缺乏详细、系统的分类研究。（三）针对乌江流域这一特定区域的苗族传统节日文化的研究基本上还处于空白状态，既没有对乌江流域苗族节日的详细分类介绍，也没有对乌江流域苗族传统节日具体文化内涵的研究，对乌江流域苗族传统节日文化的现状、困境缺乏调查研究，对其保护与开发更无具体的、有针对性的举措。（四）对乌江流域苗族传统节日文化保护与开发的现实意义的研究不够具体和深入，理论与现实结合得不够紧密，仅停留在理论层面，没有太多实践性。本书正是从这些薄弱环节入手，梳理乌江流域苗族的传统节日，准确阐述乌江流域苗族的传统节日文化内涵和表现形式，研究乌江流域苗族传统节日文化保护与开发的现实意义，解析乌江流域苗族传统节日文化传承面临的危机和机遇，分析阐述乌江流域苗族传统节日文化保护与开发的现状及其所面临的困境，从当前经济全球一体化的时代特征出发，从乌江流域苗族地区传统节日文化保护与开发的实际情况入手，对乌江流域苗族传统节日文化保护与开发的有效路径进行探析，以获取具有实践意义的可行性建议和对策。

二、研究苗族传统节日文化的价值

（一）预期价值

第一，从经济层面来看，通过找到运用苗族传统节日文化资源的恰当和有效的途径，促进乌江流域苗族地区的经济增长，增加当地苗族人民的收入，使他们过上更好的生活。

第二，从文化层面来看，开发利用苗族传统节日文化资源，一方面是为了留住传统文化，使苗族传统节日文化得以代代相承；另一方面是使苗族传统节日文化与时俱进，不断创新，不被现代文明完全同化，保持自己独特的民族节日文化特质，让传统服务于现代，并使全民都参与到保护苗族传统节日文化中来。

第三，从理论层面来看，正确理解开发与保护之间的辩证关系，经济发展与文化保护之间的辩证关系，以实现开发与保护的双赢局面。开发利用是为了更好地保护，保护是为了持续利用，目标都是最大限度地实现民族传统文化的价值。因此，我们在保护与开发中要找到合适的“度”，找到平衡点，将二者融为一体。

（二）实际价值

第一，提高遵义师范学院历史文化与旅游管理学院的本科实践教学质量。遵义师范学院历史文化与旅游管理学院成立了“乌江流域历史文化研究基地”，本书内容立足于学院实践教学发展的需要，通过让学生参与本书一些具体问题的研究，参与社会实践调研活动，撰写学术论文，从而既使学生接受乌江流域历史文化的教育和民族文化艺术的熏陶，提高人文素养，培养高雅情操，又提高了历史文化与旅游管理学院的本科实践教学质量。

第二，保护与传承少数民族传统节日文化。“开发利用”从来都是把双刃剑，在促进当地经济发展的同时，如果开发过度，也会给少数民族传统节日文化的传承带来严峻危机，对苗族地区的自然生态环境、社区环境造成破坏，这种破坏带来的影响是巨大的，是不可逆转的、不可修复的。因此，本书通过对乌江流域苗族传统节日文化的保护与开发研究，力图找到开发与保护之间的平衡点，在既带来经济效益的同时，又对苗族传统节日文化带来创新与复兴，从而使中国少数民族传统节日文化能够长长久久地传承下去。

第三，推动乌江流域苗族地区区域经济的发展。乌江流域苗族地区自然资源得天独厚，民族文化历史悠久，有着深厚的积淀，现在又恰逢民族文化旅游的蓬勃兴起，在如此良好的机遇中，通过对乌江流域苗族传统节日文化资源保护与开发利用的研究，为当地政府提供有效对策和良好建议，促进当地民族节日文化产业、民族旅游业、服务业的发展，从而推动乌江流域苗族地区的经济发展，增加苗族人民的收入，改变苗族人民的贫困面貌，提高苗族人民的生活水平。

三、研究的基本思路与主要方法

（一）基本思路

苗族是乌江流域世居的 15 个少数民族之一，也是乌江流域比较重要的一个少数民族。长久以来，苗族人民一直深居大山之中，几乎与世隔绝，因此保存了许多原生态的节日文化。现今全球一体化、经济一体化浪潮席卷而来，市场经济渗入中国的每个角落，苗族也不例外，古老的苗族节日文化传统正面临着被现代文明同化的威胁，同化意味着古老的苗族传统节日文化有可能消失。那么，我们应该如何保护开发乌江流域苗族的传统节日文化？这是一个不容回避的重要问题。保护是否意味着固守古老的节日文化传统而一成不变？显然不是，民族节日文化不是一成不变的，它是在历史长河中不断变迁的，是变化发展的，对它进行有效的开发利用，有所创新，其实也是一种值得探索的有效的保护手段。开发意味着苗族传统节日文化的创新，意味着节日文化的复兴，意味着节日文化的传承，只有这样，古老的苗族传统节日文化才不会被现代文明同化，而能够世世代代地传承下去。

本书第一章是民族节日文化概述，主要内容是通过界定民族传统节日的概念，阐述民族节日文化蕴含的丰富内涵，阐述民族节日文化的类型、特征及其社会功能。

第二章主要阐述乌江流域苗族传统节日的概况，其主要内容为界定乌江流域的范围，汇总乌江流域苗族的传统节日，分析乌江流域苗族传统节日的类别及其具体特征，以便使读者对乌江流域苗族的传统节日有一个整体、全面的把握。

第三章是本书的重点章节，主要阐述乌江流域苗族传统节日文化的内涵与形式。乌江流域苗族传统节日文化的内涵可以从六个方面来诠释：第一，苗族祭祀节日文化；第二，苗族农耕节日文化；第三，苗族纪念节日文化；第四，苗族婚恋节日文化；第五，苗族祝颂节日文化；第六，苗族娱乐节日文化。此外，乌江流域苗族传统节日文化还具有多种多样的表现形式和表现途径，苗族的传统节日文化可以通过苗族的节日礼仪得以呈现，也可以通过苗族节日的文化、艺术和体育活动形式表现出来，如苗族民歌、苗族舞蹈、苗族音乐、苗族体育竞技活动、苗族绝技等等。苗族节日的传统手工艺作品，如苗族人民在节日中穿戴的苗族服饰、苗族银饰、苗族刺绣、苗族蜡染等手工制品中也蕴含了深厚的苗族传统节日文化。苗族人民的节日饮食也是别具特色的，喜酸喜辣喜酒，并且一般在酒席上都会载歌载舞，还有一些苗族特有的敬酒礼仪。

第四章主要阐述乌江流域苗族传统节日文化保护与开发的意义，正是因为保护与开发乌江流域苗族传统节日文化具有重要的现实意义、重要的价值，所以这个课题才值得研究。首先，对乌江流域苗族传统节日文化的保护与开发有利于传承苗族传统节日文化；其次，乌江流域苗族传统节日文化的保护与开发有利于促进乌江流域苗族地区的经济发展；最后，乌江流域苗族传统节日文化的保护与开发有利于促进我国的民族团结和社会稳定。

随着经济全球一体化，我国市场经济向着纵深的方向发展，在这一过程中，乌江流域苗族传统节日文化一方面受社会变迁的影响，一方面受到外来节日文化的侵袭，其文化内涵不断流失，特色逐渐消失，它的传承面临危机；与此同时，随着我国市场经济的长足发展，也使得我国民族节日旅游业蓬勃兴起，民族节庆文化产业成为新兴产业，成为经济新的增长点。在这样的现实背景之下，第五章通过对当前乌江流域苗族传统节日文化保护与开发的现状的阐述，进而分析、揭示乌江流域苗族传统节日文化保护与开发所面临的现实困境，以期找到有效举措，保护、传承、发展乌江流域苗族传统节日文化。

第六章是本书的灵魂章节，主要是为第五章所提出的问题找到可行性路径：第一，要正确处理保护与开发的关系，坚持保护第一，开发第二，使文化保护与经济开发和谐并举；第二，在对乌江流域苗族传统节日文化的保护与开发中，必须遵循以下基本原则：特色原则、整体原则、创新原则、可持续发展原则；第三，科学构建乌江流域苗族传统节日文化的保护与开发模式，主导模式可以采用以下几种：地方节庆模式（包括地方传统型节庆模式和地方创新型节庆模式）、苗族节日旅游模式、苗族节日文化博物馆模式、苗族传统节日文化传承基地模式；第四，乌江流域苗族传统节日文化保护与开发需完善的几个方面：一是要增强苗族同胞对本民族文化的认同感，养成“文化自觉”意识；二是要在市场经济条件下，转变政府的文化行政主导模式；三是要打造乌江流域苗族传统节日文化知名品牌；四是要建立健全民族传统节日文化的法律保障体系；五是要保护、培养苗族文化传承人和旅游管理专业人才。

（二）研究方法

本课题拟通过文献法、调查研究法、访谈法、实地考察法等方式进行研究。

首先，通过文献法我们可以获取大量的历史文献，进行文献采集、文献整理，在详实资料的基础上进行课题研究。

其次，根据研究目标设定调查问卷或访谈问题，通过访谈，了解乌江流域苗族传统节日文化的历史、开发保护的现状及其独特的少数民族文化特质，这也是获取课题第一手资料的最有效的方法。

最后，我们还可以到乌江流域苗族地区进行实地考察，从而获取更真实、更准确的信息。

目　录

第一章　民族节日文化概述

“民族文化”是指由各民族人民在长期的生产实践中所创造出来的具有民族特色的文化，以及在生产劳动的过程中积累下来的各种社会经验、知识、技术等。广义的民族文化应指各民族在其历史发展过程中积累和创造的具有本民族特点的文化，包括物质文化和精神文化。“民族节日文化”是综合性文化，它凝聚着民族心理、宗教信仰、文化习俗等因素，并且表现了民族服饰、婚恋、婚礼、歌舞、饮食、仪式等多种文化形式，它是民族文化和社会文化的重要组成部分，对民族精神的传承具有重要意义，因此，也被比喻为“文化的焦聚”。民族节日文化是民众展示自我的舞台，也是通向世界文化的桥梁，它使乌江流域的民族精神得以传播和弘扬，并成为我国少数民族珍惜民族传统文化、走向世界的窗口。

第一节　民族节日文化的概念及内涵

“民族文化”从语义上是指具有民族性的文化，并认为民族性是民族文化最本质、最明显的性质。何琼在《西部民族文化研究》中对民族文化的定义是：在自然文化的基础上，人类社会创造了以民族性为本质特征的文化，就是民族文化。[①] 而民族节日文化是民族文化的重要组成部分，那么，民族节日文化又应该如何理解呢？

---

① 何琼：《西部民族文化研究》，民族出版社，2004 年版，第 7 页。

一、民族节日文化概念

民族节日文化是中国传统文化的重要组成部分，也是文明进程所具有的特色文化符号，传统文化不仅是民族的生存之根、传承之本，也是历代劳动人民的智慧之源和精神财富。它是各民族人民在长期的生产和生活实践中逐步积累起来的文化财富，集民间信仰、民间文学、民间艺术、民族节日为一体，内容丰富，形式多样。民族节日文化颇具活力、特色和个性，集中体现了社会主义文化的核心价值，生动展现了广大民众的精神家园。

本书中的民族节日文化概念主要涉及乌江流域地区的少数民族在历史发展过程中不断形成、积累、沉淀起来的风俗习惯、生产生活方式、语言文字、宗教信仰、文学艺术、生产技术等非物质文化形态和凝聚在建筑、文物、古迹、生态等实物形态上的物质文化形态。

二、民族节日文化蕴含的内涵

民族节日文化蕴涵丰富多彩的文化内涵。

第一，民族传统节日文化以自然为本原，以农业活动的季节变化为规律，它是祖先追求“天人合一”的生动写照，宛如一幅历史画卷，充满诗情画意。

第二，民族节日文化将喜怒哀乐、悲欢离合等民族情感显现在节日中，充分体现了中华民族勤劳、朴实、热情、开朗、健康的民族品质。中华民族优秀传统文化的核心价值观念、伦理道德、审美情趣等也充分体现在民族节日文化的表现形态中，并通过节日庆典将其传承下来，表现出了劳动人民对生活的无限热爱和追求。可见，中华民族优秀传统文化是中国民族节日文化的重要载体，体现着民族节日文化的多样性和生动性。

第三，民族节日文化是民族精神和情感的凝聚与写照，蕴含着中华民族的传统美德，它是维系祖国统一、社会和谐、民族团结的精神纽带。

民族节日文化内涵丰富、意义深刻，并且具有高度的自觉性，使我国传统文化得到传承和发展，促进广大民众形成“文化自觉性”。民族节日文化作为展示和传播民族文化的窗口，成为弘扬和培育民族精神的载体，不断地推动社会主义的文化建设。民族节日文化经过历史的积淀具有深刻的文化底蕴，充满了触动人心灵的力量，发掘这些动人魅力正是振兴我国传统文化的关键所在。我们永远不能忘怀那爱国、团圆、敬尊、感恩等昭示人生意义的文化符号。民族节日文化是弥足珍贵的非物质文化遗产，也是民族精神的凝聚和象征，因此，我们要不断地对其进行研究和创新，以展现中华民族的永恒魅力和智慧追求。

第二节　民族节日文化的类型及其特征

人们向往着一种固定的节日来调剂一下自己的生活。初期的民族节庆活动具备了一些条件可以部分地满足这些期待，因而原来流行的节日更加受到人们的青睐，并在原有节日的基础上不断产生了新的内容，而节日的群众基础也更加巩固，在一定的历史时期内，节日逐渐成为一个民族的社会生活不可缺少的组成部分。乌江流域是集汉族、土家族、苗族、彝族、侗族、白族等众多民族聚居的地方，自然移民、政治移民和军事移民造就了乌江流域民族文化的多样性，主要表现为以儒道释为主体的汉文化和灿烂丰富的少数民族文化的交融。

民族节日是一个民族在长期历史发展中形成的、具有一定意义的、并要在这一天举行庆祝或祭奠仪式的日子。乌江流域众多特色各异的少数民族节日，大致可以分为新年节日、生产节日、纪念节日、习俗节日和宗教节日等，它们与人们的思想、感情、道德、风尚、行为、习惯等血肉相连，民族传统节日文化是民族历史的“活化石”，也是民族生活方式的生动体现。尽管各民族的节日在日期、内容、意义、过节方式等方面千差万别，但它们都具有稳定性、群众性、民族性、传承性的共同特点。不少民族节日已有几百年的历史，有的甚至积淀了上千年的岁月，成为深深植根于中华大地上的一种文化现象，是需要进一步挖掘的文化宝库。

一、民族节日文化的类型

我国少数民族节日根据内容的不同，一般可以归为以下几个类别：

第一，祭祀型。原始社会的人们处于野蛮、蒙昧状态，对于变幻莫测的自然现象不能做出科学的解释。当一些自然灾害发生的时候，人就会不知不觉地祈求、祭拜，求得心灵上的安慰，因此，原始的祭祀活动应运而生。祭天、祭祖逐渐发展成乌江流域少数民族普遍的文化现象。例如，永宁摩梭人的“转山节”，对格姆女神的祭拜；西盟佤族的“拉水鼓”，对木依吉神谷的祭祀；土家族的“太阳祝生节”，对天体的崇拜。这些节日的观念普遍与原始的神话相关联。祭祀活动作为本民族盛大的祭典之一，兼具祭天、祭祖、年节等功能，是人们祈求人畜平安、除旧迎新、生命轮回等文化意识的综合反映。

第二，岁时型。上古历法的出现和发展是岁时节日形成的基本条件，生产生活的原始崇拜是岁时节日形成的基础。我国传统的岁时节日，是农业文明的伴生物。节期的最初选择与确立，与天文、历法的知识有关。原始信仰是岁时风俗产生的土壤和温床，祈望人寿年丰则是人们对岁时节日的寄托。岁时民俗文化具有鲜明的农业文化特色和浓厚的伦理观。岁时民俗是随着时序、节令、气候、物候的变化自然形成的，人们对其内容不断地加工，逐渐使之变为传承的民族节日。例如，苗族的苗年、水族的端节、白族的自年等，因各民族使用的历法各异，过年的时节也不同。

第三，娱乐型。如贵州苗族参加人数最多、影响最大的“跳场”、南方少数民族盛行的“三月三”的开门节、哈尼族的“仰阿纳”、彝族的“二月台”和“插花会”等，这类交游节日的歌舞习俗丰富，极具民间交游、娱乐性质。查白是著名的山歌之乡，“查白歌节”是兴义县布依族人民的传统歌节，在每年农历六月二十一前后举办，节日中的唱歌、对瞅活动尤其隆重，男女青年在乡村的夏夜，聚集在一起，从深夜一直唱到黎明。“跳花节”是苗族人民的服饰大赛，也是民族文化、经济交流的盛会，参加“跳花节”的人数，少则几千，多则上万。

二、民族节日文化的特征

少数民族节日文化在漫长的历史变迁、发展过程中，具有了以下几种特征：

第一，民间性。乌江流域的少数民族散居于崇山峻岭之间。黔东南苗族、侗族传统民族节日集会是历史文化、服饰文化、歌舞文化、娱乐文化和民族心理素质展示的平台，例如，“芦笙会”“爬坡会”“四月八”等是苗族地域性的传统节日集会。民族节日是民间文化的典型代表。从节日组织到参与者，都体现出了鲜明的民间性。

第二，宗教性。乌江流域民族节日祭祀的神灵种类繁多，包括祖先、动物、植物等。如苗族的“迎雷节”、布依族的“扫灾星”、土家族的“祭土神”、彝族的“祭山林”等。乌江流域的民俗活动深受宗教思想的影响。苗族、布依族、仡佬族等少数民族有各种禁忌，如苗族的“杀鱼节”忌讳妇女出门背水、洗菜，这是在原始思维模式下形成的无科学根据的说法。

第三，娱乐性。乌江流域少数民族节日文化形成于生产力极低的农业社会，体现了对农业生产规律的总结。黔东南的少数民族注重在节日期间举行各种庆祝活动，例如仡佬族的“吃新节”、布依族的“打保符”，既具有娱乐性，又对农事活动进行了经验性的总结。节日中伴随“游方”、对歌、跳芦笙、斗牛、赛马等游戏项目，又有歌舞生辉，整个节日显得色彩纷呈。民族节日文化的娱乐性推动了乌江地区的精神文明建设。

第四，休闲性。苗族传统节日根植于苗族农业社会，与农耕文化相伴随行。农业的发展满足了人类生存的基本要求，人类在自然规律的基础上，就要以物候变化为原则、以农作物生长特点为依据，选择在农闲时举行节日活动，以确保大家有充裕的时间参加。例如，农历九月的“爬坡节”、农历三月的“姊妹节”、农历五月的“龙船节”等，这些节日体现了民族节日文化的休闲性。在构建大众休闲文化的过程中，传统节日文化以其独特性、民族性为我们所重视，依然是构建大众休闲文化的核心。

第五，审美性。乌江流域的民族传统节日文化生动地体现了少数民族的审美意识形态。每个民族独特的审美意识造就了形形色色的民族文化。

在这些节日文化中处处渗透着对生命的理解、对生活的热爱以及人们的追求和向往。美是人生命追求的一种精神实现，例如“祭树节”和“敬雀节”中即体现出人对生命的尊重。乌江流域仡佬族就节日活动中，同时体现了该民族“美在和谐”的审美意识形态。海德格尔曾就人与自然的关系提出这样的观点：人应该诗意地栖居在自然中。仡佬人展示出的最高审美理想正是“诗意的栖居”。

第三节 民族节日文化的社会功能

民族节日文化是历代劳动人民的智慧和情感的表达，也是物质文化和精神文化的综合体现。民族节日文化是民族文化的重要组成部分，与该民族生存方式、日常生活、宗教信仰、族群关系、外部环境等密切相关。在社会经济文化的宏观环境中，民族节日文化与我国传统文化有着密切的关系。民族节日文化在增强民族团结、维护社会稳定、促进家庭和谐等方面起到重要作用。少数民族的一些节日，有的已经被列为非物质文化遗产，成为彰显我国文化多样性与社会和谐的重要表征。

一、宣传教育的功能

在古老的民族传统节日里，我们可以看到不少被称为“活化石”的原始文化现象。例如，流传于贵州贵定、龙里、福泉一带苗族中的“杀鱼节”，就再现了原始社会人们共同劳动、共同分享收获的分配原则；羌族在节日里跳的“铠甲舞”，是一种古老的传统祭祀风俗舞；土家族的“祈禳节”中要表演“毛古斯”表达土家族人对祖先的信仰与崇拜。在少数民族节日中，对巫文化、傩文化、萨满文化、铜鼓文化、茶文化、酒文化、竹文化、陶瓷文化、蜡染文化、刺绣文化、草原文化、黄河文化、编织文化等的积淀和宣扬是非常普遍和直观的，这使民族成员对本民族的文化有一个系统全面的认识和了解，民族节日文化俨然成了一种特殊的教育手段。

二、加强民族团结的功能

民族节日是进行民族文化教育的生动的大课堂，节日文化活动荟萃了民族歌舞、民间工艺品、民族礼俗等多方面的才艺表演，人们在节日活动中接受本民族文化的教育，从而增强民族自信心、自尊心和自豪感。中国少数民族的绝大多数节日，都具有群众性或节日互访欢聚的特点。从地域上来说，基本上是以村寨为单位进行节日活动的；从社会层面来说，不论职业、地位、年龄，只要是同民族同社区的，几乎都会参加节日活动。共同性本身就有一种亲和力，共同性越多，凝聚力就越强。由民族节日文化所产生的认同心理、宗教信仰等都增进了人们之间的情感和友谊，例如白族的“绕三灵”、苗族的“七月街”都不同程度地被赋予了节日文化的内涵。重大的纪念性节日是对民族精神的继承和发扬，对提高民族自信心具有重要意义。当一个节日成为多个民族的共享节日以后，这些共享节日的民族也在节日活动的互动中相互交流、相互学习，整合并创新出多民族共享的文化符号，形成相互认同的同质文化。例如，彝族、白族、纳西族等民族的“火把节”等，可以看作是同质文化的符号。

三、促进经济繁荣的功能

历史上，我国各民族的商品交换大都通过节日、庙会等社群集会进行。现在，民族节日仍然是商品交易活动的载体。节日活动使很多人汇聚在一起，刺激了人们的消费欲望，形成购销两旺的局面。节庆活动的经济属性在于它能够向社会提供文化性消费，通过对节庆资源的利用，实现经济产出并逐渐形成节庆产业经济。随着生产的发展，商业贸易活动在节日中占有越来越重要的地位，市场的需要又大大刺激了生产的发展、经济的繁荣。新生的节日活动中，要展示传统文化，尤其是要展示民族音乐、民族舞蹈、民族戏剧、民族体育、民族饮食、民族服饰及民族宗教信仰，注重充分发挥传统节日的作用。少数民族文化资源丰富，民族节日更是丰富多彩且各具特色。民族文化节日因民族性、地域性、历史性、趣味性和多样性等特征，能满足人们求知、求新、求乐、求异的心理需要，从而激发人们的商品需求，进而带动地区经济的发展。民族节日期间的商品交换活动显得尤为突出，商品的种类和数量不断扩大，需要进行商品交换的群众也越来越多。落实科学发展观，构建和谐社会，当务之急是如何发展乌江流域少数民族地区的经济，实现民族经济质的飞跃，实现少数民族经济的繁荣，从而推动整个社会的经济发展。

第二章 乌江流域苗族传统节日概况

第一节 乌江流域苗族的分布

一、乌江流域概况

乌江为贵州省第一大河，是长江南岸最大的支流，乌江流域是指由各个干流和支流的分水线所共同包围的河流集水域。乌江古时也称巴江，后称延江、黔江、涪水，发源于贵州西部高原乌蒙山脉东山麓的贵州省境内威宁县香炉山花营洞，海拔 2260 米。[①] 乌江流经贵州西部、中部和东北部，进入重庆市黔江、涪陵等区县，于重庆市涪陵城东汇入长江。乌江全长 1050 千米，分为上、中、下游三段，位于乌江上游、中游的贵州境内有 874 千米，位于乌江下游的重庆境内有 176 千米。乌江流域总面积为 87920 平方千米，流经贵州、云南、重庆、湖北三省一直辖市，涵盖 56 个县市，它们分别是贵州境内的威宁、赫章、六盘水、水城、六枝、纳雍、普定、织金、镇宁、安顺、平坝、清镇、毕节、大方、黔西、贵阳、龙里、贵定、都匀、福泉、黄平、施秉、镇远、修文、息烽、金沙、遵义市、遵义县、开阳、瓮安、湄潭、余庆、风冈、石迁、思南、印江、松桃、德江、沿河、绥阳、桐梓、正安、道真、务川 44 个县（自治县、市），云南境内

---

① 张世友：《变迁与交融：乌江流域历代移民与民族关系研究》，中国社会科学出版社，2012 年版，第 2 页。

的镇雄1个县，重庆境内的秀山、酉阳、黔江、彭水、石柱、南川、武隆、涪陵8个县（自治县、区、市），以及湖北境内的咸丰、利川、恩施3个县（市）。乌江傍河的县城有思南、沿河、彭水、武隆、涪陵。乌江沿岸的小镇有贵州的乌江镇、文家店镇、邵家桥镇、潮砥镇、洪汉镇；重庆的龚滩镇、江口镇、羊角镄、白马镇、白涛镇。①

乌江流域属亚热带季风气候区，气候温和，年平均气温在13—18℃，这里青山绿水、风景秀丽，民族风情浓郁，民族文化资源非常丰富，特别适宜民族文化旅游的开发。此外，乌江流域常年雨量充足，水力资源非常丰富，是水电宝地，蕴含巨大的发电动力。但乌江流域农业人口比重大，长期以来经济发展水平比较落后，人民整体生活水平不高，尤其是少数民族生活在偏僻之地，交通不便，使得生活更加贫困。

乌江流域省市/区县分布表②

省/市	州/地区	区　县
贵州省	黔东南苗族侗族自治州	施秉县、黄平县
	黔南布依族苗族自治州	瓮安县、福泉市、贵定县、龙里县
	毕节地区	毕节市、金沙县、黔西县、织金县、纳雍县、大方县、赫章县、威宁彝族回族苗族自治县
	安顺市	安顺市、西秀区、镇宁布依族苗族自治县、关岭布依族苗族自治县、平坝县、普定县
	六盘水市	六盘水市、钟山区、水城县、六枝特区
	铜仁地区	松桃苗族自治县、印江土家族苗族自治县、沿河土家族自治县、德江县、思南县、石阡县

① 李良品、祝国超、曾超：《乌江流域民族史》，中央文献出版社，2007年版，第1页。

② 本表数据来源：1. 贵州省地方志编撰委员会编：《贵州省志·民族志》，贵州人民出版社，2002年版；2. 重庆市民族宗教事务委员会编：《重庆民族志》，重庆出版社，2002年版；3.《恩施市志》《利川县志》《咸丰县志》。

续表

省/市	州/地区	区 县
	遵义地区	遵义市、遵义县、桐梓县、余庆县、务川仡佬族苗族自治县、道真仡佬族苗族自治县、正安县、绥阳县、凤冈县、湄潭县
	贵阳市	贵阳市、南明区、云岩区、白云区、乌当区、小河区、花溪区、清镇市、开阳县、息峰县、修文县
重庆市	重庆市	涪陵区、武隆县、秀山土家族苗族自治县、酉阳土家族苗族自治县、黔江土家苗族自治县、彭水苗族土家族自治县、石柱土家族自治县、南川市
湖北省	恩施土家族苗族自治州	恩施市、利川市、咸丰县
云南省	昭通市	镇雄县

二、苗族概况

苗族，是一个发源于中国的古老的少数民族，主要分布于中国的贵州、湖南、湖北、重庆、四川、云南、广西、海南等省区，在东南亚的越南、老挝、泰国、缅甸及美国、法国等国也有苗族人。在2010年中国人口普查中，我国苗族总人口为9426007人，人口数在我国少数民族中位居第四位。根据历史文献记载，在4000多年前，苗族祖先蚩尤带领苗族子民最早居住在黄河中下游地区，“三苗”时代迁移至江汉平原，后来由于战争等因素苗族人民开始大迁移，一部分苗族迁入云贵高原和西南山区，一部分进入鄂西，一部分落户海南岛。明清后有部分苗族移居东南亚国家，近代又有部分老挝的苗族人因逃难迁入美国和法国境内，逐渐形成了现在苗族人口分布广泛的局面。正如中国社会科学院民族研究所《关于陈靖同志致李瑞环主席的信及苗族问题的意见报告》中所指出的：“苗族正在发展成为一个世界性的民族。自明清以来，苗族不断从我国西南迁入东南亚各国，20世纪七十年代又开始大批迁入西方各国。现在中国以外的苗族占苗族总人口已近三分之一（约三百万人），他们都知道，他们的根在中国。我们支持苗族树立蚩尤作为精神偶像和凝聚力，这对于我们国家和苗族来说都是非常重要的。”①

从中国苗族人口的分布情况看，其特点是大散居，小聚居；从人数上看，聚居的人多，散居的人少。苗族居住地区分布如下：首先，是苗族自治州，我国苗族居住地区分布在贵州省黔东南苗族侗族自治州、黔南布依族苗族自治州、黔西南布依族苗族自治州；湖北省恩施土家族苗族自治州；湖南省湘西土家族苗族自治州；云南省文山壮族苗族自治州。其次，是苗族自治县，我国苗族居住地区分布在贵州省的松桃苗族自治县、威宁彝族回族苗族自治县、镇宁布依族苗族自治县、紫云苗族布依族自治县、关岭布依族苗族自治县、道真仡佬族苗族自治县、务川仡佬族苗族自治县、印江土家族苗族自治县；重庆市的秀山土家族苗族自治县、酉阳土家族苗族自治县、彭水苗族土家族自治县、黔江土家族苗族自治县；广西的融水苗族自治县、隆林各族自治县、龙胜各族自治县；湖南省的城步苗族自治县、靖州苗族侗族自治县、麻阳苗族自治县；云南省的屏边苗族自治县、禄劝彝族苗族自治县、金平苗族瑶族傣族自治县；海南省的保亭黎族苗族自治县。再次，是苗族地区，我国苗族居住地区分布在贵州省的六盘水市、毕节地区、安顺地区；云南省的楚雄地区、昭通地区、红河地区及昆明周边；四川省的宜宾地区、泸州地区。在国外，苗族居住分布在越南、老挝、泰国、美国、法国、澳大利亚。

如下表所示：

苗族居住地区分布表②

苗族自治州	贵州省	黔东南苗族侗族自治州、黔南布依族苗族自治州、黔西南布依族苗族自治州
	湖北省	恩施土家族苗族自治州
	湖南省	湘西土家族苗族自治州
	云南省	文山壮族苗族自治州

① 吴荣臻主编：《苗族通史》，民族出版社，2007年版，第40页。

② 该资料来源：1. 根据贵州、重庆、湖北、云南省人民政府门户网站提供的有关数据编辑整理。2. 根据“苗族文化网”提供的相关资料编辑整理，网址：http：//www. chinamzw. cn/.

续表

苗族自治县	贵州省	松桃苗族自治县、威宁彝族回族苗族自治县、镇宁布依族苗族自治县、紫云苗族布依族自治县、关岭布依族苗族自治县、道真仡佬族苗族自治县、务川仡佬族苗族自治县、印江土家族苗族自治县
	重庆市	秀山土家族苗族自治县、酉阳土家族苗族自治县、彭水苗族土家族自治县、黔江土家族苗族自治县
	广西	融水苗族自治县、隆林各族自治县、龙胜各族自治县
	湖南省	城步苗族自治县、靖州苗族侗族自治县、麻阳苗族自治县
	云南省	屏边苗族自治县、禄劝彝族苗族自治县、金平苗族瑶族傣族自治县
	海南省	保亭黎族苗族自治县
苗族地区	贵州省	六盘水市、毕节地区、安顺地区
	云南省	楚雄地区、昭通地区、红河地区、昆明周边
	四川省	宜宾地区、泸州地区
外国	越南、老挝、泰国、美国、法国、澳大利亚	

苗族是一个没有文字的民族，但却有本民族的语言，其民族文化主要靠口传心授。苗族各地方言差别较大，主要有黔东、川黔滇、湘西三大方言，现在由于苗族人民与汉族人民的友好往来，大多数苗族人民既精通苗语，也能说汉语并能熟练使用汉字。苗族有自己的宗教信仰，不同地区的苗族宗教信仰也有所不同，但总体来说，由于苗族人民多居住在偏远山区，交通不便，信息闭塞，因此大多数苗族群众主要信仰原始宗教，主要

崇拜自然对象，如天、地、日、月、大树、巨石、竹、桥等，崇拜祖先，崇拜图腾、崇拜鬼神。

苗族是一个农耕民族，在生产上主要以山地农业生产为主，兼营林业、银器制作、挑花、刺绣等民族手工业。有着悠久历史的苗族蜡染、挑花、刺绣、芦笙制作等民族民间手工工艺早已闻名国内外，苗族的芦笙制作、蜡染等手工技艺已被列入国家非物质文化遗产代表作名录，成为我国民族文化的宝贵财富。在传统饮食文化上，由于苗族地处山区，在饮食上他们喜爱酸、辣食物，如酸汤、糍粑、米酒、油茶、万花茶等，其中以苗家酸汤鱼、酸肉最具特色。苗族人民热情好客，苗族的拦路酒、敬牛角酒等各种礼仪都表示了对客人的尊敬和欢迎。在传统建筑上，苗族最具特色的建筑就是吊脚楼，吊脚楼一般用十几根木柱着地支撑上面的楼板，楼上住人，楼下一般养牲畜或堆放柴草等杂物。在婚姻爱情上，苗族是一夫一妻制，一般是异姓通婚，同姓不同宗也可通婚。苗族青年男女的婚姻比较自由，青年男女在各种传统社交活动中，相知相恋，情投意合，最后确定婚姻关系。这种社交活动在贵州黔东南称“游方”，黔西北叫“踩月亮”，贵阳叫“跳场”，松桃叫“会姑娘”，贵定、福泉一带则称之为“跳月”。在传统节庆上，苗族的传统节日丰富多彩，代表性的节日有苗年、“四月八”“姊妹节”“花山节”“龙船节”等。在传统体育上，苗族传统节日活动往往会包含许多传统竞技比赛和表演，代表性的有苗族秋千、斗牛、赛马、斗鸡、斗鸟、打陀螺等，上刀山、下火海更是苗族闻名的传统绝技。苗族是一个能歌善舞的民族，有着各种各样的乐器，形式多样的舞蹈。苗族乐器主要有芦笙、锣、鼓、铜铃等，尤其芦笙作为苗族的古乐器，在各种节日集会上几乎能见到它，人们会吹芦笙、跳芦笙舞，用芦笙吹出的乐曲优美动听。苗族舞蹈主要有芦笙舞、铜鼓舞、板凳舞，等等，苗家人的舞姿欢快热烈，充满热情。苗族传统服饰和苗族女子佩戴的银饰闻名遐迩，很多人慕名而来，去苗寨旅游，最令各民族妇女喜欢的莫过于苗族美丽的传统服饰和做工精湛的银饰了。

苗族民居

苗寨的美丽风光

苗族姑娘独特的服饰

三、乌江流域苗族的分布情况

乌江流域是中国西南少数民族的主要聚居区，全境共有13个民族区域自治州（县），有320多个民族乡，境内现有少数民族40多个，人口以汉族居多，其中世居民族有15个，主要是土家族、苗族、布依族、彝族、仡佬族、侗族、壮族、瑶族等少数民族。据2004年各地年鉴资料显示，乌江流域计有人口3345.02万，其中汉族有2278.62万人，占总人口的68.12%；少数民族共有1066.43万人，占31.88%。苗族是乌江流域人口最多的少数民族，也是我国历史悠久的古老民族之一。

（一）乌江流域苗族分布于贵州、重庆、湖北、云南三省一市，居于乌江流域中下游地区

乌江流域少数民族从总体分布情况看，布依、彝、白、满、回、蒙古各族主要分布于乌江流域上游，仡佬族分布于乌江流域中游，苗族主要居于乌江流域中下游，土家族主要分布在乌江流域下游。乌江流域苗

族主要聚居在乌江流域中下游及毕节、遵义市、六盘水市、贵阳市等地，主要分布在松桃苗族自治县、黄平县、务川县、思南县、水城县、彭水苗族土家族自治县、酉阳土家族苗族自治县、秀山土家族苗族自治县、恩施土家族苗族自治州等区县。此外，在安顺市、黔西北的毕节地区也有一定数量。①

从省份来看，乌江流域苗族主要分布于贵州、湖北、重庆、云南地区的12个苗族自治州（县），且大多分布在远离城市的偏僻山区，贵州境内有威宁彝族回族苗族自治县、镇宁布依族苗族自治县、关岭布依族苗族自治县、松桃苗族自治县、印江土家族苗族自治县、务川仡佬族苗族自治县、道真仡佬族苗族自治县；重庆境内有彭水苗族土家族自治县，黔江土家族苗族自治县，酉阳土家族苗族自治县，秀山土家族苗族自治县；湖北境内有恩施土家族苗族自治州。乌江流域苗族人口分布呈现出的特点是“大杂居、小聚居”，以村寨为单位聚族而居；但从人数上看，聚居的人多，散居的人少。苗寨大多数分布在交通不便的偏僻山区，依山傍水而建，寨中的吊脚楼独具特色。

贵州、云南、重庆、湖北省苗族人口数②

省市自治区	苗族人口数	排名
贵州	4299954	1
云南	1043535	3
重庆	502421	4
湖北	214266	8
全国苗族人口总计	8940116	

① 李良品、祝国超、曾超：《乌江流域民族史》，中央文献出版社，2007年版，第33—34页。

② 本表数据来源：2000年中国人口普查统计。注：只限于现在户口所在地在当地的苗族固定人口，不包括打工、经商等的暂住流动人口。

（二）贵州是乌江流域苗族的主要聚居区

乌江流域的苗族在贵州、重庆、湖北、云南均有分布，贵州是乌江流域最主要的苗族聚居区。其一，苗族是贵州人口最多的少数民族。我国苗族人口过百万的省份有三个，依次为贵州、湖南、云南。在2000年我国第五次人口普查时，贵州有苗族4299954人，占我国苗族总人口的48.07%，贵州苗族人口数在我国排名第一；贵州苗族人口占全省少数民族人口的32.24%，占全省人口的12.2%，是贵州人口最多的少数民族。2010年我国第六次人口普查时，贵州仅黔东南地区的苗族就占全国苗族总人口的25%，为全省苗族的39.5%。其二，苗族是贵州分布最广的少数民族，全省各地都有分布，乌蒙山脉、大娄山脉、武陵山脉、苗岭山脉纵横于贵州全境，贵州苗族主要居住在山上，苗族主要分布在黔东南、黔南、黔西南、黔西北和黔东北。[①] 具体来说，乌江流域的苗族在贵州省境内主要分布在黔东南苗族侗族自治州、黔南布依族苗族自治州、毕节地区、安顺市、六盘水市、铜仁地区、遵义地区、贵阳市。重庆市是我国唯一辖有民族自治地方的直辖市，既辖有民族自治地方，又拥有大量散居少数民族人口。2000年我国第五次人口普查数据显示，重庆市少数民族人口197.36万人，其中苗族50.24万人，占全市少数民族人口的25.5%，拥有的苗族人口数在全国排名第四；乌江流域的苗族主要分布在重庆市3个少数民族自治县，有彭水苗族土家族自治县、酉阳土家族苗族自治县、秀山土家族苗族自治县，还有1个享受民族自治地方优惠政策的黔江区。乌江流域的苗族在湖北主要分布于恩施土家族苗族自治州的两市一县，即恩施市、利川市和咸丰县。在云南主要分布于昭通市的镇雄县，2010年我国人口普查时，云南镇雄县户籍人口是1526647人，其中苗族人口为31301人，占云南省总人口的2.36%。乌江流域的苗族在贵州、重庆、云南、湖北各省的具体分布情况，如下表所示：

---

① 贵州省民族事务委员会主编：《贵州省民族传统节日进入旅游市场的文化条件分析》，贵州教育出版社，2009年版，第1—2页。

乌江流域苗族分布情况表①

省	市或地区	苗族分布区县
贵州	黔东南苗族侗族自治州	施秉县、黄平县
	黔南布依族苗族自治州	福泉市、贵定县、龙里县
	毕节地区	威宁彝族回族苗族自治县、金沙县、织金县、纳雍县、黔西县、大方县、赫章县
	安顺市	镇宁布依族苗族自治县、关岭布依族苗族自治县
	六盘水市	水城县、六枝特区
	铜仁地区	松桃苗族自治县、印江土家族苗族自治县、思南县
	遵义地区	务川仡佬族苗族自治县、道真仡佬族苗族自治县、遵义县、绥阳县、余庆县
	贵阳市	贵阳市、花溪区、乌当区
重庆	重庆市	彭水苗族土家族自治县、黔江土家族苗族自治县、酉阳土家族苗族自治县、秀山土家族苗族自治县
湖北	恩施土家族苗族自治州	恩施市、利川市、咸丰县
云南	昭通市	镇雄县

① 本表数据来源：1. 贵州省地方志编撰委员会编：《贵州省志·民族志》，贵州人民出版社，2002 年版；2. 重庆市民族宗教事务委员会编：《重庆民族志》，重庆出版社，2002 年版；3.《恩施市志》《利川县志》《咸丰县志》。

第二节 乌江流域苗族的传统节日及其类别

一、乌江流域苗族的传统节日

“节日是世界人民为适应生产和生活的需要而共同创造的一种民俗文化。”① 具体来说，节日是一个民族在漫长的历史发展进程中，为了适应社会生产和生活的需要，由该民族所有成员共同创造的、约定俗成的一个相对稳定的、特殊的日子，通过这个特殊日子的周期性的不断重复的活动，展现该民族独具特色的民俗文化，表达某种纪念，团结本民族群众，使本民族精神文化得以传承和发展。因此，民族节日是民族文化的一个重要组成部分，承载了丰富的民族文化，每个民族都有自己独特的、丰富多彩的传统节日。苗族是一个能歌善舞、热情好客的民族，它作为我国的第四大少数民族，在2010我中国人口普查中，中国苗族总人口为9426007人，人口数量在少数民族中居第四位。苗族的传统节日可谓是多姿多彩，民族风情非常浓郁，苗族传统节日也是苗族传统文化的重要载体，它传承了数千年，源远流长，渗透到了苗族人民生活的各个领域之中，构成了苗族人民独特的节日文化。

乌江流域苗族与其他民族有着共同的传统节日，如春节（也称“汉年”）、元宵节、清明节、端午节、中秋节、重阳节等。乌江流域苗族也有自己特有的、丰富多彩的传统节日，如苗年、鼓藏节、吃新节（吃卯节）、姊妹节、竹王节、望山节、开秧节、敬秧节、敬桥节、爬坡节、三月三、四月八、六月六、龙船节、花山节、跳花节、踩花山、踩山节、跳花坡、跳坡节、跳花场、跳米花场、跳月、跳场、跳年场、跳硐、踩鼓节、赶社、接龙、迎雷节、祭山节、赶秋节、赶苗场、踩鼓节、芦笙节、星火节、杀鱼节、斗牛节、牛王节等。其中，最具有代表性的苗族节日有苗年、四月八、花山节、吃姊妹饭节、吃新节、龙船节等。

---

① 于桂敏、廉洁：《中华传统节庆文化探究》，载《大连教育学院学报》，2012年第28卷第4期。

乌江流域苗族传统节日一览表①

地区、民族	节日名称	节日日期（农历）	节日地点	节日活动内容	节日意义
乌江流域苗族	坐花场	正月初一至正月十五，历时半个月	贵定云雾区仰望乡苗族	坐花场、苗族儿女自由相亲	欢度新春、苗族青年男女寻觅意中人
	踩山节（踩山坪）	正月初一至初六	遵义县苗族	吹奏民族乐器、唱山歌、爬花杆、打鸡蛋、踢苞谷叶毽	年轻人谈情说爱，老年人认亲结义
	踩花山	正月	湖北利川市	斗牛、斗画眉、吹芦笙、爬花杆、对歌	欢度新春佳节，苗族青年男女谈情说爱
	望山节	正月初二	镇宁布依族苗族自治县	望山扯茅草、用茅草祭祖	祭祀祖先，让后代记住历史
	花坡节（也叫跳花坡、跳花）	正月初三、初九，正月十五，十六，二月二十	黔西县化屋苗族乡	吹芦笙、跳芦笙舞、苗家青年男女寻觅伴侣	辞旧迎新、欢度春节、苗家儿女自由相爱的佳节。
	跳硐	正月初四、初六、初七、初八	贵阳花溪区高坡民族自治乡苗族	吹笙起舞、跳山洞走亲访友、	悼念亡故祖先
	岁首串寨节（岁首跳花节）	正月初四至正月十五，历时12天	织金县吹聋地区苗族	串寨游玩、吹箫、唱酒歌	专供青年男女谈情说爱的节日

① 资料来源：根据调研资料和贵州、重庆、湖北、云南等各省市人民政府门户网站提供的有关数据编辑整理。

续表

地区、民族	节日名称	节日日期（农历）	节日地点	节日活动内容	节日意义
乌江流域苗族	跳花节	正月初四至初九，共6天	安顺苗族	栽花树、围绕着花树跳芦笙舞、唱山歌	跳花有两层意思：一是祝贺新年，预祝丰收；二是悼念苗族首领柏杨。
	跳年厂（又叫跳年、跳厂）	正月初六至初八，共3天	黔西县铁石乡苗族	吹响芦笙、跳起芦笙舞，弹动口弦，唱起苗歌	苗族同胞借以辞旧迎新、欢度春节，是男女青年寻觅伴侣、自由相爱的传统节日
	跳场（也叫跳厂、跳布、跳月、跳花场、芦笙会等）	花溪区正月初八至十三，乌当区二月十四至十六	贵阳地区苗族	吹芦笙、跳芦笙舞、牵羊	是一个具有多种含义的重大节日活动，除了一般的祭祀、祈愿意义外，最显著的是它的社会交往和自娱性质。
	跳正月场	正月初九至十二	龙里县中排、民主乡苗族	吹笙跳舞、对歌聊天、抢红袍、会见亲朋好友	传统社交娱乐活动、预祝丰收
	跳花场	正月初八至初十	贵阳市花溪区桐木岭	环绕花树吹笙起舞	祈愿“风调雨顺，国泰民安”

续表

地区、民族	节日名称	节日日期（农历）	节日地点	节日活动内容	节日意义
乌江流域苗族	斗牛节	正月初九、十九、二十九、3天	福泉市干坝乡斑鸠石	斗牛、吹芦笙、跳月	欢度传统佳节
	赶祠堂（别称赶年节）	正月初九	松桃牛郎区苗族	上刀梯、玩狮、互相抢夺狮子头、耍龙、打花鼓	春节集会活动
	跳月	正月初十	贵定县新场区德新乡菜苗寨	吹芦笙、跳月	欢度新春佳节
	斗牛节	正月十七、十八和正月二十七、二十八	福泉市仙桥乡“王卡苗寨”	让两头水牯牛以角相抵斗以争胜论负的活动	休闲、娱乐型节日
	芦笙节	正月十七、十八和正月二十七、二十八	福泉市王卡地区	吹芦笙、跳芦笙舞、对歌	喜迎新春，预祝新的一年风调雨顺、农业丰收
	跳花坡	正月二十六、二月十四	大方县马场区牛场花坡、理化区法乐花坡	栽花树、跳芦笙舞、唱歌	为苗族青年男女“穿针引线”，搭造“鹊桥”
	祭神树	二月初一至初十	六盘水市六枝新华区苗族	祭神树	祈愿佑护村寨安宁、风调雨顺
	架桥节（敬桥节）	二月初二	施秉县城关杨柳塘	祭桥	认为桥会引来贵子，保佑孩子平安

续表

地区、民族	节日名称	节日日期（农历）	节日地点	节日活动内容	节日意义
乌江流域苗族	赶苗场	每年两次：二月初八、七月初三	大方、金沙交界的大山苗族乡	赶苗场对歌、找对象	苗族青年男女自由恋爱、挑选对象
	二月花坡	二月十一至二十一，共11天	织金县北部	栽花树、跳花、跳芦笙舞、对歌	表示苗族人民在万木复苏，春暖花开之时，带着一种迎接春天的喜悦之情；苗家青年男女交朋友谈恋爱
	采花节	二月十一至十三	大方县响水区的显母采花节	吹笙起舞、围绕花树跳花	为了本民族的兴盛发达，让年轻人能选择满意的意中人
	竹王节	二月十二	安顺市镇宁布依族苗族自治县	祭拜祖先竹王，品竹王酒、竹王茶、竹王宴，竹王后裔表演原生态歌舞	祭拜祖先竹王
	跳花节	二月十三至十六	贵阳苗族	在花场吹芦笙，跳芦笙舞、举行盛大的芦笙集体舞会	祈祷风调雨顺，五谷丰登
	吃姊妹饭节	二月十五日起（共过3天）	施秉县双井、马号、六合等清水江一带苗族	吃姊妹饭、唱歌、踩鼓、游方	苗族青年男女寻觅意中人

续表

地区、民族	节日名称	节日日期（农历）	节日地点	节日活动内容	节日意义
乌江流域苗族	爬坡节（又名芦笙会）	农历二月中、下旬的“午”日	施秉县白洗乡苗族	爬坡顶吹芦笙、踩芦笙、跳芦笙舞、赛马	祈求一年风调雨顺，“芦笙不响，五谷不长”
	接龙	二月和十月	铜仁松桃苗族	祭祀龙神	祈愿风调雨顺
	赶社	春社日（立春后第五个戊日）	铜仁松桃苗族	祭五谷神、舞狮、玩武术	祈愿五谷丰收
	爬高坡	三月	黄平苗族	吹笙踩笙、赛马、斗雀、对歌、扔石块等	预祝当年雨水充足而兴起的祈愿性节日
	杀鱼节（也称求雨节）	三月三	龙里、福泉、贵定清水江畔	捕鱼煮鱼、喝米酒、走亲访友	祭天求雨，祈愿风调雨顺，五谷丰登
	跳坡节（赶花场）	三月三	威宁县	跳芦笙舞和穿衣、穿针、射弩、赛马等竞赛	是青年男女对歌择偶的良机
	三月三	三月三	福泉市仙桥乡“王卡苗寨”	杀鸡、杀猪、烧香、放鞭炮等，举行祭山神和祭土地神的活动	祈愿山神和土地神保佑全村寨林风调雨顺、六畜兴旺、人民安居乐业、寨林老幼幸福安康

续表

地区、民族	节日名称	节日日期（农历）	节日地点	节日活动内容	节日意义
乌江流域苗族	祭山节	三月三	六盘水水城南开一带	祭奠山神	祝告“神王”保佑地方风调雨顺、五谷丰登
	三月花场	三月第一个“龙”日	织金县南部	举行祭山仪式、跳花场	祭奠山神，祈求平安
	四月八	四月初八	贵阳市喷水池	吹芦笙、对歌、跳舞	纪念英勇牺牲的民族英雄
	四月八	四月初八（会期为3天）	黄平县东坡乡飞云崖	吃稀饭、吹笙、踩笙、赛马、斗雀、敬神等	祭祀性集会
	牛王节	四月初八	湖北恩施苗族	修建牛王庙、举行隆重的祭祀活动	纪念神牛为苗民盗来了谷种
	杀鱼节	清明前后	贵阳市开阳高寨苗族、布依族乡苗族	捕鱼、敬酒祝福	祈愿风调雨顺，五谷丰登
	跳花节	五月初五	大方县八堡寨苗族（八堡跳花，规模宏大，相传已有一百多年的历史）	跳花、吹芦笙、跳苗舞、对山歌、斗鸟、赛马	苗族青年男女寻找意中人
	花山节	端午节期间	威宁县苗族	爬花杆、跳芦笙、踩花山、对山歌、赛马	青年男女对唱山歌以交朋结友、互诉衷肠

续表

地区、民族	节日名称	节日日期（农历）	节日地点	节日活动内容	节日意义
乌江流域苗族	龙船节	五月二十四至二十七	清水江两岸施秉、台江两县苗族	划龙船、踩鼓、吹芦笙、赛马、斗雀等、游方	请龙神、地神、山神，请苗族最早划龙船的祖先），请四方神灵保龙船平安吉祥，无往不胜
	六月六	六月六	福泉市仙桥乡“王卡苗寨”	六月六晒龙袍，晒衣服、书籍、字画等	防虫蛀，增健康，喜迎丰收
	“六月六”歌会	六月初六	松桃苗族	对歌	“六月六”传统歌会，以歌会友、以歌求爱，是苗家人以歌表达自己对自由、对爱情一往无前的追求的心声
	花山节	六月初六（六月初六正处农忙时节，当地苗族同胞已把花山节的时间调整至春节）	云南镇雄罗坎发达村苗族	栽花树、对歌、跳芦笙舞、斗牛、跳狮子舞、爬花杆等	祈愿风调雨顺、庄稼丰收，苗族青年男女相互倾诉爱意
	弄卯节（吃新节）	七月第一个卯日	施秉县杨柳塘镇高塘苗族	吃新米、捕捞鱼虾、芦笙开禁、饮酒对歌、游方	庆贺稻谷丰收

续表

地区、民族	节日名称	节日日期（农历）	节日地点	节日活动内容	节日意义
乌江流域苗族	姊妹节	七月初七	福泉王卡苗族地区	跳芦笙舞，对唱苗族山歌	苗族青年男女寻觅伴侣
	斗牛节	每年秋收后的七月龙、虎、狗、鼠日，择其中一日斗牛	贵阳孟关乡、高坡乡苗族	斗牛	娱乐、休闲
	黄平九月芦笙会	九月（会期为3天）	黄平谷陇大寨	吹笙、踩笙、斗牛、赛马、斗雀、对歌、访亲友等	欢庆丰收，并祝来年风调雨顺。
	星火节	九月初九	绥阳县苗族	跳芦笙舞，对山歌、以歌访友	纪念发现火的两位苗族少年
	赶秋	立秋日	松桃苗族	打秋千、赛苗歌	预祝丰收
	牛打场	六十年一大祭，十三年一中祭，七年一小祭	贵定县云雾一带	斗牛、杀牛祭祖	祭祀祖先，歌诵祖先的恩德
	吃鼓藏（或吃牯脏）	寅年十月初十至十二	施秉县马号料洞	每十三年轮一次，逢寅年十月十日举行祭祖仪式。活动内容有斗牛、杀牛祭鼓、跳踩鼓舞等	祭祀祖先
	苗年	冬月的第一个子日	黔东南清水江一带施秉马号乡平扒苗族	吹芦笙、踩鼓、斗鸟、游方、走亲访友	庆贺丰收，祭祀祖宗

二、乌江流域苗族传统节日的分类

乌江流域苗族的传统节日数目众多、绚烂多姿，有着不同的分类方法，但一般按照节日的活动内容进行分类，大致可以分为以下几类：

（一）祭祀类节日

苗族的祭祀类节日，是苗族人民在信奉鬼神、崇拜巫术的原始宗教信仰影响下，为了驱除灾邪、避除瘟疫，以祭祀天地、神灵、祖先等方式寻求庇佑的节日，如祭山节、祭神树、迎雷节、牛王节、接龙、祭桥节、苗年、鼓藏节、望山节、竹王节等都属于祭祀类节日。

苗族人民自古以来就信仰“万物有灵”，由此产生了一种原始的“自然崇拜”。所谓“自然崇拜”，即是一种以自然力和自然物为崇拜对象的原始宗教。在古代，由于生产力低下，很多神秘的自然现象人们无法解释，于是，苗族先祖们对自然界中的古树、大山、巨石、岩洞和一些动物以及自然现象顶礼膜拜，认为它们具有神性或鬼性，是一种灵性的体现，因而对其祭供酒肉，祈求它们的庇佑。由此，原始的自然崇拜演化为多鬼神崇拜，苗族传统社会具有了崇巫信鬼的特征，往往迷信鬼神、使得巫术盛行。苗族人口口相传的《苗族古歌》中说：天上的日月星辰、水雷云电，地上的花草树木、龙虎蛇狗等自然界的万事万物都是会说话的。苗族同胞认为它们都是神灵的化身，对它们非常崇拜。因此，每年第一声春雷响起后，贵州都匀市坝固苗族就放鞭炮庆贺，开始祭祀雷神的活动，以后每十二天祭一次，祭期为三天，直至撒秧种为止，后演变为“迎雷节”。每年农历三月三，贵州六盘水水城南开一带的苗族人民要过“祭山节”，主要活动就是祭奠山神，祝告“神王”保佑地方风调雨顺、五谷丰登。每年农历四月初八的“牛王节”，湖北恩施的苗族同胞要修建牛王庙，举行隆重的祭祀活动，纪念神牛为苗民盗来了谷种。此外，乌江流域一些苗族地区还存在人造物崇拜，如拜祭土地菩萨、桥、水井等。“祭桥节”流行于贵州省黔东南大部分地区，贵州施秉县城关杨柳塘的苗族在每年农历二月初二要过“祭桥节”，苗家人认为桥会引来贵子，因此，没有孩子的家庭希望通过祭桥活动求得贵子，有孩子的家庭希望通过祭桥活动保佑孩子平安。

由于苗族信奉“万物有灵”和“灵魂不灭”的原始宗教观念，苗家人认为，人死后其灵魂是不灭的，仍然时时刻刻在庇护和保佑着后人，子孙后代的吉凶祸福往往依赖于祖先的庇佑，因此，苗族家家户户都供奉着祖先的牌位，他们对祖先的拜祭尤为虔诚。每年冬月（农历十一月）的第一个卯日，贵州镇宁苗族开始过“苗年”，“苗年”是苗族人自己的年节，也是苗族人一年中最盛大的节日，节日期间，苗家人要准备各种丰富的食品拜祭祖先，然后休息五至十五天，再举行各种盛大的娱乐活动，如跳芦笙、踩鼓、斗牛、赛马等，大家一起庆贺丰收、祝贺新年。在祭祀祖先的节日中，“牯藏节”是最为隆重的节日，“牯藏节”又称“吃牯脏”或“吃鼓藏”。每到农历寅（虎）年十月初十至十二，贵州黔东南州施秉县马号料洞苗族要过“牯藏节”，该节日一般每十三年轮一次，节日活动内容很丰富，主要包括推选鼓藏牛、接鼓、斗牛、杀牛祭祖等基本程序，其中最重要的活动就是举行隆重而盛大的杀牛祭祖仪式。

（二）农事类节日

苗族的“农事类节日”，即是与苗族群众的农业生产劳动紧密相关的节日，此类节日的基本内容就是告诉苗家人什么时候要停止一切娱乐活动，抓紧时机进行农业生产，以保证农业丰收，人民丰衣足食，这体现了苗家人特别关心、重视农业生产、期望庄稼丰收的心理，也展示了苗族人民顺应自然规律，适度进行劳作的农业生产理念。

由于古代生产力非常落后，苗族人民在遇见自然灾害的时候往往无能为力，于是只有祈求借助神灵的力量消除自然灾害，获取粮食丰收，以保证苗族人民能继续生存下去。因此，在农业生产的一些重要时节，苗家人都要按节令举行与农业生产相关的节日庆祝活动，祈愿庄稼丰收。苗族与农业生产相关的传统农事节日有翻鼓节、杀鱼节、开秧节、敬秧节、吃新节等。

每年农历二月第一个亥日，乌江流域贵州黔东南州施秉（六合）等县市的苗族开始过“翻鼓节”，节日结束后，苗族群众要停止一切“游方”娱乐活动，将芦笙封口，不让芦笙出声，专注于农业生产，因为农忙马上开始了；九月的第一个亥日要再次过“翻鼓节”，这时粮食入库，意味着农闲开始了，苗家人可以纵情狂欢了。每年农历三月初九，乌江流域贵州黔南州龙里、福泉、贵定一带苗族的“杀鱼节”到了，“杀鱼节”当天，苗族男子手执鱼叉集体下河“闹鱼捕鱼”，捕获的鱼交给妇女们，由她们在河边直接架起铁锅烹调，如此，苗家人聚在一起吃着鲜鱼，喝着米酒，唱起苗歌，尽情欢乐，再现远古时代苗族人民共同劳动、共同享用的渔猎生活。每年农历四月初八，乌江流域贵州黔东南苗族将举行“开秧节”，在“开秧门”这天，苗家人在天刚亮时就要到田里举行祭谷神仪式，祈求插秧顺利、庄稼茁壮生长、新谷丰收，然后大家开始插秧。插秧结束后，每年农历五月的卯日，“敬秧节”到了，“敬秧节”是庆祝栽秧胜利，预祝秋天庄稼丰收的节日。在农历六月至九月新谷成熟或农作物即将丰收期间，苗家人要过“吃新节”，主要就是通过吃新米或新苞谷的方式，敬天祭神，庆贺丰收，并祈福来年丰收；乌江流域贵州黔东南州施秉县杨柳塘镇高塘的苗族一般是在每年农历七月第一个卯日过“弄卯节”，即“吃新节”。

（三）纪念类节日

苗族是一个崇尚英雄的民族，有着浓重的英雄情结，苗族人历经了几次大规模的迁徙，在迁徙过程中经历了很多残酷的战争，涌现出了很多英勇善战的苗族英雄，为了缅怀苗族历史中的英雄人物，让后代不要忘记先祖所经历的苦难历史，苗族的纪念类节日才得以形成。这类节日有利于传承和发扬苗族人民不畏强暴、勇敢斗争、团结一致的民族精神，增强苗族人民战胜困难的决心，并激励该民族不断前进。苗族的纪念类节日，是纪念苗族历史上的英雄人物或苗族重大历史事件的传统节日，包括四月八、星火节、龙船节等。

“四月八”为我国苗族法定的传统节日，每逢农历四月初八，乌江流域的很多苗族地区如贵阳市、黄平县飞云崖、松桃、龙里、镇宁等地的苗族人都要举行各种各样的、盛大的庆祝活动，欢度苗族传统佳节“四月八”。有的苗族地区是为了纪念勇敢的苗族英雄，有的是为了纪念苗族重大的历史事件。每年农历九月初九，乌江流域贵州遵义市绥阳县苗族都要过“星火节”，“星火节”也是一个纪念性的节日，在这一天苗族人民跳芦笙舞、对山歌，主要是为了纪念最先发现“火”的两位苗族少年。每年农历五月二十四至二十七，乌江流域贵州清水江边的施秉县苗族要过“龙船节”，“龙船节”最初也是为了纪念古代为民除害的英雄，节日期间，苗家人聚在一起划龙船、踩鼓、吹芦笙、赛马、游方等，请四方神灵、请苗族最早划龙船的祖先，保龙船平安，并祝愿当年风调雨顺、人畜平安。因此，“龙船节”最初也是属于纪念性的节日。

（四）社交婚恋类节日

苗族青年男女的恋爱、婚姻往往比较自由，主张一夫一妻制，主张恋爱自由、婚姻自主，苗族青年男女必须在自由恋爱的基础上才能缔结婚约。在乌江流域的苗族聚居地区，未婚的苗族青年男女往往通过参加一些社交类节日活动来自由寻觅伴侣，在这一类传统节日中，“游方”是重要的内容，而“游方”是苗族青年男女寻找伴侣的主要途径。乌江流域贵州黔东南苗族的“游方”社交活动，一般都在节日的白天进行，届时，苗族青年男女纷纷聚集到村边固定的游方场上，大家相互自我介绍、谈心交流，相互对歌，如此来发现意中人，节日结束后，还可以进一步地单独谈心，逐步建立感情，最后成百年之好。但也有些地方的“游方”活动是在晚间进行，待夜幕降临后，苗族小伙子们三三两两邀约，到附近的苗族村寨去“游方”，期望找到自己的意中人。

除了苗族传统节日中各种场合的“游方”活动外，还有一些专门的爱情婚恋类节日，如姊妹节、跳花节、踩山节、花山节、花坡节、跳场、跳月，等等。这类节日类似于今天的相亲节日，是专门为苗族青年男女提供相亲机会的传统节日，苗族小伙们可以借这些节日表达对姑娘的爱意。每年正月里，乌江流域贵州省贵阳花溪区苗族要“跳场”，遵义县苗族要过“踩山节”，贵定县仰望乡苗族要“坐花场”，贵定县定东苗族要“跳月”，黔西县化屋苗族过“花坡节”，大方县马场区、理化区苗族要“跳花坡”；湖北利川市苗族要“踩花山”；云南昭通市镇雄县罗坎发达苗族过“花山节”。乌江流域各苗族地区在正月里所举行的这些传统节日，一方面是为了欢度新春佳节，另一方面更是为了给苗族青年男女创造谈情说爱的条件，以便他们觅得意中人。每年农历二月十五至二十七，乌江流域贵州施秉县双井、马号、六合等清水江一带苗族要过“吃姊妹饭节”，节日期间，苗族姑娘小伙们聚在一起吃姊妹饭、唱歌、踩鼓、游方，其最重要的目的也是为了苗族青年男女寻觅意中人：每年农历三月三，威宁县苗族开始过“跳坡节”，大家一起唱歌、跳芦笙舞，青年男女通过对歌来选择佳偶；每年农历五月初五，乌江流域贵州大方县八堡寨苗族要过“跳花节”，“八堡跳花”相传已有一百多年的历史，节日活动规模宏大，主要目的也是通过跳花、吹芦笙、跳苗舞、对山歌、斗鸟、赛马这些社交类节日活动，帮助苗族青年男女寻找意中人；每年农历七月十三之后的第一个“羊”日，乌江流域贵州织金县青山花场会举行盛大的“跳花节”，并连续举行三天，此时正是苗族青年男女谈情说爱的良机。苗族的社交婚恋类节日，为苗族青年寻觅意中人创造了绝佳的条件，从更深层次上讲，这类节日促进了苗族地区人口的繁衍，有利于苗族人口的壮大，保障苗族这一种族的代代延续。

（五）社交娱乐类节日

苗族人民非常勤劳，但他们也懂得在农闲的时候要举办一些社交娱乐类节日，使朋友们得以相聚一堂，把酒言欢，使身心从繁重的生产劳动中解脱出来，获得适当的放松。苗族社交娱乐类节日，一般都通过举行苗族歌舞、体育竞技类活动来进行休闲娱乐，如苗族“六月六”歌会、“对歌节”“斗牛节”“赛马节”“龙舟节”，等等。

每年农历六月初六，乌江流域贵州松桃苗族开始过“六月六”歌会，“六月六”传统歌会的主要活动内容就是以歌会友、以歌求爱，以歌表达苗家人对自由、对爱情的不懈追求；贵州黔南福泉王卡苗族地区也过“对歌节”，苗族青年们聚在一起，在“对歌节”上对歌，甚至会到很远的村寨去对歌，既获得了休闲娱乐，苗族青年们也可以通过“对歌”来寻觅佳偶；“斗牛”是苗族群众特别喜爱的传统竞技活动，每年农历正月初九、十九、二十九，乌江流域贵州黔南州福泉市干坝乡苗族将在斑鸠石举行为期三天的“斗牛节”，在牛激烈的打斗中，大家一起欢呼，共同欢乐。除了斗牛，苗族人民还喜爱划龙舟比赛，享受体育竞技比赛那种紧张刺激的感觉。这些社交娱乐类节日通过举行丰富多彩的娱乐活动，将人们聚集在一起，既有利于苗族人民之间的沟通交流，也有利于苗族与其他民族人民之间的沟通交流，促进了我国民族大团结，维护了社会稳定，推动了国家的繁荣发展。

第三节　乌江流域苗族传统节日的特征

乌江流域多姿多彩的苗族传统节日，从不同层面、不同视角反映出乌江流域苗族人民的社会生产、生活和民族节日文化，呈现出自己独有的特征，主要表现如下：

一、地域性特征

苗族文化是在漫长的历史进程中逐渐演变，在特定的地理环境和相对独立的苗族聚集村寨中逐渐形成的，具有“十里不同风，百里不同俗”的特点，传统节日具有明显的地域差异性。乌江流域苗族的分布呈现出大杂居、小聚居的特点，“虽然分布广，但是苗族聚居地都较为分散，苗族村寨联系不深”①，由此，乌江流域各苗族地区虽然都同属于苗族文化区，但由于各苗族村寨的地域差异性和相对封闭性，它们的传统节日及其民风民俗都有所不同，其中最直接的体现就是各地苗族服饰的差异。乌江流域不同地区的苗族服饰不一样。因此，苗族按服饰可区分为不同支系，如“长裙苗”“短裙苗”“红苗”“白苗”“青苗”“花苗”“长角苗”等，分布于不同地域的苗族支系的苗族传统节日也是不同的，由此形成了苗族传统节日绚烂多姿的特点。现在，随着社会经济的快速发展，苗族的一些盛大而普遍的传统节日，在很多地方已经失传，只有少数苗族地区还保留着，如苗年、芦笙节、赶秋节、姊妹节、爬山节，等等，这使得苗族传统节日的地域性特征越发凸显。

第一，因地域不同，苗族群众所过的苗族传统节日也不同，节日的庆贺方式也千差万别。乌江流域贵州铜仁地区松桃苗族的节庆很多，有些节日带有鲜明的地域性：如城关附近一般过“端午”，牛郎、盘信一带讲究过“四月八”，满地一带是“过社”，而九龙乡却过“六月六”。并且松桃苗族不同的地方节日庆祝的方式也不一样，有的地方舞龙舞狮，表示庆贺；有的地方身着盛装，赶集游乐；有的地方又坐秋打毽，男女青年对歌斗舞，以示庆祝。又如贵阳市讲究过“四月八”，遵义和毕节地区讲究过“花山节”，六盘水市讲究过“跳花节”，黔东南州施秉县讲究过“姊妹饭节”“龙船节”“吃新节”，黔南州贵定县过“杀鱼会”，镇宁布依族苗族自治县讲究过“竹王节”“望山节”等。由此可见，不同苗族地区所过的苗族传统节日有着很大不同。

第二，因地域不同，同一苗族传统节日的节日名称、举办日期也不同，这种情况在苗族传统节日中是非常普遍的。如乌江流域贵州黔东南苗族侗族自治州施秉县杨柳塘镇白洗苗族的“芦笙节”与黄平县谷陇大寨的

① 甘肃省古籍文献整理编译中心：《中国民俗知识》，甘肃人民出版社，2006 年版，第 129—132 页。

"芦笙会"就有地域差异性，举办地不同，节日名称也有所不同，施秉县称为"芦笙节"，黄平县则叫"芦笙会"；节日举办，日期也不同，施秉县的"芦笙节"是在每年农历二月十五举行，而黄平县谷陇的"芦笙会"是每年农历九月二十七至二十九举行。此外，它们在活动内容和形式上也有些许差异。贵阳"四月八"与黔东南州黄平县飞云崖的"四月八"也是有地域差异的，贵阳的"四月八"最初是为了纪念英勇牺牲的苗族英雄，后来演变为社交娱乐性节日；而飞云崖的"四月八"主要是祭祀性集会，大家聚在一起吃稀饭以敬牛神。毕节地区的"花山节"，又叫跳花场、踩花山、踩山、踩场等，之所以节日名称不一样，是因为苗族住地不同，服饰有差异，所属苗族支系不同，因此，不同地区的苗族过"花山节"的节日名称不太一致，举行节日的日期也不一样，在农历的正月、六月、八月都可以过"花山节"。在毕节黔西县的铁盔一带，每年正月初六至初八跳年场，二月十四至十六跳桃花场，七月十六至十八跳米花场。这些展现出了乌江流域苗族传统节日的地域性差异。具体差异如下表所示：

民族	节日名称	节日日期（农历）	节日地点	节日活动内容
苗族	芦笙节	二月十五	施秉杨柳塘镇白洗	吹芦笙、赛歌、斗牛
	芦笙会	九月二十七至二十九	黄平县谷陇大寨	跳芦笙、对歌、斗牛
	四月八	四月初八	贵阳市喷水池	吹芦笙、对歌、跳舞
	四月八	四月初八	黄平县飞云崖	吃稀饭以敬牛神
	吃新节	七月第二个卯日	凯里舟溪、黎从榕三县	吃新米、芦笙开禁
	弄卯节（吃新节）	六月第一个卯日	施秉杨柳塘镇高塘	捉鱼、吹芦笙、吃酸汤鱼
	苗年	十月首个寅日	凯里市舟溪、挂丁一带	吹芦笙、斗牛、赛马、踩鼓
	过苗年	冬月的首个子日	施秉马号乡平扒	吹芦笙、踩鼓、斗鸟

第三，因地域不同，苗族不同地区的传统节日的活动内容、形式都有

所不同。“姊妹节”是苗族青年男女的“情人节”。由于宣传的原因，人们一般只知道每年三月十五贵州黔东南台江施洞和施秉马号一带的“姊妹节”，但苗族的“姊妹节”其实是从施秉的平寨到剑河县一带的清水江两岸苗寨同胞共同的节日。我们一般也认为“姊妹节”每年只过一次，但乌江流域黔东南施秉县苗族的“姊妹节”一年却要过三次，每次都要过三天。分别是：农历二月十四至十五，施秉县的双井镇、马号乡的六合等地过；农历的三月十四至十五，台江县施洞、老屯和施秉县马号地区过；农历的十月十五，则是施秉县的马号乡平扒村以及附近的苗寨过。平扒地区是施秉唯一一个一年过两次“姊妹节”的地方。施秉为什么一年要过三次“姊妹节”呢？原来是古代的苗族先祖们为了让姑娘、小伙们有更多的谈情说爱的机会，于是规定“姊妹节”每年在不同的时间、不同的地点过，而施秉这样的节日安排，给找对象的苗族青年们提供了更多的机会。如下表所示：

民族	节日名称	节日日期（农历）	节日地点	节日活动内容
苗族	姊妹节	二月十四至十五	施秉县的双井镇、马号乡的六合等地	吃姊妹饭、唱歌、踩鼓、游方
		三月十四至十五	施秉县马号地区	
		十月十五	施秉县的马号乡平扒村以及附近的苗寨	

通过以上三个方面，我们可以看出，乌江流域的苗族传统节日具有明显的地域性特征。节日的举办地不同，服装不同，所属苗族支系就不同；自然而然地节日的名称、日期、活动形式和内容、庆贺的方式、展现的苗族歌舞等都会呈现出较大的差异。由此，展现出了苗族传统节日极具地域特色的一面。

二、季节性特征

苗族作为一个农耕民族，其传统节日与农业生产活动密切相关，因而其节日具有鲜明的季节性特征。“节日最早出现的时候是与人们的生产活动有着密切的联系，人们的生产活动尤其是在原始的农耕社会时期，受季节影响特别大”①，苗族最盛大的节日一般都是在农作物丰收以后举行，在这时举行节日庆祝活动一方面可以庆贺当年的丰收，祈愿来年风调雨顺、粮食丰收；另一方面也可以使苗族人民在辛勤劳作之后的农闲时光得以放松身心，适当休息。由此，苗族传统节日具有了鲜明的季节性特征，每年随着节令、时序、气候的转变，苗族群众的农业生产活动也随之改变，主要体现在以下两点：

其一，每年十二个月，乌江流域的苗族基本上在每个月都会过与时令相互呼应的传统节日。农历的正月有跳硐、跳场、跳月、跳花场、跳花坡；二月有苗族的赶苗场、采花节、跳花节、吃姊妹饭节、竹王节、祭桥节；三月有苗族的爬坡节、跳坡节、三月三、杀鱼节、祭山节；四月有苗族的四月八、开秧节、牛王节；五月有苗族的端午节、龙船节；六月有苗族花山节、踩鼓节、六月六；七月有苗族的吃新节、斗牛节；九月有苗族的鼓社节、赶秋节、星火节；十月有苗族的苗年、吃牯脏。以上这些苗族传统节日，起源大多与宗教、农业生产相关，蕴含着极为丰富的文化内涵，包括苗族人民的原始自然崇拜、农耕文化、婚恋文化、服饰文化、饮食文化等。

其二，苗族传统节日密切结合农业生产活动进行，一般都在春耕大忙之前或秋收农闲之后的农闲季节举行，或通过节日组织春耕，或通过节日祈愿风调雨顺，或通过节日庆贺丰收，或通过节日庆贺新年，节日的季节性特征非常显著。如春耕前有“翻鼓节”“芦笙节”，农历四月初八要“开秧门”，七月稻谷将熟之际要举行“吃新节”，立秋之日预祝丰收要举行“赶秋节”，农历十月或十一月第一个卯日过“苗年”，等等。这些节日虽然各不相同，但都鼓舞着苗族人民的生产劳动热情，调剂着他们的日常生活，使他们生产娱乐两不误。苗族的“翻鼓节”在每年二月和九月都要各举行一次，具有明显的季节性特征。每年二月“翻鼓节”之后，意味着春耕的开始，这时苗族村寨开始禁止玩乐，禁吹芦笙，集中精力进行农业

① 石应平：《中外民俗概论》，四川大学出版社，2002年版，第359—361页。

生产，以保证庄稼丰收，一直持续到九月粮食进仓，苗族人才开始庆贺丰收；第二个“翻鼓节”到来，这时候的苗家人才可以尽情玩乐，尽情吹奏芦笙。苗族的“芦笙节”，一般也都在春耕前农闲时候举行，具有季节性特征。苗家人说：“芦笙不响，五谷不长”，因此节日期间苗族男女老少身着苗族盛装，来到芦笙场围成一圈，青年男女吹笙起舞，中老年人则通过聚会增进感情，交流生产经验，预祝这一年能风调雨顺、喜获丰收。但苗家人还说：“芦笙再响，五谷遭殃”，即过了“芦笙节”就不能再吹芦笙了，如果再吹庄稼就遭殃了。苗族“四月八”除了具有纪念意义外，也包含了农事活动的内涵。按时令，农历四月初八是苗族“开秧门”的时候，通过这一活动，提醒苗族人民插秧的季节到了，这时要放弃玩乐，专一从事农业生产，同时祈愿风调雨顺、五谷丰登。每年小暑后的第一个卯日，一般在农历七月新谷将熟之际，苗族过“吃新节”。“吃新节”是苗族春夏之交最隆重、最盛大的节日，苗家人在这时候采摘新的稻谷举行聚餐活动，名曰“吃新谷”，以庆贺新谷成熟，预示这一年即将喜获丰收，并且苗家人相信只能在吃新谷之后才能收割稻谷，否则稻谷就不能丰收。每年农历“立秋”之日，一年一度的“赶秋节”盛会开始了，贵州松桃苗族群众自发聚集在传统球场上，荡秋千、对苗歌、寻觅伴侣。此后，“赶秋节”逐渐演变为预祝丰收的传统节日。当秋收结束粮食进仓之后，苗家人开始过“苗年”，“苗年”类似于汉族人的“春节”。过“苗年”一般都在秋收之后的农闲季节进行。过“苗年”的时候，家家户户要杀猪、打糍粑，祭祀祖先，感谢祖宗对自己这一年生产生活的护佑，并庆贺丰收，表达对新年的祝福，期望来年风调雨顺、五谷丰登。“苗年”是属于苗家人自己的传统节日，是苗族同胞最为欢欣鼓舞的时刻，也是完美展现苗族传统节日文化习俗的时刻。

三、多样性特征

乌江流域的苗族节日多姿多彩，尤其是贵州，根据吴正光《贵州高原上的少数民族节日》中所统计的，贵州的苗族一年之中有节日 651 个，在众多的少数民族中，苗族的节日最多，占节日总数的60%，这在全国是少有的。[①] 乌江流域苗族不仅节日多，节日的类别也多，有祭祀性节日、纪念性节日、农事性节日、祝颂类节日、社交娱乐性节日等，节日展现了苗族丰富多彩的歌舞、服饰、民俗，由此使节日呈现出多样性的特征，主要表现在以下几个方面：

第一，节日名称多种多样。随着时代的发展，乌江流域苗族现在也如汉族一样过春节，时间基本都在正月，内容基本上都是辞旧迎新、庆贺新年、欢度新春佳节，但各地庆贺的节日名称却是各不相同，节日名称呈现出多样性的一面。如贵州贵定云雾区仰望乡苗族的“坐花场”、黔西县化屋苗族乡的“花坡节”、黔西县铁石乡苗族的“跳年厂”、安顺苗族的“跳花节”、龙里县中排和民主乡苗族的“跳正月场”、贵阳地区苗族的“跳场”、贵定县新场区德新乡菜苗寨的“跳月”、湖北利川市的“踩花山”、云南镇雄罗坎发达苗族的“花山节”。节日名称多种多样，但表达的节日内涵基本都是庆贺新春佳节，预祝来年风调雨顺、国泰民安。

第二，节日活动时间各不相同。乌江流域苗族的节日活动时间跨度很大，从农历的正月到十二月，每个月基本上都有节日活动，但大多数节日都在农闲时间举行，且对于同一个节日各地的活动时间也是不一样的。如苗族人民最隆重的传统节日——“苗年”，“苗年”是苗族人民庆祝丰收的日子，是一年辛苦劳作的结束和庆祝狂欢的开始，每年举行一次，一般节期为三天，从农历九月至正月不等，但各地过苗年的时间是不一致的，有的在农历十一月的第一个亥日（猪日），有的在九月、十月、十二月的第一个卯日（兔日）或丑日（牛日）举行。又如“芦笙节”，凯里市舟溪“芦笙会”在正月十一至十五举行，历时五天；福泉市王卡地区“芦笙节”在正月十七、十八和正月二十七、二十八举行；黄平谷陇大寨“芦笙会”却是在九月举行，会期为三天。由此看来，乌江流域苗族节日活动时间呈现出多样性的特征。

第三，节日活动地点广泛分布。苗族的传统节日活动，往往是以某一场地为中心，大家从四面八方汇聚到此举行各种娱乐庆祝活动。这个节日

---

① 吴正光：《贵州高原上的少数民族节日》，载《贵州文物》，1985年第1期。

场地，可以是某个村寨旁、某个山坡、某个坪坝、某条河边、某个风景名胜，等等。乌江流域苗族节日的活动地点遍布各地，有的节日在苗族村寨活动，如过“苗年”“吃新节”等一般就在村寨过；有的节日在社区活动，包括乡、镇、县城、市、省城等都是节日活动的场地，如贵阳苗族的“四月八”就是在省会贵阳市喷水池旁举行；有的节日在名胜古迹举行，如黄平县东坡乡飞云崖“四月八”；有的节日在荒山野岭活动；甚至有的苗族节日不在苗族居住地举行，而在汉族住地活动，如金沙石场“赶苗场”，本是苗族节日，却在汉族住地活动，这也从一个侧面反映了我国民族关系的融合。节日期间，参与者有的是邻近村寨的，有的是相连几个乡的，有的是接壤的几个县的，甚至是跨几个省的，场面壮观，有些节日有几万人参加，这在汉族地区是很罕见的。

第四，节日活动内容和形式丰富多彩。苗族的传统节庆丰富多彩，富有独特的民族特色，一般都同苗族乐器、歌舞相结合。乌江流域苗族节日的活动项目种类繁多，有民族乐器演奏类，如吹芦笙、吹箫、敲铜鼓、打花鼓等；有唱歌跳舞类，如对山歌、赛苗歌、唱古歌、唱苗族飞歌、唱游方歌、唱酒歌、跳苗舞、跳芦笙舞、跳踩鼓舞、跳木鼓舞等；有传统竞技体育类，如斗牛、斗鸟、斗雀、赛马、赛龙舟、划龙船、捕鱼、捞虾、武术、打秋千、射弩、上刀梯、玩狮耍龙、踢苞谷叶毽、打陀螺等；有社交娱乐类，如游方、爬花杆、跳花、跳场、跳月等。总体来看，苗族传统节日中所举办的文体活动项目比较多。

第三章　乌江流域苗族传统节日文化的内涵与表现形式

苗族传统节日是苗族传统节日文化的重要载体。苗族的传统节日丰富多彩，有苗年、四月八、芦笙节、花山节、鼓藏节、龙船节、吃新节、姊妹节、赶秋节、杀鱼节，等等，这些节日是苗族人民所特有的节日。此外，苗族还过春节、元宵节、清明节、端午节、重阳节、中秋节等节日，但这些节日也是我国汉族和其他少数民族所共有的节日，而不是苗族所特有的节日。龙海清在《苗族传统节日文化的基本特征与当代意义》一文中，将苗族传统节日的概念划分为广义和狭义两种。“广义”的苗族传统节日是指苗族人民所过的一切传统节日，既包括苗族特有的传统节日，也包括苗族与其他民族共有的传统节日。自然，“狭义”的苗族传统节日是指苗族人民所过的、是该民族所特有的传统节日，可见，“狭义”的苗族传统节日是将苗族与其他民族共同拥有的传统节日排除在外的。而本书对苗族传统节日文化的研究一般是以狭义概念上的苗族传统节日作为研究对象，即研究对象是苗族所特有的传统节日及其文化。

从“狭义”的苗族传统节日概念出发，“苗族传统节日文化，则是指苗族人民在过本民族所特有的传统节日时所发生的一切文化内容与现象。”① 具体来说，苗族传统节日文化就是“苗族人民在过传统节日时所进行的活动内容、活动方式、活动习惯、活动空间及其所体现出来的宗教信仰、道德观念、审美情趣、民族情感、民族精神、价值取向等诸种文化因

---

① 龙海清：《苗族传统节日文化的基本特征与当代意义》，载《怀化学院学报》，2007 年 10 月第 10 期。

素的总和。”①

从苗族节日文化的内容上看，苗族特有的传统节日有的是祭祀自然神灵和祖先，有的是纪念英雄，有的是庆贺农业丰收，有的是寻觅佳偶。由此，从这些苗族传统节日的主题内容中体现出一种独特的文化个性，如苗族巫文化的历史传统，农耕稻作文化的鲜明特色，崇敬、怀念苗族先祖的恒久情怀，对婚姻自由的美好追求，对娱乐活动的充分享受。从苗族节日文化的形式上看，苗族人民在过节的时候，往往伴随着具有严格程序的节日仪式，丰富多彩的节日文化艺术活动，包括苗族歌舞、服饰表演，苗族银饰、蜡染、刺绣等手工艺展示，斗牛、赛马、斗鸡、斗鸟、舞龙、要狮等体育项目的竞技，上刀梯、踩犁口等绝技表演，还有苗族青年男女对歌求偶的活动。苗族人民在过节的时候，也有自己独特的饮食习惯。由此，苗族传统节日内在的、隐性的文化内涵得以通过这些外在的、可视的物质形态活动充分展现出来，苗族人民也在这些外在的物质形态活动中逐渐形成了自己鲜明的节日宗教文化、歌舞文化、服饰文化、婚恋文化、竞技文化、饮食文化等。

第一节　乌江流域苗族传统节日文化的内涵

在漫长的历史进程中，在社会生产力极其落后的自然经济社会中逐步形成的苗族传统节日文化蕴含了丰富的内涵和各种各样的表现形态。绵延数千年的苗族传统节日文化涵盖了乌江流域的众多地区，渗透进了乌江流域广大群众的日常生活之中，涉足了乌江流域社会、经济、文化发展的各个领域。它是苗族祖先给后代留下的宝贵的非物质文化遗产，是苗家精神的延续和继承，是增强民族认同与民族感情、促进民族团结的强大的精神力量。本节主要从六个方面来阐述苗族传统节日文化的丰富内涵。

---

① 龙海清：《苗族传统节日文化的基本特征与当代意义》，载《怀化学院学报》，2007 年 10 月第 10 期。

一、苗族祭祀节日文化

在近代，乌江流域的苗族依然保存了远古时崇拜自然、崇拜祖先、崇拜图腾的民间宗教信仰，由此形成了其独特的祭祀文化，即崇巫信鬼。由于远古苗族崇拜巫术、信巫信鬼的特征，最先出现的节日就是祭祀类节日，后来苗族的很多节日活动都是由祭祀仪式演变而来的，因此，乌江流域的苗族有很多传统节日就是祭祀祖先、祭祀神灵的，这些祭祀类节日蕴含了苗族独特的祭祀文化，主要表现在以下三个方面：

（一）崇拜自然，与自然和谐共处

苗族自古以来就信仰“万物有灵”，崇拜自然，认为自然界的万事万物都是神灵意志的体现，这种原始信仰从远古时代一直延续至今。苗族自然崇拜以自然物和自然力为崇拜对象，包括自然界的一些巨形或奇形的自然物如风、雷、水、火、山林、大树、巨石、岩洞等，认为它们皆有灵性，如遇到自然灾害时，使以酒肉祭祀神灵，祈求神灵保佑，使庄稼风调雨顺、五谷丰登，使苗家人幸福安康。苗族还崇拜天上的日、月、星、辰、雷、电，地上的花草、树木和各种动物等自然界的不同对象（近代以来仅保存了太阳崇拜、大树崇拜等），苗族的祭祀对象自然也就是一些被神化了的自然物。之所以如此，主要是因为原始社会的生产力水平低下，人们无法解释神秘莫测的自然现象，一旦遭遇自然灾害，人们无法用科学的方法来解释，便只能诉求于神秘的大自然，祈求它的保护，于是，自然界的一些事物被神化，被人类赋予了神奇的力量。苗族人民为了避免自然灾难的发生，为了获取物质生产、生活资料，保障粮食丰收，开始举行一些集体祭祀活动，祭祀各类神灵，祈求神灵护佑风调雨顺、五谷丰登，之后逐渐演变成苗族固定的祭祀类节日，祭祀的某些传统仪式、活动也被传承下来，苗家人通过这些祭祀节日特殊的礼仪，表达了对自然之神恩赐的感激，体现了渴望与自然和谐共处的理念，以达到“天人合一”的境界，使苗家人在与自然和谐共处中获得精神的安宁与愉悦感受。

具体来说，苗家人对自然之神的崇敬主要表现在以下三个方面：

第一，对自然界植物和动物的崇拜，如祭树节、祭山节、敬牛节等。

如乌江流域贵州六盘水市六枝新华区的苗族在每年农历二月初一至初十，开始“祭神树”，祈愿神树佑护村寨安宁、风调雨顺。乌江流域贵州福泉市仙桥乡王卡苗寨苗族同胞在每年农历三月三这天，聚集到苗寨后面的土地庙，杀猪、杀鸡、烧香、放鞭炮，举行祭拜山神和土地神的活动，通过祭祀活动，向山神和土地神祈祷，保佑苗寨风调雨顺、六畜兴旺，佑护苗寨人民安居乐业、幸福安康；此外，也借此机会向苗族群众宣传寨林的安全防范知识和国家的一些惠民政策，以促进苗族村民与自然和谐共处。另外，每年农历三月三这天，贵州六盘水水城南开一带的苗族也要过“祭山节”，主要是祭奠山神，祝告山神保佑地方风调雨顺、五谷丰登。

乌江流域湖北恩施的苗族在每年农历四月初八要过“牛王节”，大家一起修建牛王庙，并举行隆重的祭祀神牛的活动，纪念神牛为苗民盗来了谷种，避免人们遭受饥荒。苗家人为了感谢神牛对他们的帮助，在“牛王节”这天，牛可以休息，并受到最好的礼遇，苗家人会拿猪肉、鸡肉、酒等去牛棚祭牛王，并用糯米饭拌饲料喂牛，用酒抹牛鼻子以示慰劳。在贵州松桃的苗族地区，传说金牛是因为违反天规被贬到人间变成了牛，为民耕种，相传金牛被贬这一天是四月初八，所以四月初八也叫“金牛节”。贵州黄平、施秉一带的苗族相传，古代凡间人很多，粮食不够吃，人们经常忍饥挨饿，于是天王派太子下凡传话：人们每天要洗三次脸，只能吃一餐饭。可是太子传话时传反了：人们每天要洗一次脸，吃三餐饭，结果更多人饿死了。于是天王惩罚太子，令他变成了牛，到凡间帮人们种地。有了牛的帮助，粮食增产，人们不再挨饿。为了感谢太子，人们将农历四月初八即太子变牛的时间定为牛的生日，每到农历四月初八，牛都休息，并煮稀饭给牛吃，以此来表达对牛的敬意。贵阳的苗族每逢“四月八”要“祭牛王”，要把糯米捏成两个粑粑挂在牛角尖上，希望牛长得膘肥肉厚，好为苗家人耕田犁地。

第二，对农事活动的重视，如祭雷神、祭谷神、敬水神等，苗家人通过此类祭祀活动，祈求神灵保佑庄稼风调雨顺、五谷丰登。每逢年后第一声春雷响起后的鼠日或马日，乌江流域贵州都匀市坝固的苗族青年男女都要相互邀约上山过“迎雷节”。“迎雷节”是苗家人祭祀雷神的节日，苗家人崇拜雷神，通过祭祀雷神的活动，祈愿雷神在新的一年给苗家人带来风调雨顺、五谷丰登。

根据贵州松桃自治县文联记录，乌江流域贵州铜仁松桃的苗族在每年农历春社日（立春后第五个戊日）开始过“赶社”，会期为1—3天，主要举行“祭五谷神”的仪式和节日聚会活动，通过祭祀五谷神，祈愿神灵保佑人们获得五谷丰收。关于“赶社”的来历，传说是由于上苍大赦天下，被误放的魔王为非作歹，在苗山糟蹋庄稼、残害百姓，于是苗家人请来东方狮王，降服了魔王，苗山终获太平。由于传说中是东方狮王打败了魔王，保护了苗家人，所以，“赶社”活动内容除了“祭五谷神”外，另一个重要的内容就是舞狮。社日是严禁动土的，社日时苗家人最重要的事就是开展祭祀五谷神的活动，主要祭祀苗家司五谷的两位神灵——“柳帕”和“柳尼”（此为苗语），祭祀的时候男女都要参加，一般用鸡蛋和豆腐来进行祭祀，富裕人家可以多供奉一只鸡，并由苗寨德高望重的老人来说祝词，祝词主要颂扬两位神灵“柳帕”“柳尼”的功绩，细细诉说每一种庄稼可能会遇到的虫害，及灭虫害的措施和方法，因此，在一定意义上，“祭五谷神”活动的本质就是由长辈向晚辈传授科学种植庄稼的方法和农业生产经验，以帮助大家获取五谷丰收。

第三，其他人造物崇拜，如“敬桥节”（或称“祭桥节”）等。除了自然崇拜，在一些苗族地区，还有人造物崇拜，如祭土地菩萨、祭桥、祭水井等。每年农历二月初二，乌江流域贵州施秉县城关杨柳塘的苗族要过“敬桥节”，或祭旧桥，或架新桥。苗家人认为桥会引来贵子，保佑孩子平安。因此，人们尤其是久婚不育者，都要准备祭品去祭桥，无子的人家希望通过祭桥活动为自己求来贵子，有子的人家祈求神灵保佑自己的孩子平安健康成长。孩子们在这一天是最高兴的，因为在这一天他们会得到特别的优待，既不用干活，又能吃好吃的，而且在这一天即便犯错也会得到大人的原谅。

（二）崇拜图腾，寻求精神支撑

苗族的图腾崇拜也属于一种原始的自然崇拜。“龙”是苗族人民心目中吉祥和力量的象征，是苗族人民的保护神，因此，苗族的龙崇拜主要表现为祭祀龙神。在苗家人心里，龙不是虚幻的象征性神灵，而是与苗家人生产和生活密切联系的神秘力量的化身。如乌江流域云南镇雄的苗族在新中国成立前也信仰多鬼神的原始宗教，其主要的鬼神祭祀就有“祭龙”。贵州铜仁松桃的苗族每年也要进行“接龙”这类祭祀活动，“接龙”又称留龙，意在留住神龙；每年农历二月和十月，苗家人根据某些迹象，认为龙神有他迁之意，就要举行祭祀龙神的活动，留住龙神。该祭祀活动为期一日，祭场设在主人家的堂屋，用一头猪、一只公鸡和酒作祭品。祭司点燃香烛，宣布祭祀仪式开始，一个男青年手执木钩站在中堂，姑娘们右手托起一匹象征长龙的长布，站在该名男青年旁边，祭司念咒语，向男青年脸上连喷三口法水，男青年就开始无意识地朝大门外走去，姑娘们手托长布簇拥着一张龙椅跟着这个被神灵附身的男青年出去，直到男青年指出龙神所在，姑娘们纷纷用陶罐汲取清水，然后托着象征神龙的长布，撑开花布伞，跳起古老的“接龙舞”返回。“接龙”时，路上要插无数彩旗，“接龙”入村寨后主人要三拜九叩地迎接，姑娘们把布龙缠绕在主人家的堂屋板壁上，祭司念安龙祭词，将带回的清水都倒进一个土罐里，埋在堂屋的地下，以示龙神归位，活动结束。“接龙”的目的也是祭祀龙神，祈求龙神保佑风调雨顺，获取丰收。

苗族人民也崇拜牛。贵州苗族人对牛的崇拜源自一个传说。渔猎时代，苗族人虔诚崇拜的是盘瓠；但从农耕时代起，他们开始虔诚崇拜水牛。传说老虎最初并不服水牛，后来虎和牛打了一架，水牛赢了，于是牛便成了苗族人的图腾。

（三）崇拜祖先，不忘苗族先祖的苦难历史

苗家人信仰多神，但在苗族崇拜的众多神灵中，祖先崇拜最虔诚，在各种祭祀活动中，祭祀祖先活动显得最隆重。苗族之所以崇拜祖先，不敬君王，不敬先师，原因主要有两方面：一是因为苗家人认为祖先神灵是他们最可靠的保护神，当遇到不幸与各种灾难时，苗家人首先想到的就是求助祖先神灵。在苗家人堂屋的神龛上，一般都供奉着“×氏堂上历代祖先”的牌位。乌江流域湖北恩施小茅坡营的苗族比较特别，堂屋神龛上只供奉一块篾笆折，而祖先牌位却供奉在火坑柴尾的一方，供奉祖先牌位的地方是万万不可侵犯的，据说是因为祖先在逃难的时候，躲在一个篾笆折的茅

草屋内，敌人才未能发现他，由此躲过一劫，所以后来苗家子孙在堂屋神龛上只供奉一块篾笆折，表示不会忘记先祖遭受的苦难。二是，苗族认为人死去后灵魂依然存在，因此，每逢年节苗家人都要举行祭祀祖先的活动，祈求祖先的神灵可以庇佑全家幸福平安。由于苗人信鬼神，逢人出生或死亡时，都要举行“入族谱”或“出族谱”仪式，所谓族谱其实就是一块青布，一定要装在竹筒内，当孩子出生时，把青布按顺时针方向转两次，就入族谱了；当人死去后，把青布按逆时针方向转两次，就出族谱了。苗族祭祀祖先的节日寄托了苗族人民对先祖的思念之情，也促使后代在缅怀祖先时不忘先祖的苦难历史，学习先祖不畏艰险、勤劳勇敢、吃苦耐劳、团结互助的优良品质。

“苗年”是苗族自己的年节，也是苗族最隆重的祭祀祖先的传统节日。汉族过春节，苗族过“苗年”。跟汉族的春节一样，苗家人过“苗年”的目的也是祭祀祖宗、求保平安、庆贺丰收、祝贺新年，它是苗族人民经过一年的辛苦劳动后休闲娱乐的节日，也是一年中规模大、历时长、最为隆重热闹的节日。过“苗年”的时间，各苗族地区不太一致，多数地区是“岁首以东冬三月，各尚其一”，岁首即每年的开头，或者在十月，或者在冬月或腊月，即一般情况下都在秋收之后农闲之时，大多在农历十月、十一月的第一个卯日进行，前后持续半月方才结束。“苗年”主要的内容：一是年节前夕准备年货，过年的时候杀鸡宰鹅祭祖，感谢祖先这一年的庇佑，然后全家聚餐；二是接待来宾，走亲访友，增进感情；三是举行群众性娱乐活动，如踩鼓、斗牛、跳芦笙、游方等，其中跳芦笙是过“苗年”最盛大的活动，一般进行3—5天。近代以来，随着社会的发展，一些苗族地区被日益同化，他们开始过春节而不过“苗年”；但大多数苗族地区，是既过春节又过“苗年”，只是把“苗年”叫小年，把春节叫大年，一般春节过得比较简单。在乌江流域贵州镇宁的苗族地区仍然注重过“苗年”，在每年冬月（农历十一月）的第一个卯日过“苗年”。过“苗年”的时候，镇宁苗族的家家户户都要祭祀祖先，走亲访友，然后大家集体举行跳芦笙、踩鼓、斗牛、赛马等娱乐活动，一起热热闹闹地庆贺丰收、祝贺新年。

乌江流域的苗族地区最隆重的祭祀祖先的节日就是“鼓藏节”，直译为“吃鼓藏”，又叫“祭鼓节”，它是贵州黔东南苗族最盛大的祭祖典仪，每十三年才过一次，主要内容就是杀牛祭祀苗族先祖，祈求先祖保佑苗族子孙发迹。乌江流域贵州黔东南州施秉县六合乡廖洞三寨，位于清水江北岸，系苗族聚居区，他们每隔一定时间就要过一次非常隆重的“鼓社节”，以祭祖先。黔东南州施秉县马号料洞苗族每到农历寅（虎）年的十月初十，就要“吃牯脏”（或称“吃鼓藏”），每十三年轮一次，会期为三天，从十月初十到十月十二，并在寅年十月初十这天举行祭祖仪式，活动主要内容有斗牛、杀牛祭祖、跳踩鼓舞等。贵州黔南布依族苗族自治州贵定县云雾一带苗族过“牛打场”，六十年一大祭，十三年一中祭，七年一小祭，先举行斗牛活动，然后杀牛祭祀祖先，歌颂祖先的恩德，感谢祖先的庇护。虽然“鼓社节”这一节日在乌江流域不同苗族地区名称、举办日期都不太一样，但该节日祭祖大典特定的仪式、流程和活动内容，在经历了历史的变迁后，却都比较完好地传承了下来，通过节日中独特的仪式活动，展现了苗族传统节日蕴含的文化内涵。关于“鼓藏节”的来历，清乾隆时期的《镇还府志》记载：“每十三年，畜壮牛祭天地祖先，名曰吃鼓脏。”另据《苗族古歌》记载，人类祖先姜央过“鼓社节”是为了祭祀创世的蝴蝶妈妈。传说蝴蝶妈妈是由枫树所生，所以苗族崇拜枫树，用枫树做成的木鼓就成了祖宗安息的地方，祭祖就演变成了祭枫木鼓，“鼓”成了祖先神灵的象征，代表着蝴蝶妈妈。因此，“鼓社节”主要祭蝴蝶妈妈姜决死后，又增祭祖先姜朵），由于蝴蝶妈妈的灵魂存在于枫木鼓里，所以祭蝴蝶妈妈就演变成今天的祭枫木鼓，即“祭鼓”。苗寨过“鼓社节”时，每家每户都要邀请亲戚朋友来过节，亲友来得越多越好，亲戚提前一天抬着物品来到主人门前，燃放鞭炮以示祝贺。“鼓社节”主要的祭祀活动如下：头一天，全寨人在“鼓头”（“鼓头”一般通过民主选举产生，50岁以上，在苗寨享有极高的威望）的带领下排成纵队，身着盛装，唱着古歌，到特定地点去迎鼓、踩鼓。“鼓社节”开始后的第一日，大家在鼓社场举行祭祖仪式，大约需一两个小时的时间。社鼓被置于场中央的木架上，祭祀队伍跟着“鼓头”，踏着古歌，围着鼓社场转圈，气氛非常严肃。祭祀活动结束后，便开始传统的踩鼓活动和斗牛活动。第二日，杀牛祭祖。先杀“鼓头”家的牛，然后再杀其他人家的牛，并且杀牛的第一刀必须由舅爷或姑爹亲自动手。之后将牛头卸下送回主人家，供在神龛脚祭祀祖先。节日活动一般持续 5—9 天，最后一天举行结束仪式。先由“鼓头”取下一对鼓的鼓皮，用新牛皮包好，然后在“鼓头”的带领下，大家一起将鼓送回洞中，直到下一次过“鼓社节”再取出。送鼓完毕即宣告节日结束，这时来自各方的亲朋好友必须在当天离开。①

此外，乌江流域贵州镇宁布依族苗族自治县的苗族祭祀祖先的传统节日主要是“望山节”和“竹王节”，因为镇宁布依族苗族自治县主要是蒙正苗族，蒙正苗族敬奉的祖先是“竹王”。每年的农历正月初二，贵州安顺市镇宁布依族苗族自治县的苗族要过“望山节”，蒙正苗族正月初二到高山顶上去望山、数坡，扯茅草回家，初三再用茅草来拜祭祖先。扯茅草非常讲究，必须到山顶上牛到不了的地方去扯，扯茅草的人站在高山顶上，看一个山坡一眼，扯一棵茅草，必须看 99 个坡，扯 99 棵茅草回家。正月初三就用扯来的茅草来祭祖。为什么要“望山扯茅草”来祭祖呢？传说苗族先祖们最先在贵州开荒辟草，管辖了很大的区域，但后来夜郎国战败，夜郎国的王室后裔逃到深山避难，时间久了，他们非常怀念失去的家园，于是每逢正月初二便爬到高山顶上去看望家园的方向。后来为了使苗族子孙不忘记祖先们最早开发贵州的艰辛，每年正月初二大家一起爬到高山顶上去“望山扯茅草”，初三拿茅草与粑粑、肉一起摆在竹席上来祭祖，让后代们记住历史。之后逢农历二月十二“竹王节”这一天，竹王后裔都会自发聚集到镇宁县江龙镇猫猫冲村去祭拜祖先“竹王”，据说在镇宁县猫猫冲村有古代建成的夜郎竹王祠，后被毁坏，现仅存遗址。现在每到农历二月十二在镇宁的猫猫冲都要举行隆重的“蒙正苗族竹王节”祭祖活动，活动首先进行的是祭拜祖先“竹王”的仪式，主会场背景中间悬挂夜郎竹王画像，由两个手握大刀的竹王后裔守护着“竹王”，按照祭祖流程大家在夜郎竹王像前烧纸钱、烧香、点蜡，用苗语向祖先“竹王”祭饭、祭肉、祭酒，众人一起向“竹王”行三个躬手礼、三个叩头礼；之后大家开始品竹王茶、竹王酒，吃竹王宴；最后观赏竹王后裔的原生态苗族服饰和歌舞表演。据统计，2007 年 3 月 30 日（农历二月十二）在镇宁竹王祠

---

① 资料来源于施秉县文化局。

遗址组织祭拜祖先竹王活动，参加祭拜活动的有来自镇宁、紫云、西秀三县（区）的竹王后裔约3000余人，观众达到2万余人，整场祭祖仪式隆重而盛大。

乌江流域下游重庆市南部酉阳、秀山、彭水等地的苗族也特别重视祭祀祖先。秀山县兴隆乡苗族敬奉祖先最隆重的祭祀活动就是“打棒棒猪”和“打牛”。“打棒棒猪”即祭祀家仙（即祖先）的活动，兴隆乡苗族祭祀祖先每三年一大祭，“打棒棒猪”即用木棒将猪打死，然后巫师念经请历代祖先驾临，由姻亲（舅辈亲）中一男一女陪同祖先吃酒肉，祭奠时间为一天，“棒棒猪”必须要在活动当天吃完才有效。“打牛”同样由巫师主持，上午做斋敬牛菩萨，下午杀牛祭祀祖先。这两种祭祀活动的目的都是为了感谢祖先对自己一年的护佑。

二、苗族农耕节日文化

（一）农耕稻作文化

苗族是一个特别勤劳的农耕民族，也是我国最早的稻作民族，在上古时期就开始种植水稻。“苗族古代居住在长江中下游，很早就种植水稻。从湖北屈家岭文化遗址发掘看，三苗时期苗族就以农业为主，种植水稻。迁徙到黔东南的三岔河，看到土质好，就停下来开垦良田种植水稻。可见水稻在苗族人民生活中的重要地位。耕牛和季节对水稻的耕作关系极为密切。”①

龙海清在《中国民俗大系·湖南民俗》中记载：“苗族的古代先民‘三苗’生活的洞庭湖地区，不仅发现了世界上最早人工栽培稻米的大量遗存，也发现了世界上最早的水稻田及灌溉配套设施；且苗族之得名，也与种植水稻有关。”② 我国著名地理学家徐霞客也曾对苗族的耕作状况做了描述：“有坞南北开洋，其底甚平，犁而为田，此处已用牛耕，不若六寨以南之用概撬矣。波耕水耨，盈盈其间。”由此可知，苗族人民特别重视

① 潘定智：《黔东南苗族节日简论》，载《贵州民族学院学报》（社会科学版），1988年第1期。

② 龙海清：《中国民俗大系·湖南民俗》，甘肃人民出版社，2003年版，第5—7页。

农业生产，重视水稻种植，因此农事节日中经常蕴含着鲜明的农耕稻作的文化色彩。

苗族与水稻种植相关的节日有开秧门、敬秧节、吃秧苞等。苗族的“四月八”原本是为了纪念民族英雄，但在每年农历四月初八这一天，乌江流域贵州黔东南的苗族便开始插秧，祈愿庄稼茁壮生长，因此，这一天也是苗族“开秧门”的日子，“开秧门”之后，一切游方娱乐活动都要停止，大家专注于农业生产，同时祈愿插秧顺利、新谷丰收。插秧结束后，在每年农历五月的卯日又要举行“敬秧节”，主要是庆祝插秧胜利，预祝秋天粮食丰收。在每年水稻刚发育成熟时，苗家人要“吃秧苞”，其主要目的是要剥开稻苞，细数稻苞的谷粒，预测当年收成的丰歉情况。如果稻苞上谷粒不多，则预示当年收成不好，这时庄稼需要及时追肥，或者补种杂粮，避免灾荒出现。苗族的开秧节、敬秧节、吃秧苞这类节日，与苗族人民的农业生产劳动息息相关，尤其是与稻作文化相关，它们默默记录着古代苗族人民种植水稻的漫长历史。

（二）顺应自然规律，适度劳作的农业生产认识和理念

苗族是一个勤劳的民族，从古至今，一直非常重视农业生产，一年之中的大部分时间都在进行繁重的农业生产劳动，以保证本族人民能继续生存下去，使苗族这一种族得以延续。苗族人民虽然异常勤劳，但他们认为人类应该顺应自然的规律，适度地劳作，过度劳作将会损坏身心健康，因此，在一年繁重辛苦的生产劳动之余，农闲的时候，他们会举行丰富多彩的节日庆祝活动，让大家在节日中得以修养身心，休闲娱乐一下。但是，苗家人也特别反对因为休闲娱乐而耽误干农活，到了该进行农业生产的季节，苗家便会停止一切娱乐活动，封好芦笙口，返回家乡，一心一意地进行农业生产活动，直到粮食进仓后芦笙才能开禁，娱乐活动才能开始，这充分体现了苗族人民勤劳质朴的民族性格。另外，由于古代苗族社会一直处于一种不发达的农耕经济状态，为了避免受到自然界凶猛动物的袭击，苗族群众必须依靠集体的力量求取生存，因此，他们在长期的生产劳动过程中一直结群而居，大家聚集在一起共同进行生产劳动，带有一种原始公社集体主义的色彩，体现了苗族人民集体协作的精神。

苗族与农业生产劳动有关的节日有很多，如翻鼓节、吃新节、杀鱼节、跳花节等，这些节日充分体现了苗族人民对农业生产的认识和理念。流传于乌江流域贵州黔东南州施秉（六合）等县市苗族的“翻鼓节”，是一个告诉大家适时进行农业生产的节日，也是祭祀祖宗、迎接春耕、祈祷丰收的节日，还是人们娱乐、交友、寻偶的节日。关于“翻鼓节”有这样一个传说：在很久以前，苗族青年们喜爱吹芦笙、游方玩乐，耽误了正常的农业生产活动。于是，寨中长者共同商议制定了一个节日，即以击鼓的形式来划分游方玩乐和劳动生产的界线。此后，每年农历二月第一个亥日为翻鼓节，意味着农忙的开始；九月份第一个亥日为吃鼓节，意味着农闲的开始。苗族“翻鼓节”是由“鼓藏节”演变而来，是进入农忙前唯一的盛大隆重的节日，节日会期一般为三天：第一日祭鼓，寨里家家户户杀鸡捕鱼、酿酒煮肉，在“鼓头”的主持下举行隆重的祭鼓仪式；第二日亲朋好友欢聚一堂，进行“踩鼓”，苗族男女围成圆圈，一直跳到天黑才收鼓回家；第三日苗族青年男女成群结队地聚集在村寨附近“闹冲”，对唱情歌，用最原始最古老的方式谈情说爱。祭鼓有正式的祭鼓仪式，由鼓主、鼓手、鼓师三位长者负责完成，其中最重要的内容就是由鼓手用木棒连续敲打木鼓，鼓师面向鼓唱歌。歌词大意为：“新的一年开始了，大家该收心了，不能再玩了，要做好生产、做好农活的准备。但愿在新的一年里减少各种灾害，风调雨顺、五谷丰登、六畜兴旺，人人身体健康，个个升官发财。”于是，每年农历二月初苗族“翻鼓节”结束后，苗寨禁吹芦笙，年轻人禁止游方、玩乐活动，这时外出的人必须返回家进行农业生产活动，大家集中精力一心一意地投入春耕生产，以期获得丰收，一直到九月份的“吃鼓节”，芦笙才能被解禁。因此，“翻鼓节”的重要意义在于其落下帷幕之时，即是新一年农业生产的开始，一直到九月秋收结束粮食进仓后，“吃鼓节”来临，苗族人民开始过的第二个“翻鼓节”，这时苗家人才可以尽情地吹笙舞蹈、尽情狂欢，庆贺丰收。所以苗族“翻鼓节”每年要过两次，分别在农历的二月和九月，也表现出了苗族农事节日季节性的特征。

每年农历三月初九，乌江流域贵州黔南州龙里、福泉、贵定一带的苗族开始过热闹的“杀鱼节”。节日当天，人们吃了早饭便来到河边用鱼叉捕鱼，然后架起铁锅，烧起大火，煮着鲜鱼，喝着米酒，吹起芦笙，唱着山歌，祭天求雨祝愿风调雨顺，五谷丰登。

每年清明节前后，乌江流域贵阳市开阳高寨的苗族和福泉市高坪镇王卡村一带的苗族也要过“杀鱼节”，人们兴致高昂地捕鱼，尽显原始社会渔猎时的生活遗风。[①] 福泉市王卡苗族的“杀鱼节”有一个动人的传说：很久以前，福泉王卡地区干旱，庄稼无法生长。为了求雨，苗王让大家上山摘化香叶下河闹鱼。大家把采摘来的化香叶捣烂后全部撒进清水江中，江水被搅浑了，闹翻了龙王，天马上下起了倾盆大雨。有了雨水的滋养，庄稼喜获丰收。此后，苗家人在每年的农历三月都要到江边杀鱼祈雨，求龙王保佑，风调雨顺，五谷丰登，后来就形成了“杀鱼节”。[②]

“吃新节”，也叫“敬新谷节”，是苗族很注重的一个传统农事节日，主要内容是吃新米或新苞谷，庆贺新谷成熟、粮食丰收，并希望来年丰收。当田里稻谷抽穗的时候，苗家人采摘新的瓜果蔬菜和新的谷穗聚餐，名曰“尝新”，“尝新”必须在每年小暑后的第一个卯日进行，因此“吃新”又叫“吃卯”，但由于各地新谷成熟的时间不一致，所以“吃新节”的具体日期在各苗族地区是不一样的，有在农历七月过的，也有在农历八月过的，一般是在农历七月新谷成熟后的第一个卯日过，但无论早晚，“吃新节”都必须在“卯日”过。黔东南苗族流传的《吃卯歌》中唱着：“七月间我们来吃卯，有鱼去捉鱼，有鸡就杀鸡，有的包粽子。爹妈对娃娃说：这是我们过七月卯，过了卯，大家才平安，吃苑谷子才长得好……”“吃新节”的主要活动有祭拜谷神和祖先，斗牛、游方等。“吃新节”也是苗族青年男女谈情说爱的节日，姑娘和小伙子们三五成群地邀约，不是去赶集就是去看斗牛比赛，赶集和斗牛是“吃新节”的节庆特色。此外，苗族的“吃新节”还有一个禁忌，就是在吃新谷以前绝对不能去田里收割稻谷，必须在吃新谷以后才能收割，如果有人犯忌则会使整个苗寨的收成不好。乌江流域贵州黔东南州施秉县杨柳塘镇高塘的苗族在每年农历七月第一个卯日要过“弄卯节”，即“吃新节”。在节日的头一天清晨，全寨人都要到寨里的高塘湖中捕捞鱼虾，煮熟后与从稻田中采来的新谷穗一起祭祀

① 唐祈、彭维金主编：《中华民族风俗辞典》，江西教育出版社，1988年版，第101页。

② 该资料来源于福泉县志办、贵定县文化馆。

祖先，然后与亲朋好友一起共同庆贺，聚餐喝酒唱歌，预祝这一年稻谷丰收、人畜兴旺。

此外，在乌江流域贵州毕节地区织金县珠藏镇青山苗族流传着一个关于“跳花节”的传说，这个传说也与农事活动有关。传说，光绪年间有一年大旱，正在抽穗的秧苗都快要枯死了，苗家人到处寻找水源都没找到。有一个叫杨谷花的苗家姑娘特别有恒心，继续在山上找水，经过三天三夜的寻找终于找到了水。禾苗有了水的浇灌由黄转青，正常扬花了。此后，大家为了感谢杨谷花，在其打出清泉之日的农历七月十三在青山草坪上踩起花场以示庆祝，苗族的“跳花节”也由此逐渐形成。所以，苗族的“跳花节”有“苗家不跳花，谷子不扬花；苗家不跳场，谷子花不扬”的说法。这也说明，从“跳花节”的起源来看，它也是一个跟农业生产密切相关的农事类传统节日。① 这些苗族人民按照自然节令举行的节日庆祝活动，有着显著的季节性、时令性，跟农业生产密切相关，深刻反映了苗族人民对农业生产的重视，对传统水稻种植的重视，生动展现了苗族农耕文化的特点。

三、苗族纪念节日文化

在中国历史上，自古以来各个民族为了获得更好的生存环境，都在争夺肥沃的、优良的自然环境，因此而战争不断，苗族在争斗的过程中节节败退，苗族先民从此开始了他们艰苦的大规模迁徙，直到迁移到荒僻的深山中。为了不忘记祖先所经历的苦难，苗族群众举行了相关的传统节日和纪念活动，以纪念苗族的英雄人物，记住先祖的英雄事迹，或纪念重大的历史事件。北京师范大学教授萧放说：“节日的纪念意义源于人们对历史事件和历史人物的记忆与追念。”

（一）纪念苗族英雄人物，展现苗族人民崇尚英雄的恒久情结

乌江流域的苗族有许多传统节日都拥有着美丽的传说，传说里的苗族英雄往往为了维护民族利益而牺牲了自己的生命，这类节日最主要的目的

① 织金县民间文学三套集成编委会：《中国民间故事集成 · 织金县卷》（内资），1988 年。

就是为了纪念英雄们，纪念苗族的重要历史人物，让后人不要忘记他们，要永远记住他们的英雄事迹，记住他们对苗族人民所做出的贡献，如“四月八”“星火节”“龙船节”等都属于此类节日，这些节日充分体现了苗族人民崇尚、怀念英雄的恒久情结，体现了苗族人民不畏强暴、勇敢斗争的民族精神。

“四月八”是我国法定的苗族传统佳节。中华人民共和国成立后，国家民族事务委员会确认“四月八”为我国苗族同胞共同的传统节日。每逢农历四月初八，在贵州贵阳市喷水池和黄平县东坡乡飞云崖以及乌江流域的很多苗族地区都要举行盛大的活动，苗族同胞吹芦笙、跳苗舞、唱苗歌、吃黑米饭、喝米酒，以纪念传说中英勇牺牲的苗族英雄。关于“四月八”节日的由来，乌江流域贵阳市的苗族流传着不同版本的传说。据国家非物质文化遗产名录——苗族英雄史诗《亚鲁王》记载：苗族先民在贵阳过着丰衣足食的生活，但后来被外族攻打，亚鲁率领苗族先民顽强抵抗，不幸于农历四月初八战死，被埋葬在古苗语称为“嘉坝西”的贵阳市喷水池。于是，每到亚鲁的祭日农历四月初八这一天，苗族人民都会身着本民族的节日盛装聚集到贵阳市喷水池吹芦笙、围圈起舞，以纪念苗族英雄亚鲁王。此外还有另一个传说：贵阳市用苗语叫“格洛格桑”，相传古时的苗族就住在“格洛格桑”（即现在的贵阳市），有一个苗族老人叫格波禄，他带领子孙在这里开荒种地，辛勤劳动，使这里的土地变得越来越肥沃。在“格洛格桑”的东方有一个部落叫河都务，他们知道了“格洛格桑”后非常眼红，于是其头人胡丈郎带领人马前来攻打，“格洛格桑”的首领格波禄曾射死一条母猪龙，获得了一颗神奇的龙心，在龙心的保护下，可都务的胡丈郎吃了败仗。后来胡丈郎设计换走了格波禄的真龙心，而后又带领人马来攻打“格洛格桑”，这时格波禄和另一首领祖德龙先后率领苗族群众与胡丈郎进行了殊死的恶战，但最后都失败了，格波禄和祖德龙两人相继牺牲在“嘉西坝”，即今天贵阳市喷水池一带，他们牺牲的这天正是农历四月初八。此后，为了纪念格波禄和祖德龙这两位苗族英雄，苗族同胞在每年农历四月初八这一天，都会身穿盛装，背着芦笙，带着各色糯米饭，聚集到贵阳市喷水池一带唱歌跳舞，表达对苗族英雄的怀念和敬仰，因此，贵阳的“四月八”主要是一个纪念苗族英雄的节日。虽然贵阳市苗族“四月八”活动自古以来就在喷水池举行，但由于现在的喷水池已成为贵阳市核心交通枢纽和商贸中心，继续在喷水池举办“四月八”活动非常不便，于是，自2009年起，贵阳市停止在喷水池举办“四月八”活动，而改在大十字广场、筑城广场和各区（市、县）公共文化活动场所举行。除贵阳外，贵州黔南的龙里等地和安顺地区镇宁一带的苗族也过“四月八”，传说也是为了纪念苗族英雄。由此看来，乌江流域各苗族地区都流行过“四月八”这一传统节日，从有关“四月八”来历的各种各样的传说来看，主要都是为了纪念苗族英雄，只不过苗族英雄的名字可能不一样罢了。

在乌江流域贵州遵义市绥阳县，这里的苗族在每年的农历九月初九都要过“星火节”。“星火节”的来源同样有一个优美的传说：据说在遥远的古代，农历九月初九这一天，两位到山里放牧的苗族少年无意间发现了“火”，他们特别兴奋，因兴奋过度而晕倒，后来苗寨的人在有火的山上找到了他们。为了纪念这两位苗族少年发现了“火”，苗族人将每年九月初九定为“星火节”。“星火节”从农历九月初九开始，会期约6—7天，每年定期在不同的地点轮流进行。节日期间，绥阳县大溪乡王家寨一带的苗族群众穿戴一新，青年男女吹笙起舞、对山歌，寻找自己的如意伴侣，而老人则通过聚会来会老友，把酒言欢。因此，“星火节”既是苗族一个纪念性的传统节日，也是一个凸显民族团结的节日。

此外，苗族“龙船节”也是属于纪念性节日，据说是为了歌颂古代为民除害的英雄，并祝愿当年风调雨顺、人畜平安。

（二）纪念重大的历史事件，让后人不忘苗族的苦难历史

苗族纪念类节日除了纪念一些重要的苗族英雄人物外，还有一类是为了纪念一些重大的历史事件，通过对这些重要历史事件举办纪念节日，让苗族后代不忘苗族祖先苦难的历史。

如苗族的“跳花山”。乌江流域水城南开一带的苗族流传着一个关于苗族“跳花山”由来的传说：很久以前，苗族在洞庭湖一带受到官家围剿，苗族人民被迫迁徙到湘、桂、黔交界的雷公山。后来官家继续多次派兵来围剿他们，苗族人民英勇不屈，顽强奋战了20多年。这时由于

前方有战事导致官家撤军，苗族人民才得以从雷公山突围出来，这一天正好是农历二月十五。苗族人民为了纪念这一艰辛、漫长的奋战历史，也为了纪念从雷公山突围获得的胜利，决定把农历二月十五作为“跳花节”。这一天，苗家人相聚在一起，苗族青年吹着芦笙、跳起芦笙舞、对歌饮酒、谈情说爱，该节日的寓意深长，既用以纪念那一段艰辛的历史，庆贺了来之不易的胜利。一般“跳花节”的节期为三天。第一天栽花树，第二天清晨人们身着盛装前往跳花；第三日跳花结束，客人就近在苗寨中食宿，饮酒吹笙、弄弦欢乐，通宵达旦。花树由寨老送至长期不生育者家中，不生育者见之大喜，宴请宾客。男女青年借此节日择偶，老人吹笙奏笛，以庆丰年。①

四、苗族婚恋节日文化

在1949年以前，苗族是一夫多妻制；但在1949年以后，苗族都是实行一夫一妻制。苗族禁止家族内通婚，一般也不与他族通婚，即便不同服饰的苗族支系也少通婚或不通婚。苗族主张恋爱自由、婚姻自主，一般未婚的苗族青年男女都可以通过自由参加“游方”（苗族青年男女结婚之前的社交恋爱活动，苗语称为“游方”）社交活动来寻觅佳偶。苗族的社交类节日一般都与爱情婚姻有关，都有“游方”这一内容，以帮助苗族青年男女自主寻找爱侣。苗族青年男女通过亲自参加“游方”活动，使他们得以相识、相知、相恋，找到自己的意中人，收获幸福的爱情生活。苗族的姊妹节、花山节、跳花节、踩花山、跳场、跳月、爬坡节、闹冲等传统节日都包含有专属于青年们的“游方”活动，在“游方”中，苗族青年通过无拘无束的情歌对唱，寻觅爱侣，这充分体现了苗家人婚恋的自由性，展现了一种浪漫的情感表达方式，达到了情感、生命的自由释放。

“姊妹节”是乌江流域苗族的一个盛大的传统节日。“姊妹节”的一个主要活动就是“吃姊妹饭”，这是一种非常古老的习俗，它反映出了苗族的传统婚姻习俗，现在已逐渐演变为苗族青年男女通过吃姊妹饭表

① 政协水城县委员会编：《水城文史资料辑》（内资），1989年。

达爱意、寻觅意中人的一个传统节日。因此，“姊妹节”也被誉为“最古老的东方情人节”。关于“姊妹节”的来源，苗族民间流传着许多故事，其中一个故事记载：古代，有一对苗族青年名叫阿蛟和金丹，他们在“游方”中相互爱慕，产生了爱情。但由于他们同属一个“江略”（即支系或氏族），虽然血缘关系很疏远，但仍然遭到氏族首领和阿蛟父母的反对，拆散了他们。阿蛟思念金丹，于是每天找借口上山，用竹篮装糯米饭带给金丹吃，两人在山上偷偷约会。后来，两人的执着终于感动了族人和阿蛟的父母，有情人终成眷属。之后，苗族青年纷纷效仿阿蛟和金丹，在山坡上约会、吃糯米饭，“姊妹节”由此而来。[①] 现在，每年的农历二月十五，乌江流域贵州清水江北岸施秉县的双井、马号、六合等乡的苗族要过“姊妹节”，这是当地苗族青年最喜爱的节日，前后共过三天。施秉县的“姊妹节”也有一个传说：古时候，清水江畔一户苗族人家有三个长大成人的姑娘，由于当地男青年都住到坡上去开荒种地了，所以这三个姑娘都没有找到婆家。后来姑娘的父母请教张古老（即姜央，传说是苗家的先人），张古老让他们蒸一桶花花绿绿的糯米饭，并传话出去说吃了这种花花饭热天可驱除蚊虫叮咬。果然山上的小伙们听了都来讨花花饭吃，由此这三个姑娘顺利找到了如意郎君。刚开始主要是姑娘多的人家过“姊妹节”，后来逐渐演变成苗寨家家户户过“姊妹节”。在节日期间，姑娘们各自从家里拿来糯米集中到一家去蒸五颜六色的糯米饭，待到游方坪见面时，小伙们就会向姑娘们讨花饭：“送点姊妹饭来吃嘛，免得热天我遭蚊子咬哦。”如果小伙不是姑娘的意中人，就只给拇指大一点儿的糯米饭；如果是意中人，姑娘们则将代表自己心意的“谜子”，如树叶、松树毛毛、小树勾、小树杈等包在花花饭中，送给小伙子。小伙子一看如果包的是树叶，就回礼一张帕子；如果包的是松树毛毛，就回一包绣花针；小伙子最想得到的就是小树勾，这就表示自己与姑娘有希望成为一家人；最不愿得到小树杈，那就是被拒绝了。[②] 由此看来，“姊妹节”就是苗族青年男女谈情说爱、寻觅佳偶的社交娱乐类节日，他们相聚一起吹笙起舞、游方对歌、互赠信物、订

① 伍新福：《中国苗族通史（上、下）》，贵州民族出版社，1999 年版。
② 该资料来源于施秉县文化馆。

立婚约，展现了苗族同胞自由择偶的传统婚俗和对美好爱情生活的追求，同时也展现了多姿多彩、美轮美奂的苗族歌舞、服饰艺术，以及苗族丰厚的文化底蕴。

苗族的“花山节”由来已久，也是苗族群众社交娱乐的一个盛大节日，更是苗族青年男女寻偶的传统节日。乌江流域的很多苗族地区都过“花山节”。但由于乌江流域各苗族所处地域不同，所属支系不同，苗族“花山节”的节日日期也有所不同，大多是在农历正月或春天举行，会期为三天；节日的名称也不尽相同，有跳花节、踩山节、踩花山、跳花、跳花场、跳月等，但活动内容却大同小异，主要就是苗族青年男女吹笙起舞、谈情说爱、寻觅佳偶。清以后关于“花山节”活动的一些记录才见于汉文文献。清（1644—1911）的《贵州通志·土民志》中记载：“苗人，每年正月十一、十二、十三日，男女装束一新，觅高埠敞地，植冬青其上，曰‘花树’。女子持布一端，互相牵引，两少年吹笙其前，作凤鸾和鸣之声，左右舞蹈为节。女则随其缓步作半圆绕之，曰‘跳花’。十三日跳完，鸣爆竹，倒花树。女子各择所爱者，亦名老表，尾其后牵而绅者。”《贵阳府志》又云：“跳月时植冬青，跳场缀以野花，名曰‘花树’。男女以巾相易，谓之换带。然后通媒约。”从以上古代文献记载来看，“花山节”源于苗族青年男女的求爱活动，相传古代苗族人口较少，男女青年婚配很难，于是族人商定以“花场”的形式让青年男女相识择偶。乌江流域湖北利川市苗族在每年正月要过“踩花山”，大家一起吹芦笙、爬花杆、对歌求爱，欢度新春佳节。乌江流域滇东北一带苗族在每年农历的六月六要过“踩花山节”，其中最隆重的要数云南昭通市镇雄县罗坎发达的苗族的“花山节”，但由于六月初六正处农忙时节，当地的苗族同胞把“花山节”的时间调整至春节。每年春节期间，苗族青年男女相互倾吐爱意、互赠信物、订立婚约。相爱的青年男女，男的要赠送姑娘花围腰带、花裹脚，女的要以亲手绣制的花帕、包头回赠对方。每年农历正月初一至初六，贵州遵义县苗族人民举行“踩山节”，年轻人谈情说爱，老年人认亲结义。每年农历七月十三日以后的第一个“羊”日，贵州毕节市织金县珠藏镇青山花场连续三天举行盛大的“跳花节”，青山花场是贵州中部规模最大的苗族跳花场之一，也是整个毕节市苗族规模最大的花场和非物质文化遗产活动场所。该活动规模很大，有来自织金、纳雍、大方、黔西、普定、清镇、六枝、水城的苗族和其他群众约 5 万人参加，此节日也是苗族青年男女谈情说爱的良机。此外，乌江流域贵州贵阳苗族、水城县苗族、大方县八堡寨苗族、安顺市高寨乡苗族等也都过“跳花节”，主要内容也是苗族青年男女对歌寻找意中人。贵州毕节地区大方县马场区苗族在正月二十六和二月十四要栽花树，“跳花坡”，威宁县苗族在农历三月初三要举行“跳坡节”，也叫“赶花场”，为苗族青年男女搭造鹊桥。贵阳花溪区苗族在正月初八到十三，乌当区苗族二月十四至十六，都会举行“跳场”活动，“跳场”是苗族人民的传统社交娱乐活动。对于青苗这个支系来说，跳场活动最主要的内容就是“牵羊”，即在跳场中选择配偶的环节。“牵羊”是在跳芦笙舞的过程中进行，女青年选定对象后就把自己的腰带去拴在心仪的男青年的腰带上，然后随他跳舞，活动结束后再经过考查才订立婚约。贵州黔南州贵定县定东苗族每年农历正月要举行“跳月”，盛装的姑娘们在欢快的芦笙曲中进入月场寻找自己的心上人，看准后便跟在他后面，踏着笙曲，翩翩起舞，绕场而行。民国时代的《贵州苗民概况》有云：“跳月系苗民夜间聚会之称谓……一般青年男女，常于月明之夜，举行跳月以为娱乐。”而乌江流域贵州黔南州贵定县仰望苗族却不一样，他们是通过“坐花场”来寻觅意中人；龙里县苗族是在每年农历正月初九、初十、十一、十二，举行盛大的“跳花场”活动来择偶的。

“闹冲”是苗寨最隆重的传统节日，原来的“闹冲”是为了驱赶老鼠和害虫，以保粮食丰收，但现在的“闹冲节”主要是苗族同胞在春耕之前相聚到山上，踏春、斗牛娱乐，苗族青年男女对唱山歌来寻觅伴侣的节日。

五、苗族祝颂节日文化

苗族有自己独具特色的祝颂节日文化。苗族每年都会举办很多庆祝活动，或庆贺五谷丰登、六畜兴旺，或欢送旧岁、庆祝新年的到来等，为了表示庆祝，苗家人在每一个值得庆贺的时刻举行各种形式的节日庆祝活动，如预祝丰收的“赶秋节”，祝贺五谷丰登的“芦笙节”，等等。

每年农历的“立秋”之日，贵州松桃苗族都会过“赶秋节”。“赶秋”亦叫“赶秋千”，是苗族同胞预祝丰收的喜庆节日，该节日一般会举行一天。“赶秋”有一个美丽的传说，相传有一个为人正直、高大英武的苗族青年巴贵达惹，他想寻觅一个美丽、聪慧、善良的姑娘为妻，但一直没有找到。一天，在深山打猎的巴贵达惹突然看见一只山鹰嘴里叼着一只漂亮的绣花鞋飞过，他一箭射落了老鹰，得到了这只绣工精美的绣花鞋。绣花鞋如此漂亮，绣花鞋的主人也一定很聪明美丽，巴贵达惹决心找到绣花鞋的主人。于是，在“立秋”这天，巴贵达惹邀请附近的苗家人来荡秋千，他亲自设计了一种一次可坐八个人的风车型大秋千即“八人秋”，果然在秋场上，巴贵达惹邂逅了绣花鞋的主人，一个名叫乜琅的美丽姑娘，最后二人喜结良缘。此后，松桃的苗族群众在每年的“立秋”之日自动聚集到秋场上荡秋千、唱苗歌、预祝丰收、择配佳偶，独具特色的“赶秋”盛会由此形成。“赶秋节”最具特色的活动就是荡秋千，在秋千架下，装扮成秋公秋婆的男女带领大家一起唱“赶秋歌”“赶秋歌”唱出了“赶秋”的来源，赞美着秋千，并预祝丰收，并祝福苗族青年男女收获爱情。[①]“芦笙节”是贵州黔东南一带颇为普及的节日，也是苗族人民的传统节日，主要是预祝新的一年风调雨顺、五谷丰登。芦笙，是苗族人民特别喜爱的一种古老乐器，自唐代贵州少数民族人民开始制作芦笙起，迄今已有一千多年的历史。苗家人自古以来就喜爱吹奏芦笙、跳芦笙舞，苗族的许多喜庆节日都设有吹芦笙、跳芦笙的活动，乌江流域贵州黔东南州黄平县谷陇大寨每年九月都要举行专门的以“跳芦笙”为主的“黄平县谷陇芦笙会”。每年农历九月二十七至二十九，在黔东南谷陇地区都会举行“黄平县谷陇芦笙会”，会期为三天，节日期间人们欢聚在芦笙场上，欢歌起舞，场面热闹非凡，参会人数可达几万人。在乌江流域贵州福泉市王卡苗族地区，每年农历正月十七、十八和正月二十七、二十八，会举行两次“芦笙节”的庆祝活动，苗家人欢聚一堂，吹芦笙、跳芦笙舞、对苗歌，喜迎新春，预祝一年风调雨顺、农业丰收。关于“芦笙节”的来源，有这样一个传说：很久以前，苗家先祖告且和告当创造了日月，又把从天公那里偷来的谷种

① 料来源于松桃自治县文联。

撒在田坝上，以养育众多儿女，但是稻田里稗秧（形状像稻，是稻田里的害草）疯长，导致稻谷收成特别差，人们都吃不饱。告且和告当很发愁，为了排解忧愁，他们从山上砍了六根白苦竹扎成一束用来吹奏，但竹管中吹出的却是阵阵金风，使稗秧闻风枯黄，稻谷迎风猛长，当年庄稼获得了大丰收。自此以后，每逢麦种落地、谷子进仓的时候，各个苗寨就开始轮流吹芦笙，举行欢庆丰收、祝来年风调雨顺的庆祝活动，后来逐渐演变为苗族人民的传统节日“芦笙节”。苗族的“芦笙节”在各地举办的具体日期不一样，但内容基本一致，规模都比较大，其主要目的一是预祝风调雨顺、五谷丰登；二是举行“游方”活动，给苗族青年提供寻觅伴侣的良机。

六、苗族娱乐节日文化

娱乐是活跃的灵魂，所有的节日都跟娱乐分不开。苗族是一个能歌善舞的民族，苗族村寨素有“歌舞之乡”的美誉，在农闲的时候，为了庆贺，也为了寻觅佳偶，苗族群众经常举行一些热闹的娱乐活动，以放松身心，娱悦心情。这种轻松愉快的娱乐活动逐渐变成传统习俗，演变成传统节日。

（一）苗族歌舞类娱乐文化

苗族人民爱唱歌，对歌是他们社交的主要方式，在一些重要的节日如“六月六”传统歌会、“踩鼓节”等节日活动中都有对歌、跳舞的环节。每年农历六月初六，湘、黔地区的苗族都要举行为期一天的“六月六”传统歌会。节日当天，各苗寨的人们身穿节日盛装欢聚到歌场，以歌会友，以歌传情。乌江流域贵州黔南福泉王卡苗族地区也有“对歌节”，苗族青年为了找到如意伴侣，在“对歌节”上唱歌、对歌，或者跋山涉水到很远的村寨去对歌。因此，“对歌节”也成为苗族青年寻觅佳偶的一个节日。

苗族人民爱跳舞，苗族“踩鼓节”就是一种通过跳舞来娱乐的节日。关于“踩鼓节”的来历有一个传说：很久以前，古代苗族首领蚩尤被黄帝打败，自此苗族人为了躲避灾难，开始了漫长的迁移旅程，途中在大森林中迷路，多亏一只啄木鸟引路，才最终找到了一片肥沃的土地，并在此开荒种粮，安居乐业。在辛苦劳作之余，为了缓解疲劳、修复体力，大家欢聚一起休闲娱乐几天，“踩鼓节”由此得以传承下来。[①]“踩鼓节”一般会举行三天。节日开始，苗族姑娘们在集会时要亮出全部银饰，人们欢聚在踩鼓场上踩鼓、唱歌、拜亲访友。“踩鼓”，是苗族流传已久的群众性集体舞蹈，“踩鼓节”最主要的活动就是跳踩鼓舞。

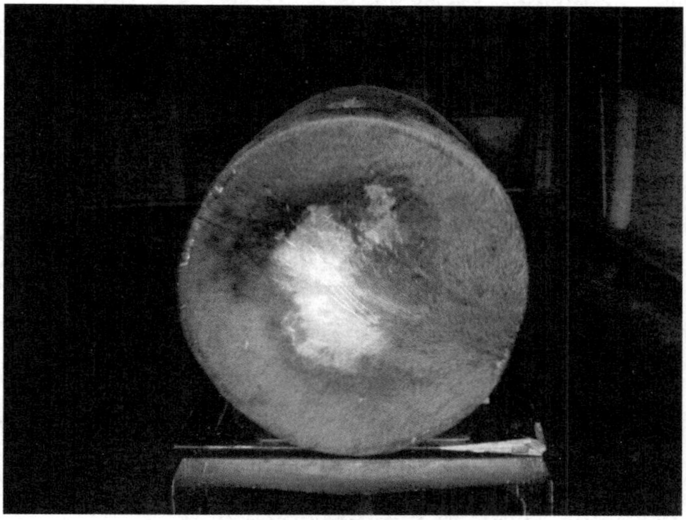

苗族鼓

（二）苗族体育竞技类娱乐文化

农闲时候，苗家人喜欢举行一些体育竞技类项目的娱乐节日如“斗牛节”“赛马节”“龙船节”等。此类节日主要以体育竞技活动为主，通过激烈的竞技比赛使人们获得休闲娱乐。“斗牛节”是苗族人民喜爱的传统节日，在每年农历正月初九、十九、二十九这三天举行。乌江流域贵州黔南布依族苗族自治州福泉市干坝乡苗族会在斑鸠石举行“斗牛节”。节日这一天，苗族群众穿着节日盛装，佩戴各种银饰聚集到斑鸠滩即苗族的斗牛场观看牛打架，即让两头水牯牛以角相抵斗论胜负，斗胜的牯牛挂红奖

① 该资料来源于镇远县文化馆。

赏，然后大家一起吹笙、跳月，欢度传统佳节。[①] 福泉市仙桥乡王卡苗寨在每年农历正月十七、十八和正月二十七、二十八也要举行“斗牛节”。贵阳市孟关乡和高坡乡苗族在每年秋收后的七月择龙、虎、狗、鼠其中一日举行“斗牛节”。由此可见，“斗牛”是苗族群众特别喜爱的传统竞技活动。

“龙船节”是苗族进行水面划船比赛（或称“龙舟竞赛”）的一个传统节日，原本是为了纪念古代为民除害的英雄，祈求平安，而形成了划龙船的风俗，但今天苗族“龙船节”的纪念含义已经逐渐淡化，娱乐性逐渐增强。苗族的“龙船节”，在每年农历五月二十四至二十七举行，主要内容就是举行盛大而隆重的龙舟比赛。近代以来，乌江流域贵州黔东南清水江畔施秉一带的“龙船节”最具有代表性，苗语叫“划龙船”，汉名为“大端午”，于每年农历五月二十四至二十七这四天举行，船是用高大的杉木、桐木挖空制成，每三只船为一组，中间的一条长约 23 米，称为“母船”，两边各有一条约 16 米长的小船，称为“子船”，三条船合在一起，称为“母子船”。船前龙头昂然高耸，放着一对牛角，每船可容纳二三十人，皆站立划桨。数十条船并驾行于水面，争先恐后，竞争激烈。同时还会举行跑马、斗牛、踩鼓、游方等多种娱乐活动。[②]

第二节 乌江流域苗族传统节日文化的表现形式

苗族传统节日文化的丰富内涵往往体现在精神文化层面，因而是隐性的、不可见的，需要通过节日活动的外在形式才能充分体现出来。苗家人在节日期间，都要举行盛大的节日庆祝活动，往往会采取多种多样的活动形式，这些活动形式一般会涉及节日仪式、音乐、舞蹈、服饰、体育竞技、饮食等诸多领域，通过这些形式各异的节日活动，展现苗族传统节日文化最具代表性的一面。

---

① 该资料来源于福泉县志办。

② 该资料来源于施秉县文化局。

一、苗族节日礼仪

苗家人在举办传统节日活动时，往往需要遵守许多传统的节日礼仪，这些节日礼仪往往体现了苗族丰富的传统节日文化内涵。苗族大多数传统节日礼仪都是根源于古代祭礼，因而苗族的祭祀性节日最重要的活动就是举行庄严而神圣的祭祀活动，节日的祭祀活动具有宗教信仰、根文化的传承功能，是非常严肃的活动，族群必须中严格按照传统的祭祀仪式来举行祭祀活动。

乌江流域清水江北岸施秉县六合乡廖洞三寨苗族的“吃鼓藏”就有一套严格的、固定的程序。当地苗族村民最为隆重的节日就是每隔十三年举行一次的“吃鼓藏”，即用水牯牛来祭神祭祖，祭祀仪式庄严、神圣而盛大，不能有丝毫的马虎。廖洞苗族“吃鼓藏”必须严格按照固定的祭祀程序和仪式举行。

第一天，全寨男女身着盛装，在“格略”（“格略”，苗语，直译为：鼓头，即鼓社头。由参与鼓社活动的人们民主推选，不论贫富，也不论在家族中辈分的高低。当选者一般都是在当地享有极高威望的人，他们为人耿直，办事公道，待人诚恳，年纪在 50 岁以上。）[①] 的带领下，众人将牛皮鼓迎接到“格略”家。

第二天，在“格略”的主持下开始祭祖。这时“格略”从头到脚身着祭祀时的装束，在左右两名随从的伴随下，进入“鼓社场”。“格略”的后面，跟随着一二十人组成的歌队，唱着歌；歌队后跟随着全寨村民（孩子除外），穿与平常一样的装束；队伍最后，是扮丑角的两个男子，一着男装，一着女装，着男装者手里拿着一水枪，水枪里装有米汤，当有人向其求福时，即以米汤射之，并高呼：“蹘由、蹘由，蹘沙香由。”（苗语：得了、得了，得富贵了。）在“格略”的带领下，这支声势浩大的祭祀队伍踏着古歌，围着鼓社场中央的社鼓，绕场转圈。所有人都要非常严肃，不能说笑，只有本寨村民可以参与祭祀活动，其他外地的客人和本寨的小孩都只能在场边观看，祭祀仪式大概要持续一两个小时，唱完歌之后大家就

① 贵州省文化厅群文处、贵州省群众文化学会编：《贵州少数民族节日大观》，贵州民族出版社，1991 年版，第 143 页。

送“格略”回家，之后开始传统的斗牛活动。

“吃鼓藏”时的斗牛是很有讲究的。一般在节日的前三个月，斗牛就不再耕田犁地，并要好生饲养它，早晚要给它喂一杯酒，一天要给它吃一斤稀饭，把斗牛养得浑身毛光水滑、牛皮发红透亮，过节时牵出去，显示主人家的富有。如果斗牛又瘦又小，用它来祭祀祖先，传说老虎就会跑到寨子来咬人伤畜，使寨子不得安宁。斗牛开始，首先是“格略”家的牛上场，之后其他家的牛才能上场。“吃鼓藏”的斗牛与其他节日的斗牛是不同的，牛一定要斗到分出胜败，不能凭人去拉开，因为这些斗牛最后都要杀掉来祭祖。

第三天，杀牛祭祖。乌江流域施秉县六合乡廖洞三寨苗族用来祭祀祖先的牛，都必须由自家的亲舅爷或姑爹动手杀第一刀，姑舅来赶节需要带一篓饭、一只鸭、一坛酒送礼。杀牛后，先将牛头卸下带回主人家里，放在神龛脚供起来；再将牛的四条腿砍断，挂在主人家的大门前，待节日结束后，主人将牛的前、后腿送给舅爷和姑爹，牛肩部分送给至亲好友，其余部分由外来客人任意自取。

施秉县六合廖洞的“吃鼓藏”，节日时间一般持续大概 5—9 天，结束时的仪式也非常隆重。首先，由“格略”将一对鼓的鼓皮取下，用新牛皮重新蒙好；然后，大家在“格略”的带领下，一起将鼓送到寨外，或者由其他“格略”来接鼓，或者将鼓放回洞中，直到下次的“鼓藏节”再继续使用。而且这个鼓除了“吃鼓藏”外，平时任何人都不准乱动，否则会对村寨不利。节日活动结束后，四方来的至亲好友带着主人家送的礼物，或早或晚，但须于当天离开村寨。①

乌江流域清水江北岸施秉县六合乡廖洞三寨苗族的“吃鼓藏”除了必须遵守严格的节日程序外，还有一些必须遵守的禁忌。如过节期间，只要客人进寨了，节日未结束一律不准出寨；前来赶节的外人，不需要准备礼物，进寨后只要找到“格略”家，把自己所戴的斗笠或其他雨具放在大门外，主人就会接待；参与祭祖活动的人，绝对不能乱说话，尤其不能说一些不符合节日礼仪的话，等等。苗族老者通过这样庄重、神圣、严肃的祭

① 该资料来源于施秉县文化局。

祀祖先的活动，将自己所知道的节日来源、节日祭祀仪式、程序在祭祀活动中一一呈现，并将苗族的这些传统节日祭祀文化传承给后代，让后代不忘苗族历史，缅怀苗族先祖，增强苗族青年一代的民族认同感、民族责任感，使苗族人民紧紧地凝聚在一起。苗族的年轻一代通过参与此类祭祀活动，学习传统的节日祭祀仪式，将自己的心灵回归到苗族祖先那里，从根上认同自己的民族，达到把所有家庭和整个民族凝聚到一起的目的。

乌江流域的苗族还有一些特殊的节日礼仪。如在“苗年”的清晨，苗家人要做很多的美味佳肴，并摆在火塘边的灶上虔诚祭祖，在牛鼻子上抹些酒，感谢其辛苦一年的耕作；苗家姑娘与小伙子们来到村寨附近的“游方”场唱歌跳舞，通过“游方”寻找自己的伴侣。“牛王节”这天，牛可以休息，苗家人要杀鸡、打糯米粑，清早用糯米饭搅拌饲料喂牛，拿鸡肉、香猪、酒等到牛棚边去祭牛王，有的还要拿两块糯米粑挂在牛角上，用酒抹牛鼻子以示慰劳。

苗家人历来有尊重老人，关爱孩子的传统礼仪，这些礼仪在节日中表现得尤为突出。幼辈见到长辈要行鞠躬礼；吃饭时要请老人坐上座；行路时要让长者先行；苗家人只要看见有人在门口停留，不管认识与否，都会邀请对方到自己家里做客，并以酒饭热情款待。“祭桥节”充分体现了苗家人对孩子的关爱，节日当天，苗家人“架桥”以祈求上天保佑孩子平安成长，孩子不必干活也能吃到好吃的，孩子即便犯了错也不会受到处罚。

二、苗族节日文化艺术和体育活动

乌江流域苗族在过节时，除了品尝节日美食外，更多的是举行各种形式的节日文化艺术活动和体育活动。在节日活动中，苗家人聚集在一起吹芦笙、踩芦笙、赛苗歌、打苗鼓、踩鼓、爬花杆、吹唢呐等，大家一起载歌载舞，参加斗牛、打秋千、赛龙舟等各种各样的体育竞技活动，场面热闹非凡；苗族姑娘和小伙子们往往热衷于游方、对歌、求偶等活动。

（一）苗族民歌

苗族的歌舞很发达，它几乎贯穿于苗族的每一个传统节日活动中。苗族的一些节日的得名，就是因为节日经常以苗族歌舞为主要的活动内容，如芦笙节、跳花节、赶歌节、对歌节等，这些节日显然具有鲜明的歌舞特征。即便是如“鼓藏节”这样严肃的祭祀节日，同样也离不开苗族歌舞这一活动方式。

苗家人有“饭养身，歌养心”的说法，他们在过节的时候都喜欢唱歌，苗族青年男女在节日“游方”时一般都通过对歌传情，苗家人认为唱歌就如同吃饭一样是生活的必需品，没有歌声的生活是不可忍受的。

乌江流域的苗族民歌种类繁多，表达的内容非常广泛，且通俗易懂，是传播苗族传统节日文化的重要载体。根据其内容的不同，苗族民歌可分为创世歌、迁徙歌、盘歌、飞歌、婚姻歌、酒歌等，曲调各不相同。“创世歌”叙述了天地日月的起源，万物的产生，如《万物起源歌》等。“迁徙歌”反映了各地苗族的迁徙史，体现了人与自然、人与人相互斗争的激烈情景，也可以说它就是一部英雄的史诗，如贵阳地区的《格罗格桑》，黔西北的《杨鲁话》，松桃、铜仁地区的《修相修玛》等。“盘歌”是苗族青年男女向对方表达心意、显示才能的一种古老的对歌方式；在“盘歌”中，一般男的先唱，女的后唱，双方通过对唱显示自己的才能。如果男的输了，女方便用水将男方泼走；如果女的输了，则还可继续“盘歌”；如果双方唱得情投意合，婚姻大事就有了着落。“飞歌”又称为吼歌、喊歌、山歌，是流行于贵州黔东南地区的一种特别的民歌演唱形式，是苗族青年男女在隔山隔水的情况下，为互表诚意，邀约游方而放声抒怀的一种情歌，大多数为独唱、二人合唱，少数为对唱。

（二）苗族音乐

在苗族的节日活动中，会听到许多苗族特有的音乐。苗族有着各种各样的传统乐器，其中，管乐乐器有芦笙、夜箫、笛、唢呐、芒筒等；弦乐乐器主要有二胡、古瓢琴、月琴等，多用来伴奏；打击乐器有铜鼓、木鼓、皮鼓等。由此，形成了苗族独特的音乐曲调：芦笙曲调、民歌曲调、唢呐曲调、箫琴曲调等，其中最普遍的是芦笙曲调和民歌曲调。

芦笙，是苗族最有代表性的传统乐器，在乌江流域苗族地区广为流传，也是苗族节日活动中必备的乐器。芦笙在古代就深得苗族群众的喜爱，在苗族地区非常盛行，苗族的许多节日都有吹芦笙、跳芦笙舞的活动，但在近代，芦笙在苗族的一些地区已经完全失传，只有部分地区的苗族仍会吹奏。芦笙是苗族传统文化的一种象征，在表演方面，苗族芦笙把词、曲、舞三者融为一体，表现了苗族原始、古朴的传统文化艺术。芦笙曲调是苗族音乐中最有代表性的曲调，其传统曲目有祭祀曲、舞曲、问讯曲等，曲目是因地而异的。现在，乌江流域黄平县谷陇镇的“芦笙会”很具代表性和知名度，节日期间，几万人欢聚在芦笙场吹芦笙、跳芦笙舞，预祝新年风调雨顺、庄稼丰收，同时也使得芦笙这一苗族的传统乐器得以代代传承。除芦笙外，唢呐的使用也比较普遍，在乌江流域贵州的松桃、铜仁、思南地区，唢呐是这一带苗族代表性的乐器，节日、喜庆时多喜吹奏，使用非常广泛。

（三）苗族舞蹈

苗族是一个能歌善舞的民族，在苗族的所有节日活动中，苗族舞蹈都是不可缺少的一个重要环节，即便是在庄严的祭祀活动中，苗族舞蹈这一节目也是不可或缺的。苗族舞蹈起源很早，有着悠久的历史，是苗族传统文化中重要的组成部分。早在北宋年间，苗族歌舞就已经在京城引起轰动。《宋史·南蛮曲南蛮传》记载：“一人吹瓢笙，如蚊蚋声，数十人联袂宛转而舞，以足顿地为节。”苗族舞蹈一般与祭祀、恋爱、婚姻、生产劳动、生活等息息相关。

苗舞

在农闲之际，“芦笙舞”是苗族人跳得最为普及的一种舞蹈，老少皆宜、男女皆可，且参加人数众多，一般就在草坪、河坝、山坡空地上进行。苗族“芦笙舞”从动作特点上看，分为“踩”和“跳”两种。“踩”动作幅度轻微，舞姿娴雅、端庄；“跳”动作幅度较大，舞姿更为豪放、潇洒。“芦笙舞”舞步一般以四步居多，也有二步、六步、跳步、点步、左右旋转等跳法。苗族“芦笙舞”最常见的形式就是男的吹着小芦笙、女的持花手帕，男一圈、女一圈地把一群吹大芦笙的舞者围在中间，大家踩着乐曲的节奏，轻轻摆动着身体，绕圈而舞。苗族“芦笙舞”流传很广，在乌江流域贵州的黄平、大方、水城等地，在过一些喜庆节日时，都会举行芦笙舞会。

流行于贵州苗岭山区的苗族“踩桥舞”也别具特色。“踩桥舞”融音乐、舞蹈于一体，需要表演者边吹芦笙边做高难度的动作，由此生动形象地反映历史上苗族人的迁徙生活。其表演形式为：众男子手捧芦笙，齐奏“踩桥曲”；众女子做出在桥上行走摇晃状，踩着芦笙的节拍，摆手扭腰，阔步向前。这时由男女老少，身着盛装，踏着芦笙、木鼓的节拍，跳“踩桥舞”，场面热烈而凝重，让人想起苗族先人艰苦跋涉的情景。

（四）苗族体育竞技活动

节日活动中的传统体育竞技项目也深得苗族群众的喜爱，有斗牛、斗鸡、斗鸟、赛马、打秋千、玩狮、耍龙、玩武术、射弩、赛龙舟、捕鱼等。“斗牛”就是让两头水牯牛或黄牯牛以角相抵相斗来争胜论负的活动，是苗族节日活动中的传统项目。斗牛在入场前，主人要用夹着大片腊肉的糯米饭团和土酒喂它，然后才牵进场，双方主人放绳让两头牛接角相斗，当一头牛被判失败时，十几名壮汉迅速将两头牛隔开，而获胜的牛身上则挂红作为奖赏。此外，在节日活动中，还有上刀梯、踩犁口等苗族绝技绝活的表演。由此，在苗族传统节日举行的这些丰富多彩的活动，充分表现了乌江流域苗族独特的歌舞文化、体育文化、娱乐文化。

苗族斗牛

三、苗族节日传统手工艺术

（一）苗族服饰

苗族服饰是苗家人独特的艺术作品，是我国所有民族服饰中最为华丽的服饰，是苗族文化体系的重要组成部分，是我国民族服饰文化的瑰宝。通览苗族服饰，就像是把生动形象的苗族服饰文化发展史，跃然在男女老少的身上。通过苗族服饰我们可以看出苗族历史的发展进程和文化沉积，了解苗族人民在历史的发展进程中所形成的对自然认识及所产生的审美意识。

苗族传统服饰有盛装和便装之分。苗族盛装一般都是为节日或婚嫁等正式、盛大的场合准备的，特别繁复华丽，集中体现了苗族服饰的艺术水平。有些苗族女孩的节日盛装如果要准备齐全，她的家人需要为此准备好几年。在苗族节日活动期间，苗族姑娘们纷纷穿上节日盛装，头戴美丽的银饰，争相竞美。银饰有银冠、银项圈、银手镯、银耳环、银戒指、银披肩、银项链、银髻簪、银梳子，等等，银饰工艺精湛，造型独特。而苗族便装的样式与盛装相比，就显得简洁、朴素，用料少，费工少，仅供日常穿着之用。如果不是过节，苗族女子一般身着便装，上身穿对襟短衣，下身穿百褶裙，再佩戴上精致的银饰。苗族男子的装束就更为简单，一般头缠青色包头，上身穿对襟短衣，肩膀披织有图案的羊毛毡，小腿缠裹绑腿即可。

苗族节日盛装场景

此外，苗族服饰还有性别、年龄、地区的差别，主要有黔东型、黔中南型、川黔滇型、湘西型、海南型等五大类。在乌江流域贵州黔东南地区的苗族服饰是“黔东型”，其女装由青土布制成，以对襟上衣和百褶裙为基本款式；男装多包青头帕，穿青色土布衣裤，非常简单。贵州黔东南地区是我国和世界上苗族服饰种类最多、保存最好的区域，其苗族服饰有200多种，被赞誉为“苗族服饰博物馆”。位于乌江南岸、贵州省中部偏西的安顺苗族服饰也别具特色。因苗族支系不同，苗族服饰也各不相同。根据衣服颜色的不同可分为青苗、黑苗、红苗、白苗、花苗等；根据服装款式的不同可以分为长裙苗、短裙苗、雅雀苗等；根据头饰的独特性有贵州六枝唆嘎长角苗等。

贵州黔东南苗族服饰（1）

贵州黔东南苗族服饰（2）

贵州黔东南苗族服饰（3）

苗族服饰以其鲜艳的色彩、精美的服饰图案、繁复的装饰、精湛的传统工艺技法，淋漓尽致地展现了苗族服饰丰富的文化内涵。

第一，从苗族服饰的色彩来看，苗族服饰一般采用红、黑、白、黄、蓝五种基本色彩，通过强烈的色彩对比，追求服饰颜色的浓郁和厚重的艳丽感，不注重突出主题，但却注重服饰的整体感。苗族服饰的色彩素材主要来源于自然界中存在的各种颜色，把自然的色彩穿在身上，由此形成了一种源于自然而超越自然的美感。苗族女装一般都是色彩鲜艳、绮丽多姿，而男装的色彩则比较单调。

第二，苗族服饰都有精美的服饰图案，展现了苗族丰富的历史文化内涵。苗族是一个没有文字的少数民族，世代依靠着口传心授，他们通过一针一线将流传千年的故事、先民居住的城池、迁徙漂泊的路线、对自然的认知等。绣进了服饰之中，形成了精美绝伦的苗族服饰图案。这些服饰图案具有与文字等同的表达功能，表达了苗族人民对自然的认知和审美意识，蕴含了苗族丰富的历史文化，同时也肩负了传承苗族历史文化的重任，因而苗族服饰被誉为“无字史书”、“穿在身上的史书”。随着时光的流逝，一些古代的苗族服饰图案所表达的特定含义我们已经无从解读，使其蒙上了一层神秘的面纱，这也是苗族服饰图案的魅力所在。从内容上看，苗族服饰图案大多取材于日常生活中各种活生生的具体物象，一般可分为三种类型：几何纹饰、动物纹饰、植物纹饰。几何纹饰主要有太阳纹、铜鼓纹、星纹、卷草纹、八角花纹、十字纹、锯齿纹、水波纹、云纹、雷纹、回纹、井字纹，等等。动物纹饰主要有牛、龙、象、虎、狮、鹿、无名走兽等，这些动物纹饰普遍采用超现实的表现手法，造型夸张多变，如半人半兽、多动物合体、动物与植物合体等。植物纹饰主要有菊、荷、石榴、葫芦、向日葵、鸡冠花、蕨菜、辣椒花、无名花卉植物，植物纹饰主要用于服饰的领沿、袖口等。由此，这些以几何纹饰、动物纹饰、植物纹饰为主要内容的苗族服饰图案形成了其自身独有的韵味和魅力。

第三，苗族服饰都有着繁复的装饰，展现了苗族人民精湛的传统工艺技法。苗族服饰首先要经过种麻、收麻、织麻、纺线、漂白、织布等一系列复杂的工艺，然后再在织布上进行刺绣、挑花、蜡染，最后再进行裁缝，才能成为一套精美的苗族服装。由此可看出，苗族服饰使用了中国民间常见的织、绣、挑、染的传统工艺技法，这些传统手工艺技法往往穿插使用，挑中带绣、染中带绣，或者织绣结合，凸显出独特的民族艺术特色。

身着节日盛装的苗族姑娘（1）

身着节日盛装的苗族姑娘（2）

身着节日盛装的苗族姑娘（3）

身着节日盛装的苗族姑娘（4）

身着节日盛装的苗族姑娘（5）

（二）苗族蜡染、刺绣

蜡染、刺绣可称为苗族文化中的“两绝”，其工艺水平达到了炉火纯青的程度。

贵州苗族蜡染蜚声中外，工艺精湛。苗族蜡染是苗族人民在生产中创造出的一种传统手工艺术，主要表现在生活用品上，如苗族女性服装、床单、被面、背包、背带、包头巾等。根据苗族习俗，苗族女性都必须掌握蜡染技艺，苗族姑娘自幼便要跟着母亲学习蜡染技艺，由此，苗族的这项传统技艺得以代代传承，从而在苗族聚集区形成了以蜡染艺术为主导的服饰文化、节日习俗文化。现在在乌江流域贵州省的安顺市、织金县还保留着世代传承的、古老的蜡染传统技艺。

苗族刺绣是苗族古老的手工艺术，是苗族服饰的主要装饰手段。《辞海》已将代表着苗家刺绣最高水平的苗绣已同湘绣、苏绣、蜀绣、粤绣一同并列收入词条。著名艺术大师刘海粟对苗族刺绣尤为情有独钟：“苗女刺绣巧夺天工，湘绣、苏绣比之难以免俗。”苗族刺绣别具一格，手法多样，有平绣、皱绣、破绣、辫绣、轴绣、锁绣、挑绣、褶绣、双针绣、结籽绣，等等。刺绣的图案选材非常丰富，涉及动植物及几何图形达数百种，有龙、鸟、鱼、花卉、蝴蝶、铜鼓等。刺绣中同一种动物也会有许多变化：同一物体，既有写实的，也有写意的；既有极度简化的，又有大胆变形的。有的图案，既是动物又是植物，如菊花又称“蜘蛛花”。各种图案的组合十分巧妙：初看是几尾鱼，再看是一只鸟，组合起来观察，则是一只蝴蝶或是一只蝙蝠。有些图案顺看倒看各不相同，正看反看又不一样，可使观者见仁见智。苗族刺绣从色彩上可以分为两种：单色绣和彩色绣。“单色绣”以青线为主，刺绣手法比较单一，刺绣作品典雅凝重、朴素大方；“彩色绣”采用七彩丝线，刺绣手法比较复杂，多以自然界的花鸟虫鱼或龙凤麒麟为刺绣图案，刺绣作品色彩斑斓、栩栩如生。

苗族的刺绣和蜡染图案，特别讲究“对称性”和“规整性”。如挑花刺绣的针脚、蜡染的染距都要遵守一定的规格，展现一定的变化和规律，要么图案对称，要么等距，要么不断重复，给人以整齐、紧凑的美感。总之，苗族的刺绣和蜡染展现了苗族人民高超的传统手工技艺，反映了苗族人民的审美情趣，表达了苗族人民对自然的认识和对美好生活的向往。

（三）苗族银饰

苗族还是个格外器重银饰的民族，苗族银饰已经有千年的历史。苗谚曰：“无银无花不成姑娘，有衣无银不成盛装”，银饰是苗族女性的标志，苗族姑娘酷爱“牛角形银冠”，将其视为勤劳、富有、美丽的象征。乌江流域苗族银饰的种类较多，从头到脚无处不饰，可分为头饰、胸颈饰、腰坠饰、首饰、衣饰、背饰、脚饰、童帽饰等，这些饰品都是由苗族银匠精心做成的，品种多样、造型奇美、工艺精湛。苗族银饰主要的艺术特征为：以大为美、以重为美、以多为美。苗族姑娘都喜欢佩戴大银角、重耳环，耳环要挂三四只，项圈要戴三四件，她们觉得这样佩戴银饰是最美的。由此，苗族银饰向人们呈现了一个瑰丽多彩的艺术世界，也展示出苗族人民丰富的精神文化世界。据调查，在乌江流域贵州黔东南地区，一个苗族妇女盛装打扮，其全身所佩戴的银饰最多可达十余斤。

苗族银饰（1）

苗族银饰（2）

四、苗族节日饮食

“饮食是节日的物质象征，是人们满足口腹之欲，表达民俗信仰与情感、体现人伦的重要方式。"① 节日饮食活动可以满足苗家人的生理需要，给人带来视觉、嗅觉、味觉的快乐感受；同时也满足了其精神的需求，苗家人的节日饮食活动往往伴随着优美动听的苗族对歌，给人们带来一种愉悦的精神享受，促进了彼此间的情感交流。

苗族是一个稻作民族，饮食习惯上主要以大米为主食，以小麦、大麦、燕麦、玉米、高粱、红薯等为辅食。在节日饮食上，乌江流域的苗家人嗜酸、辣、咸，喜爱喝酒，尤其喜欢以酒水、鸡、鸭招待贵客。苗族村民喜欢吃酸菜，更喜欢吃鱼，因此发明了著名的"苗族酸汤鱼"，现在这道"苗族酸汤鱼"已经成为全国各地餐馆知名的苗家招牌菜。

在参加传统节日的庆祝活动时，苗家人都会给亲朋好友赠送一些礼物，对礼物的选择是很有讲究的，如果送的礼物不恰当，主人家会很不高兴。在苗族的传说中，鸭子曾是苗族的救命恩人，因此，苗家人认为鸭子比鸡的地位要高。如给亲戚朋友赠送礼物一般都会选择赠送鸭子或鸭蛋，因为送鸭子和鸭蛋比送鸡或鸡蛋显得更体面。乌江流域清水江一带的苗族每年都要过"龙船节"，在这个节日中，送礼不能送鸡，必须赠送鸭子或白鹅，就是这个原因。同样，苗族过"吃鼓藏"时，舅家人送礼要送鸭子，而且必须是公鸭。

苗族人民在过重阳节、春节时，有自己独特的方式，跟北方汉族包饺子的习俗不同，他们必须要打糍粑、做豆腐，这是苗族地区通用的习俗。

---

① 龙海清：《苗族传统节日文化的基本特征与当代意义》，载《怀化学院学报》，2007 年 10 月第 10 期。

第四章 乌江流域苗族传统节日文化保护与开发的意义

第一节 有利于传承苗族传统节日文化

苗族是一个古老的民族，是蚩尤的后代。历史上的苗族经历过五次大的迁徙。第一次发生在上古时期。位于黄土高原的炎帝部落东下，与“九黎”争夺生存空间，“九黎”战败，首领蚩尤被杀，“窜三苗与三危”，余部迁入长江中下游地区。

第二次是在西周至战国时期。迁入长江中下游地区的“九黎”余部在洞庭湖、彭蠡湖一带逐渐强大，被称为“荆”“荆蛮”或“荆楚”。“荆蛮”中的“楚”，发展成为楚国，跻身“春秋五霸”“战国七雄”之列。

第三次从秦汉时代一直延续至唐宋时期。秦国灭掉楚国后，苗族先民继续向南迁徙到人烟稀少的今湖南、湖北、贵州、重庆毗连地带的大山中，被称为“武陵蛮”“五溪蛮”。唐宋时期，部分苗民由武陵、五溪地区分散向西迁徙到贵州腹地和云南、四川等地。

第四次是在元明清时代，部分苗族先民再次因战乱而被迫南迁，甚至于迁到了海南岛及东南亚。

第五次是在 20 世纪 70 年代，大批苗族难民从东南亚迁往欧美等海外。[①] 几千年来，苗族人民经历了由北至南、由西至东的颠沛流离的生活，以至于有了“喝千个水井，住万个屋基”的说法。现在苗族人主要居住在

---

① 吴正光：《屋里屋外话苗家》，清华大学出版社，2012 年版。

崇山峻岭地带，因交通不便，相互往来隔绝，因而支系繁多，民俗习惯也不尽相同。

苗族是一个农耕民族，以族群聚居的形式居住。“族群聚居”一方面体现了苗族在共同抵御外侮、求取民族生存的历史中强烈的集体意识，另一方面也体现了原始公社形式的遗留，也正因如此，苗族才能够在众多的民族文化之中保留和延续自己的独特传统。

一、苗族传统节日是苗族文化传统的重要载体

苗族传统节日有苗年，龙船节，吃新节，芦笙节，“四月八”，跳花节，赶秋节、吃鼓藏、打三朝、买树秧节等。在这些传统节日中，苗族传统文化也通过各种各样的节日活动表现出来，主要体现在仪式、饮食、服饰、歌舞、娱乐当中。如“吃鼓藏”，苗族村民最为隆重的节日便是“吃鼓藏”。用水牯牛祭神祭祖，武陵山区的苗族村民称之为“大矮”或“农矮”，意为“椎牛”或“吃牛”；苗岭山区的苗族村民称为“农略”，意为“吃鼓”，通常译为“吃鼓藏”，从前写作“吃牯脏”。[①] 古代苗族社会以“鼓”为基层组织单位，每个家族即为一“鼓”，且有两面木质的“祖鼓”作标志。在祭祖的同时祭祀“祖鼓”，于是鼓逐渐变为祖先的替身。祖先有男有女，“祖鼓”也有公、母之分，成为“虎鼓”与“龙鼓”，或“龙鼓”与“凤鼓”，其称谓因时代、地域甚至家族不同而略有区别。但有一点是一样的，即“吃鼓藏”时一定要杀牛，而且必定是大牯牛。至于如何杀，是用斧头敲脑壳，还是用马刀砍脖子，或是梭镖刺杀心脏，因地而异。

乌江流域各个苗族地区“吃鼓藏”的节日程序、祭祀仪式的内容不太一样，但有一点是一样的，那就是各苗族地区的“吃鼓藏”都有着一套固定的程序。一般节日的第一天是在巫师的带领下，众人抬着铜鼓到后山上“接龙”。巫师用十二碗米酒、十二个鸭蛋，面向东方祭拜祖先，并将大米抛撒在荒地上，村民用小锄头将地上的米粒与泥土一并挖出，装入鱼篓内，然后跟随一只用麻绳穿住鼻子的鸭子，浩浩荡荡地返回村寨。鸭子在

① 吴正光：《屋里屋外话苗家》，清华大学出版社，2012年版。

前走，巫师跟其后，抬铜鼓者及众村民亦步亦趋跟着走，期间铜鼓不能着地。与此同时，选派四位“全福人”，分别前往东、南、西、北四座山头，以同样手段挖取带有米粒的泥土，用鱼篓背回寨中，群集于“鼓藏树”下，将掺杂有米粒的泥土全部倒在一起。待巫师念完“祭词”后，十二位“鼓藏头”端起陶碗喝酒，祭祀仪式到此结束。而后，每户人家领取一份猪肉、一捧有米的泥土和几个用白皮纸剪成的小人，高高兴兴地返回家。将小人置于大门口，将泥土用布袋装好，挂在堂屋东壁“祖灵”下。有人有土有米，意为儿孙满堂、家业兴旺、福寿安康。傍晚时分，众人手端粗糙陶碗，来到老铜鼓坪上，争先恐后分吃用大米和河中昆虫熬成的稀饭，称“吃鼓藏饭”，据称，吃了这种“河虫稀饭”，人人健康长寿，户户五谷丰登。饭后众人开始在老铜鼓坪上跳舞，称为“起鼓”。从前人口少，即在此“踩鼓”过节。后来人口多了，老铜鼓坪容纳不下众多人等，于是改在新铜鼓坪上活动。但必须在老铜鼓坪上“起鼓”，否则请不到祖先。“吃鼓藏”，踩铜鼓，必定要用“鼓藏树”悬挂铜鼓。“鼓藏树”，必定要用再生树，且树干分枝，枝上有叶。枝繁叶茂，象征发达兴旺、欣欣向荣。节日的第二天，宾主痛饮，称为“闹寨”，吊脚楼上酒歌阵阵，热闹非凡。第三天，十二位“鼓藏头”在巫师带领下，抬着铜鼓，吹着芦笙，挨家挨户游行，谓之“送龙进家”。每到一家，房东便以酒肉款待，大家共祝风调雨顺，人寿年丰。从第六天开始，直到第九天结束，全寨男女老少与四里八乡来客，身着节日盛装，在铜鼓坪上手牵手“踩铜鼓”。人太多时，铜鼓坪容纳不下，便移至沙河坝上“踩铜鼓”。人们认为，十二年踩一次铜鼓，至少可再活十二年。许多高寿老人，将寿衣穿在身上，除炫耀儿女孝顺外，还有追求长寿的用意，祈祷能活到一百二十岁。

每十三年举行一次的“吃鼓藏”源自一个传说。很早的时候，老虎和人是住在一起的，但老虎经常偷吃人的食物并且骗青年猎人和它结婚。后来，一个猎手得到受难老人的指点，杀死了老虎。老虎的父母就在猴年猴日吹笙击鼓引诱猎人，想为老虎报仇。在水牛的保护下，它们的阴谋未能得逞，从此逃回深山，远离人类。此后人们过上了安居乐业的日子。由此可见，“吃鼓藏”是农耕生活取代渔猎生活的里程碑。[①] 在饮食上，苗族村民喜欢吃酸菜，更喜欢吃鱼，有多种做鱼的方法。所谓“无鱼不成礼”“无鱼不成席”，还因此发明了著名的“苗岭酸汤鱼”；主妇喜欢在自家待客时的“鱼宴”上自谦地唱上一段。在苗族人心目中，鸭子的地位要高过鸡。在“打三朝”时，送鸭蛋要比送鸡蛋显得更体面；清水江上划龙船，送礼不能送鸡，必须赠送鸭子或白鹅；“吃鼓藏”时，舅家人送礼，同样要赠送鸭子，而且必须是公鸭。这些都是因为在苗族的传说中，鸭子曾是苗族的救命恩人。苗家人在过重阳节、春节时，还必须要打糍粑。

苗族的服饰更是别具一格。支系不同的苗族服饰不同，根据衣服颜色的不同，可以分为青苗、白苗等；根据款式的不同，可以分为短裙苗、雅雀苗等。各种场合要佩戴各种不同的斗笠，斗笠有晴天戴的，雨天戴的，下地种田戴的，赶场交易戴的，还有青年男女节日期间寻找配偶、谈情说爱必须佩带的。苗族服饰没有统一的“标准像”，即使是在苗族多聚居的苗岭山区，人们的穿着也是形形色色，五花八门的。尤其是在民族节日集会上，不乏如此打扮的姑娘：脚上穿着入时的旅游鞋、高跟鞋；下身穿着现代式样的裤子，有的还加一条古色古香的百褶裙；上身穿着用现代面料剪裁、按古代款式缝制的姊妹装；头上几乎全是古代发型，有清代的、明代的，甚至还有宋代的、唐代的；观其饰物，有的是祖祖辈辈遗留下来的传世品，村民称之为“老银子”，有的是用新银子甚至其他金属材料按照古代式样打制的代用品，村民称之为“新银子”。男女老少穿着各异，几无雷同。细心观察，苗家人的上装有贯首服、无领服、圆领服、高领服、矮领服、长袖服、短袖服、大袖服、小袖服、左衽服、右衽服、对襟服、有扣服、无扣服、圆摆服、方摆服以及前摆长后摆短或前摆短后摆长等多种款式；下装有带裙、片裙、筒裙、裤裙、长裙、短裙、超短裙、百褶裙、羽毛裙，等等；裤子有长有短，裤脚有大有小，相差甚为悬殊。

苗族服饰还有着繁复的装饰，体现了精湛的苗族传统手工技艺。蜡染、刺绣可称苗族服饰文化的“两绝”，其工艺水平达到了炉火纯青的程度。苗族蜡染蜚声中外，工艺精湛；苗族刺绣别具一格，手法多样。刺绣

---

① 吴正光：《屋里屋外话苗家》，清华大学出版社，2012 年版。

图案涉及动植物及几何图形达数百种，有些是将同一种动物千变万化；有些是把各种图案十分巧妙地组合起来：有的图案初看是几尾鱼，再看是一只鸟，组合起来观察，则是一只蝴蝶或是一只蝙蝠；有些图案则是从不同的角度欣赏，看起来都是各不相同的。

苗族服装款式的差异与各地苗族人民的居住环境、生产生活有着密切的关系。一般说来，住在水边种植水稻的人们，衣袖和裤脚都短而肥，显然是为了下地干活的方便；住在山区常在林中劳作的人们则衣袖和裤脚均是长而瘦，为的是防止蚊虫咬伤和荆棘刺伤。在草原生活的人们的裤裆都相当大，裤脚也特别肥，是为了方便骑马。居住在乌蒙山区的苗族牧民，衣服多为长袍，有的还外加披毡，这是野外放牧时防寒、防雨、防潮的特殊需要。服装款式与文化水平、风俗习惯也有很大的关系。贯首服、无扣服、羽毛裙，以及袖子不缝合的衣服等，是早期服装的遗风，多少保留了古代服装的形态。“鼓藏服”“上轿衣”则是特殊风俗的需要。从服装款式的不同，可以看出苗族人民在社会生产、风俗习惯等方面所具有的文化特点。[①] 苗族服装的文化内涵极为丰富，单是各种花纹图案就可当作一部卷帙浩繁的“历史文献”来读。那极简单的一道道河流，有人竟能指出哪一道是长江，哪一道是黄河，笃信无疑地将其视为本民族迁徙历史和路线的形象记录。那很规整的一块块零星图案，被看成是一丘丘肥田沃土。如今居住在黔西北乌蒙山区的苗族同胞，几乎没有什么稻田，但在他们制作、使用的刺绣品上却有“田连阡陌”的图案，这与史书记载的秦汉时期苗族先民劳动生息在“左洞庭、右彭蠡”的滨湖地区相吻合。用考古学的眼光看苗族服装，可清楚看出历史发展的轨迹。将那古老的“鱼纹图案”与西安半坡遗址出土的“彩陶鱼纹”对照，会发现二者之间有着惊人的相似之处，反映了一定历史发展阶段的文化遗存。那些狗爪花、虎爪花、螃蟹花、水车花、牛漩花，都形象地反映了苗族人民那具有悠久历史的农耕生活。在一定程度上，可将民族服装看成是研究苗族历史的“活化石”。

苗族的歌舞很发达，如武陵山区的“造桥歌”。《造桥歌》的内容是从铁匠打锯子开始，唱到搭桥、排桥、立桥、搁桥、钉桥、盖桥、锁桥、画

① 吴正光：《屋里屋外话苗家》，清华大学出版社，2012 年版。

桥、亮桥，再唱到诸神到位，各司其职，直至“扫桥雄鸡扫尽东方木城桥，南方火城桥、西方金成桥、北方水城桥、中央土城桥上的各种精怪，扫尽桥上的天瘟地瘟、水瘟火瘟、猪瘟牛瘟”，最后让“张天师领兵坐桥头，李天师坐桥尾；人坐千千岁，鬼坐一时亡”。这类歌舞反映了原始时期巫风的残留。再如“踩桥舞”，“踩桥舞”流行于贵州苗岭山区，融音乐、舞蹈于一体，生动形象地反映历史上苗族的迁徙生活。其表演形式为：众男子手捧芦笙，齐奏“踩桥曲”；众女子做出在桥上行走摇晃状，踩着芦笙的节拍，摆手扭腰，阔步向前。后有男女老少，身着盛装，踏着芦笙、木鼓的节拍，跳“踩桥舞”，场面热烈而凝重，让人想起苗族先人艰苦跋涉的情景。

苗族的娱乐节日如“龙船节”。贵州省清水江边的苗族龙舟比赛，形成了农历五月二十四至二十七的“龙船节”。船是由高大的杉木、桐木挖空制成，每三只为一组，中间的一只船长约23米，被称为“母船”。两边各有一只长约16米的小船，被称为“子船”，三只船合在一起，称为“母子船”。船前龙头昂然高耸，放着一对牛角，每只船可容纳二三十人，皆站立划桨。数十只船并驾于水面之上，争先恐后，竞争激烈。

由以上所述的关于乌江流域苗族传统节日的仪式、饮食、服饰、歌舞和娱乐特征，我们可以看出乌江流域苗族是一个还处于不发达的自然经济形态下的农耕民族，而这种不发达的农耕经济的显著特色就是带有原始公社色彩的集体主义。正是由于不发达，所以才必须依靠集体的力量求取生存，因而，表现为他们结群而居的居住形式，表现在原始祭祖、歌舞的各类活动中，表现在服饰的抽象原始图腾崇拜上，如崇拜鸟、树木、牛、鸭、狗、猪、马、兔子、鱼、蝴蝶、蝙蝠、南瓜、蜘蛛、白菜等和日常农耕生活息息相关的事物上。可以说，只要和苗族的日常生活相关，几乎都会成为他们的崇拜对象，反映苗族原始的“万物有灵”的思想，因为这些事物能够为他们带来福祉，让他们继续生活下去。而这种传统的日常生活是带有原生态性质的，时至今日，乌江流域苗族经济、相对发达地区的人们回过头来审视这种原生态的民族文化时，可以清晰地看到自己的过去和影子，因而具有一种缅怀和记忆的作用。又由这种原始的农耕文明，决定了苗族人在处理族内事物时所体现出来的浓厚的伦理道德关系，而这种伦理道德关系恰恰是苗族内部的法典，是人们约定俗成并且自觉自愿地遵守的，成了规范族内人行为的最好的“法律”。

这种依靠伦理道德来规范族内行为的做法，加深了族人的唇齿相依的相互依赖感，使全族人结成一个相对稳定的共同体，并形成了深层次的民族文化性格，那就是隐忍、谦和、待人有礼，同时又自强不息、宁折不屈。

二、苗族传统节日文化是活态的民族文化遗产

民族文化遗产有物的静态呈现，如文物、工艺品等，也有流行于口头的活态的民俗、节日、口头文学等，其中民俗包含在节日活动当中。相对于静态的物的文化遗产，活态的文化遗产属于立体的、流动的，是活的文物，是活的化石。

当物态的文化遗产摆在后人面前时，意味着这种文化在当前的消失，因而具有历时性；而活态的文化遗产呈现在人们视野之中时，意味着它是当下的存在，具有共时性。面对逝去的历史人们只能靠文物来追忆，而面对当下共时性的文化遗产时，人们不能视而不见，否则等它真正消失的时候，则又只好拿着有关它的文物来缅怀、追忆了。

（一）苗族传统节日文化具有很高的民俗价值

苗族传统节日中所蕴含的苗族文化传统具有很高的民俗价值，通过其祭祀、婚丧嫁娶、探望新生儿、饮食、娱乐等诸多活动，我们可以看到区别于他族的风俗；苗族传统节日又具有很高的认识价值。如在武陵山区，居住着地处重庆渝东南地区、湖北恩施州、贵州遵义市和铜仁地区的众多苗族群众，他们的“桥文化”特别神秘地表现在戏剧上。其他地区的苗族民间戏剧，从剧目到唱词，从形式到内容，也都充满着“桥文化”。特别是在傩戏、傩仪中，桥的地位尤为突出。在神秘莫测的傩技表演中，上刀山（刀梯）、下火海（油锅）、过刀桥，最令人触目惊心，也最扣人心弦。所谓“刀桥”，即以刀刃向上架设傩桥，法师居然能手提重物赤脚通过。傩戏表演中悬挂的神案，画中有“天仙桥”“地仙桥”“水仙桥”等。弟子出师，师徒对唱，言必称桥。师父唱着询问：“你在哪座桥上吃早饭？

又在哪座桥上把气歇？你从哪座桥上过？哪座桥上洗脚来？”徒弟唱着回答：“茅山洞内三座桥，一洞有水两洞干。我在天仙桥上吃早饭，地仙桥上把气歇。我从水仙桥上过，水仙桥下洗脚来。”总之，举步皆过桥，无桥不成傩。可以说，作为“阴桥”的傩桥，是苗族人文化理念中最高境界的“桥文化”。

在武陵山区，当地人们根据“大信愿”“小信愿”的需要，举行“大搭桥”“小搭桥”的活动。届时，巫师会以若干条板凳搭建“天仙桥”，并表演过桥特技，演唱过桥“傩歌”：造起天桥天仙过，造起地桥地兵行。造起阳桥阳兵过，造起阴桥阴兵行。千军万马桥上过，海水纷纷桥下行……通过这种亦歌亦舞的形式，我们可以看到乌江流域苗族的原始巫风的遗留。

（二）苗族传统节日文化具有很高的美学价值

古往今来，在苗族民居的大门、腰门、门窗、栏杆等石雕、木雕上，“万字锦”型图案比比皆是。在苗族妇女制作的织锦、花带、蜡染，尤其是挑花、刺绣等服饰工艺品中，“万字锦”形图案也随处可见，而且各种对它的解读也层出不穷。“万字锦”原为古代的一种符咒、护符及宗教标志，被视为太阳或火的象征，古印度的婆罗门教、佛教以及耆那教等均使用过。梵文将“万字锦”视为“胸部的吉祥标志”，古代将其翻译为“吉祥海云相”，系释迦牟尼三十二相之一。佛教传入中国后，到了武则天长寿二年（693 年）时，“万字锦”被确定为“万”字。《红楼梦》中曾有一个丫鬟叫“万儿”，据内蒙古大学林方直教授结合西方符号学理论解释，“万”表示的就是性。放在农耕民族的大背景下，生殖主题作为种的繁衍与经济生产始终占据着同等重要的地位。

在苗族妇女心目中，“万字锦”的含义包罗万象。不同国家，不同地区、不同支系的苗族同胞，甚至同一地区、同一支系、同一村寨的苗族村民，对“万字锦”的理解也不尽一致。其间，有些解释显然受到汉文化的影响，但更多的还是保留苗文化的缘由特征。苗族村民通常将“万字锦”称为“水车花”，将其视为用来提水灌田的农用水车的象征。水车一向被苗族人民视为有灵之物，认为它不仅能以水养人，还会教人唱歌。据说深更半夜男女青年在河边对唱的“游方歌”，就是由水车传授的。居住在苗岭腹地世世代代以种植水稻为业的苗族村民，将“万字锦”视为稻田中及鱼塘里象征“鱼肥禾壮”的浮萍的标志。浮萍离不开水，可作水的替身，进而可作良田的替身。对水情有独钟的苗族村民，又将“万字锦”称作“螃蟹花”。这一方面固然是因为这一图案状似螃蟹，但主要还是想通过对水生动物的崇拜，表达对水的特殊感情。作为农耕民族，特别是稻作民族，苗族同胞自古深谙水对于人类生存的重要性。将“万字锦”视为花并与水挂钩，刻意凸显“水文化”在苗文化中的特殊地位。对于“万字锦”的不同解读，生动地说明了具有悠久历史的“万字锦”图案拥有丰富多彩的文化内涵。

苗族文化在长期发展过程中，深受汉文化的影响，但同时又顽强地保留着自身的特点，并将逐步吸收的汉文化巧妙融入传统苗文化中。解读苗族建筑、苗族刺绣、苗族蜡染中的“万字锦”图案，可从一个侧面窥见苗族人民如何在保留并发展固有文化的基础上，积极吸收他族文化（主要是汉文化），从而创造出博大精深的苗族文化来。

三、苗族传统节日文化是中华民族文化的重要组成部分

在科学技术日新月异的今天，在我国经济飞速发展的背景下，各民族正逐步走向新的民族的进一步融合，这是历史发展的大势。在这一具体历史条件下，中国各民族融合是历史趋势，中华民族与世界其他民族的融合也是必然趋势。但是，如何在中华民族和世界民族融合的历史背景下仍然能保持中华民族的特色，如何在中国各少数民族与汉族融合的背景下继续保持各少数民族的民族特色，这都是时代的课题。只有保持了优秀的中华民族文化特色，中国才有可能在很长的一段时期内（在世界各民族完全同化，最终融为一体，国家和民族最终消亡之前）在国际融合中保持中华民族的旺盛生命力；只有保持各少数民族的优秀文化传统，才能在少数民族和汉民族融合中保持各少数民族的旺盛生命力，并为中华民族优秀文化提供不竭的源泉和动力。具体到苗族传统文化，那就是苗族传统文化历来是中华文明的有机组成部分，并将为中华民族优秀文化贡献自己的力量。

苗族是一个古老的少数民族，王桐龄在20世纪30年代初提出，“中国

人民为汉满蒙回藏苗六族混合体”[①]。这与新中国成立后我国提出的56个民族观点有别，尽管如此，我们仍需承认这一点，“苗族是我国最古老的民族之一，也是中国最早定居的民族之一”[②]。苗族人民历经几千年的文化积淀，创造了光辉灿烂的苗族文化。包括苗族民间口头文学、苗族作家书面文学、苗族的宗教与信仰、多彩的民族服饰与银饰、繁多的苗族节日与庆典、婚恋与民俗、诱人的美食，等等。灿烂的苗族文化成为中华民族文化的不可分割的有机组成部分，而苗族传统节日因其集民间口头文学、宗教与信仰、服饰与银饰、婚恋与民俗、苗族美食于一体，成为集中展示苗族传统文化的窗口。“节日文化实质上是民族文化延续、传播的重要途径或载体，有着文化积淀场的性质，它凝聚并规范着民族的文化心理、宗教信仰、伦理道德规范、价值观以及各种文化习俗。在年节等一系列节日、祭祀中，民族特征体现得最为集中、典型，民族意识、自尊心、自豪感等得到表现及强化。”[③] 现在流行的民族概念是由斯大林下的定义：“民族是具有共同地域、共同经济生活、共同语言和表现为文化上的共同心理素质的共同体。”随着文明的演进，世界经济、文化一体化格局的出现，作为民族特征的前三点将趋于淡化或消失，唯有共同的文化习俗所维系的共同文化心理素质或民族意识消失得最为缓慢，它承袭了传统文化的内在惯性，仍在运行不怠。“这样，能使一个民族得以存在的前提就只有民俗文化（包括风俗习惯）和民族意识。与此同时，各民族又在为保持优秀传统文化而努力，民族意识有所增强。他们强烈要求有一种能维系民族生存，使民族文化不至于断代消亡的纽带。节日文化正是在这样的文化变迁的大背景下，担负起承载民族共同文化心理素质、维系民族意识、作为纽带连接传统文化与未来发展的责任。”[④] 苗族传统节日文化中有很多积极的因素。

第一，群体主义思想。“苗族传统文化一个非常显著的特点，就是特别强调伦理道德、社会责任感，即群体主义思想。这种群体主义在剔除压抑个性的消极影响之后，能够适应现代化建设的需要。”[⑤] 这一点颇类似于

① 王桐龄：《中国民族史》，吉林出版集团有限责任公司，2015年第2版。
② 徐潜主编：《中国民族（一）》，吉林出版集团吉林文史出版社，2014年版。
③ 黄泽：《西南民族节日文化》，云南大学出版社，2012年版。
④ 黄泽：《西南民族节日文化》，云南大学出版社，2012年版。
⑤ 石朝江：《中国苗学》，贵州大学出版社，2009年版。

儒家精神，虽然苗族文化中并没有创立类似于儒家学说的哲学门类，但传统文化中的这一点却和儒家思想有相通之处。如，二者同是植根于农业经济；同是以伦理道德为协调人与人之间的基本准则；同是基于血缘纽带的原始氏族关系，因而强调集体性和群体意识，虽然压抑了个性，却有利于集体的生存和发展；都强调以集体利益、社会责任为己任。这些也成了苗族之所以保存至今的原因（中国有很多消失了的少数民族，如匈奴、党项，等等）。

第二，勤劳勇敢、艰苦奋斗的民族精神。“苗族人数千年来不断和种种艰难险阻、困苦磨难周旋，因而培养了该民族勤劳勇敢、艰苦奋斗的民族精神，这种精神在清除了‘自然经济论’的消极影响之后，能够促进社会主义现代化建设。”① 苗族人民在历史上为了躲避战乱和迫害，历经千难万险，经历了五次大的迁徙，由北至南、由东到西，最终在条件艰苦的崇山峻岭中安营扎寨，找到并营建了自己的家园。在长期迁徙和与恶劣自然环境做斗争的艰苦磨炼中，培养了勇敢勤劳、艰苦奋斗的民族精神，这种百折不挠的坚韧有利于社会主义现代化建设。

第三，平等观念和民主意识。“苗族在历史上从未建立过自己的国家政权，其内部阶级分化不明显，人与人之间大体上是平等的，政治生活领域的民主意识较浓。这种平等观念与民主意识，在剔除平均主义的消极影响的基础上，加以正确引导，有利于促进社会主义的现代化建设。”② 在苗族的族群中，仍然遗留着原始社会的遗风遗俗，人人相亲相爱，邻里和睦，路不拾遗、日不闭户，议事由“榔头”和“款首”决定，但要由多数人表决通过，并且“榔头”和“款首”并无特权，二者是由民众选举出来的，不合格的便要被换下，所以，在苗族村寨中平等观念和民主意识较浓，这种先进的意识有利于社会主义的建设。

第四，求真务实的民族精神。“这种精神在剔除了保守思想的消极影响后，有利于促进社会主义现代化建设。”③ 苗族崇尚务实，一切有利于生产生活的物和事，他们都加以崇拜和保护，这就使得他们都能够自觉遵守

① 石朝江：《中国苗学》，贵州大学出版社，2009 年版。
② 石朝江：《中国苗学》，贵州大学出版社，2009 年版。
③ 石朝江：《中国苗学》，贵州大学出版社，2009 年版。

族群内部规矩，有着很强的纪律性和自律性，也使得他们能够在艰苦的环境中得以生存。

第五，“兼收并蓄，为我所用的包容力，有利于建设社会主义民族新文化。”① 细察苗族的日常生活和社会习俗，不难发现，其中有不少汉族的习俗和节日。如过春节、清明节，等等。这是民族长期融合的结果，同时，在苗族的生活习俗中，还受其他一些少数民族的影响，正因为对其他民族传统的兼收并蓄，吸收其他民族的优秀文化，才使得苗族得以保存至今。而这种兼收并蓄的品格，对中华民族文化建设也有着重要的借鉴意义。

苗族优秀的传统节日文化作为我国多民族文化的有机组成部分，其面貌呈现了中华民族优秀文化的多样性，体现了我国社会主义文化“百花齐放”“百家争鸣”的一面。这种文化的多样性，有利于激发中华民族优秀传统文化的创造力和生命力。首先，多样性的文化有利于苗族地区的经济发展，可以带动苗族地区手工业、旅游业及服务业的发展；其次，有利于苗族地区的可持续发展②，让苗族继续以一花独秀之姿挺立于中华民族大家庭之中；再次，在中国美学中展示其独特魅力；从次，为中华民族文化的创新提供源泉和动力，有利于中华民族吸收苗族的先进文化，为民族文化整体创造力的发展提供灵感和源泉；最后，为世界文化发展提供想象和再创造③。

第二节 有利于促进乌江流域苗族地区的经济发展

乌江为贵州省第一大河，长江上游右岸支流，古称黔江，发源于贵州省境内威宁县香炉山花鱼洞，流经黔北及渝东南酉阳彭水，在重庆市涪陵注入长江。乌江流域是中国西南少数民族的主要聚居区，有近 50 个少数民

① 石朝江：《中国苗学》，贵州大学出版社，2009 年版。

② 陈兴贵：《保护三峡文化多样性的意义、原则与途径》，载《重庆三峡学院学报》，2010 年第 6 期。

③ 王杰：《全球化时代文化多样性的意义》，载《学术月刊》，2011 年第 7 期。

族居住于此，其中世居民族有15个，包括苗、土家、侗、彝、白、布依、哈尼等。苗族主要分布在乌江流域贵州段、湖北段、重庆段和云南段。

一、乌江流域苗族节日文化的旅游价值

乌江流域风景秀丽，自然文化资源丰富。美丽的自然山水、梯田，苗族悠久的历史、民居、乐器、节日、服饰、银饰、饮食，等等，以物质和非物质形式承载着厚重而独特的苗族文化，使这一地域极具旅游文化价值。

1. 乌江流域的山水文化价值

乌江是我国西南地区一条著名的河流。乌江河谷呈"V"字形，两岸嵌翠。春日石罅吐绿，百花争妍，鸟雀高飞；夏季万山叠翠，万紫千红，水扬碧波；秋来枫叶醉人，烟霞渺渺，果香四漫；冬天云浮琼宇，雾锁大江，天地合一。真是处处美景，气象万千，被称为"千里画廊"。乌江画廊的著名峡谷有：玉龙峡、炼鹰峡、赤壁峡、叠翠峡、猴愁峡、凝碧峡、玉泉峡，全称"乌江七峡"。[①] 乌江流域风景优美，蕴含着无数奇峰异景、怪石险滩和著名的自然人文景观，有着极大的山水文化价值。

2. 乌江流域的民族文化价值

苗族和土家族是乌江流域主要的少数民族。苗族是历史悠久的古老民族之一，史籍中被称为"南蛮"的氏族或部落里就有苗族的先民。传说中的蚩尤，便是苗族人尊奉的祖先。分布在各地的苗族人有许多自称，如"牡""蒙""毛""果雄""带叟"等，还有些地方按其住地、服饰等方面的不同，在"苗"字前冠以不同的名字，如"长裙苗""短裙苗""长角苗""红苗""黑苗"等。我国的苗族人大都集中居住在湘西、鄂西、川东、黔东一带，其中川东、黔东一带的乌江流域占了很大一部分。苗族人民自古以来有着自然崇拜、图腾崇拜和祖先崇拜。他们认为万物皆有神灵，而最为崇敬的是龙，认为龙是吉祥、幸福的象征，因而常常举行"接龙"的祭祀活动。有许多地方以"盘瓠"（传说为帝高辛氏之犬）为图腾，敬始祖神为"傩公""傩母"，有"还傩愿"（"酬傩神"，又称"腊

① 魏洪丘：《论乌江流域的旅游文化开发价值》，载《重庆社会科学》，2005年第11期。

祭”）的活动。他们还有对五谷神、灶神、土地神、天王神等的崇拜。

苗族人的风俗独特，他们的传统节日有一年一度的“花山节”（农历正月初五举行，又名“踩花山”）、“跳花节”（农历正月初八的集会和体育竞赛）、“三月三”（农历三月三男女对歌定情的节日）、“六月六”（农历六月初六，也称“包粽节”）、“八月八”（农历八月初八庆丰收的节日）、“赶秋节”（每年立秋日）等。这些都是最热闹的传统节日。节日期间，人们身着盛装，锣鼓喧天，欢聚对歌，表演踩鼓、跳狮子和芦笙舞，热闹非凡。他们有自己的“苗年”，一般从农历正月第一个卯日开始，历时 3、5 天或 15 天不等。还有“鼓节”——苗族民间最大的祭祀节日，杀牯牛、跳芦笙舞祭祀先人。“卯节”——农历七月十三，出嫁的姑娘回娘家的日子。在节日活动中，苗族人欢快地跳着富有民族特色的“接龙舞”，表现出苗族人民刚劲勇锐、崇祖祈福的古朴民风。

苗族的食俗也颇有特色。食物以油、辣、酸为特点，喜吃油炸食品、酸辣菜肴。家家都有由米汤或豆腐水放入瓦缸中发酵而成的酸汤，用来煮肉、煮鱼、煮菜。除了“无辣不成菜”之外，还喜欢把鸡、鸭、鱼、肉和蔬菜都腌成酸味的。苗族人十分注重礼仪，客人来访，必杀鸡宰鹅盛情款待。

苗族服饰文化有着丰富的文化内涵和较高的审美境界。① 苗族的服饰精美绝伦，享誉世界，它不但记载了苗族的历史，也传承了苗族的情感，被誉为“穿在身上的史书”。其挑花、刺绣、蜡染、银饰制作等工艺十分精湛。苗族的男装款式相对简单，多为对襟短衣或大襟短衣，着长裤系腰带；女装的种类繁多、款式多样、图案丰富。据《中国苗族服饰》《苗装》等画册记载。女性苗族服饰大约有 130 多种；《贵州民族》画册记载，女性苗族服饰有 170 多种。上衣多为大领或大襟衣，下着百褶裙或长裤。在服饰上绣着的图案千姿百态、纷繁复杂，有几何纹、动物纹、植物纹等，或栩栩如生或抽象写意，内容多反映苗族同胞对祖先的追思、对故土的眷念、对民族历史的记忆、对现实生活的描绘以及对未来的憧憬等。妇女的银饰也像她们的服饰一样，花样精美、款式繁多，有头饰、首饰、身饰和

① 马丽亚：《苗族传统文化浅析》，载《新西部》，2014 年第 3 期。

衣帽饰等。穿戴银饰是苗族人在重要节日或婚嫁喜庆不可缺少的装束打扮，而尤以黔东南地区苗族妇女的盛装“银衣”最为光彩夺目、华丽耀眼，其佩戴银饰数量之多，为所有苗族支系之最，格外引人注目。华美的苗族服饰和奇特的银饰，极大地体现了苗族同胞的想象力和创造力，也在一定意义上体现了他们的思想观念以及审美情趣。

苗族居所是其传统文化的一个重要标志，被喻为民族文化的“不动产”。分布在不同地区的苗族建筑各具特色，贵州中西部地区苗族房屋多为木结构，以瓦、茅草、杉皮、石板盖顶；海南和云南昭通地区的苗族在过去常用长形茅草或树干交叉搭成“杈杈房”；湘西一带多为石屋。最具苗族特色的建筑要数吊脚楼，正如宋祖英所唱歌曲中描述的那样具有较高的艺术观赏性，能勾起苗族人儿时的回忆。一般吊脚楼都建在斜坡上，把地基削成“厂”形的土台，之下用作猪圈或存放食物。屋顶盖瓦或盖杉树皮，屋壁用木板或砖石装修。少数吊脚楼建在水边，柱子立在水里，房屋的主体悬于水面，宛如高脚丝鹭在水中觅食。毫无疑问，吊脚楼是苗族同胞集体智慧的结晶，也是我国建筑史上的典范。

“议榔”制度在苗族的历史上具有重要的影响和意义，它是苗族同胞特殊的自治机构，是苗族同胞维护社会稳定、加强互助合作、保持本民族团结的一种政治形式。“议榔”主要通过议榔会议实现。议榔会议由一村一寨或几村几寨联合举行，上百名苗族同胞参加，各种意见经归纳总结后提交议榔大会讨论，形成“榔规”，大家用“榔规”来管理社会。比如，“榔规”规定：同村同寨的所有苗族同胞都能拥有耕田，需按时劳作，保护劳动成果；严惩偷盗、打架斗殴等恶劣行为，从而维护社会稳定；禁止与外族通婚或跟同姓人通婚。“榔头”是民选的民意代表，负责就会议内容到各寨去征求意见。村寨领袖“理老”是负责调解矛盾纠纷，用传统的道德规范和“榔规”对民众进行教育的人。在过去，对违反“榔规”情节恶劣者，在得到众人的认可下，“理老”实行最终裁决权，拥有对违规者施以包括赔礼罚款乃至沉水活埋等极刑的权利。至今，“议榔”制度依然是连接苗族人民的坚强纽带，在传承苗族文化的方面发挥着支柱作用。

3. 乌江流域的历史文化价值

乌江流域有观音洞旧石器时代遗址、硝灰洞古人类遗址和贵州省普定县城西 5 公里的新寨孤山上的穿洞旧石器时代文化遗址及多处古墓葬群。如古代巴王陵群和 2003 年专家在对乌江彭水水电站水库淹没区（沿河境内）进行全面的文物复查时发现的罕见的汉代陶窑群，其中 15 座汉代陶窑中有 13 座保存完好，这些古墓葬群出土了大量珍贵文物。乌江岸边的悬棺葬与洞棺葬也比较多，悬棺葬、洞棺葬在乌江的悬崖峭壁和一些支流的岩壁上均可见到，这反映出乌江流域土著民族施行悬棺、崖棺、洞棺的葬俗。

乌江是一条天堑，易守难攻，其不少渡口历来为兵家必争之地。所以，乌江流域的很多地方是古今兵家交战的战场。当年的战场、战事至今仍然令人难以忘怀，并值得追忆。其中就有石达开途径乌江留下的历史文化古迹以及“黔蜀要津”乌江渡留下的相关大规模战争遗迹和中国工农红军遗址。

乌江流域的旅游文化价值，蕴含着巨大的发展潜力。它不仅能够陶冶人们的性情，给人带来审美的愉悦；而且能够提高人们的思想境界，得到淳朴善良民风和优美自然民间艺术的文化熏陶，特别是通过历史的审视，能够加深人们对祖国、对民族的认识，增强历史使命感，激发民族责任感，提高爱国热情，从而为新时代的国家建设而奋发努力。

二、乌江流域苗族地区节日文化旅游开发的必要性

苗族村寨大多位于高山冷僻处，坡高且平地少，土地贫瘠，气候恶劣，历来经济基础薄弱，贫困农户较多；苗族村寨还大多远离城市和较发达的地区，交通不便，信息闭塞，与当地条件较好的先进发达村寨比较，存在明显差距。

苗族村民大都居住山区，绝大多数人从事农牧业，观念上还存在着传统的“以农为本”思想。商品意识薄弱，对农业以外的行业存在普通厌恶情绪，既不会干也不想去干，而自己所从事的农业多是一种自给自足的自然经济。这种状况在近几年虽已有所改变，但是，他们仍认为“外出做生意冒险，在家种庄稼稳当”“金窝银窝不如自己的草窝窝”，对商品生产重视不够，宁可全家苦熬过日子，也不愿外出，不愿思考如何改善生活环境，过富裕生活。这些思想观念无疑成了一些地区的苗族同胞由原始自然

经济向现代经济过渡的障碍。

该流域民族文化资源异常丰富，据不完全统计，该流域的国家非物质文化遗产高达30余项。但长期以来该流域地区经济发展水平落后，民族文化资源开发乏力，文化产业所做贡献远远落后于其他地区，，这与国家新时期提出的“推动文化产业成为国民经济支柱产业”的目标相差甚远。

民族节日文化的发展和传承完全不能离开本民族的经济发展。经济是上层建筑的基础，也是文化的基础，民族经济是民族文化的基础，更是民族节日文化的基础。可以说，一个民族如果没有本民族的经济，就没有这个民族的生存条件和权利。因此，民族经济与民族文化是互为依托的，与节日文化是相辅相成的，二者决然不可分割。世界上没有任何一个民族是单一靠经济维持生存的民族，或者单一靠文化维持生存的民族。一个民族的节日文化活动，能促进该民族综合大文化的发展，更重要的是能活跃贸易交流，促进该民族经济的发展和腾飞。所以说，民族节日文化与民族经济的发展是上层建筑与经济基础的关系，是一个完全的整体关系。① 贫穷不是社会主义，贫穷也不是少数民族的必然命运，因此，在新的历史时期，有必要加强对少数民族地区的开发，以实现社会主义的共同富裕，因此，苗族传统节日文化就成为一个可资利用的很好的平台。

“利用民族节日为经济建设服务，是对经济基础与上层建筑关系的深刻领会和质朴运用。从大文化的角度看，任何一个民族的文化现象与经济现象都不是孤立存在的，而是有机的整体。当经济结构变异时，这一趋向必然反映在文化形态上；而当借助于节日这一文化窗口或焦点输入商品经济时，也必然影响人们的价值观念，潜移默化，进而反作用于该民族的经济生产方式。”②

三、乌江流域苗族地区经济发展的可行性及意义

传统节日文化作为一种无形的资产，不仅蕴含着深刻的精神价值，还具有重要的经济价值。传统民俗节日是地方重要的经济资源。近几年，全

① 杨涛声：《民族节日文化与民族经济的发展》，载《贵州民族研究》（季刊），1994年4月。

② 黄泽：《西南民族节日文化》，云南大学出版社，2012年版，第237页。

国各省市为促进经济发展，都在发掘本地的节庆文化资源，有的已树立自己的旅游品牌，“文化搭台，经济唱戏”就是在这样一个背景下倡导形成的。如贵州省的西江县就开辟了一个节日旅游开发的成功模式。

西江千户苗寨是全国乃至世界上最大的苗寨，是苗族人口聚集最多，农耕文化色彩典型，民族风情特色浓郁，自然环境优美舒适的苗族人聚居区。现有住户1258家、人口达5600多人，其中99%是苗族，素有“千户苗寨”的美称。西江苗族人民在这块古老而又神奇的土地上，在征服自然、改造社会的过程中，创造了独具特色的民族文化，形成了自己浓郁的民族风情。较具盛名的有西江木质干栏式吊脚楼群，大都依山而建，层层相叠、鳞次栉比，被建筑界赞为“民族建筑之瑰宝”。而且，西江人民热情好客，以歌交流，以舞传情，人人能歌善舞，被称为“歌舞之乡”。鼓藏节、苗年节、吃新节等民族节日繁多，独具特色，誉为“节日之乡”，尤以13年一次祭祀祖宗神灵大典的“鼓藏节”最为盛大。西江民间工艺精美绝伦，银饰、刺绣等手工技艺远近闻名，被称为“银饰服饰之乡”。1982年，它被省人民政府列为贵州东线民族风情旅游景点，乙类农村旅游开放区；1987年，又被确认为贵州东线民族风情旅游点；1992年，被省政府列为全省历史文化名镇；1998年，被省人民政府批准为全省13个“古镇保护与建设村镇”之一。近年来，通过省委、省政府和省有关工作部门的关心支持和大力帮助，“西江千户苗寨”作为雷山县旅游开发建设重点村寨已逐渐成为全省的旅游热点。特别是2005年国家民族博物馆批准建立了“中国苗族文化雷山研究中心”“中华民族博物馆·西江千户苗寨馆”。“中国民族博物馆·西江千户苗寨馆”反映了西江境内苗族同胞豪迈悲壮的迁徙历程，展现了2000多年来西江苗族人民在抵御自然灾害、建设美好家园过程中形成的悠久的民族文化、婚姻习俗以及节庆、服饰、饮食、民族工艺、生产活动等。“中国民族博物馆·西江千户苗寨馆”的开馆，将对挖掘、整理、保护和传承苗族优秀文化，研究苗族历史起到一个积极的推动作用；也为对外宣传苗族，展现苗族风采提供了一个良好的平台。相关基础设施建设的进一步完善，使“西江千户苗寨”的民族生态和地域文化得到较好的保护和延续。近年来，通过加大对民族文化保护与开发，西江累计接待了来自10多个国家和地区的游客20多万人次，极大改善了群众的生产生活。群众因此对原生文化的保护和利用的积极性大增，学唱歌的、学刺绣的、学吹芦笙的人都逐渐多了起来。田园风光、乡村文化旅游品牌逐步形成，村寨和谐得到保护，促进了就业与性别平等，给少数民族妇女带来了经济上的实惠。①

以传统民族节日为龙头的节日旅游文化为乌江地区的经济带来了发展契机。旅游可以为当地村民带来经济收入，增加就业机会，如增加了建筑业、餐饮业、住宿及其他一系列行业从业人员的就业机会，还可以借机召开各种物资交流会、经贸洽谈会、订货会，吸引投资、考察、度假，还可召开民族运动会等。总之，借节日文化的平台，可以有效地宣传当地资源，最大效益地推广自己，使广大苗族村民从中受益。

当地政府也加大了宣传力度，对交通设施、通讯、餐饮住宿等硬件方面进行改善，加大对文化软实力方面的挖掘、整理、保护、推广，真正让苗族人民在新的历史时期实现民族的振兴和腾飞。

第三节　有利于促进民族团结和社会稳定

一、苗族节日文化传承具有促进民族团结和社会稳定的历史意义

斯大林曾对“民族”的概念做过一个完整的表述：“民族是人们在历史上形成的一个有共同语言、共同地域、共同经济生活以及表现在共同文化上的共同心理素质的稳定的共同体。”

民族问题具有敏感性。“民族形成后，在其成员中就自然具有强烈的民族认同感。只要这种民族认同感及其表现的民族意识遇到某种刺激，就

① 《少数民族地区民族文化保护与旅游发展——以贵州省雷山县为例》（文化遗产日上的讲话，2006 年 6 月 10 日，http：//zhidao. baidu. com/link? url=58vUrD4RfL8YmnvVisSmZHIu6j ORN-loojOiS4DTuxiEB2KFtqpqCJxKSxgRA28HfEQe6nwxpWk2Mu2h9exSKe_ ）。

会自然地很快地做出本能的反映，往往会通过民族情绪表达出来。”[①] 在苗族的民俗中有这样的传统，“苗族村民死了，多少要用一点银子殉葬，是送给死者的‘买水钱’，苗族没有用银饰殉葬的习俗。用一小点银子殉葬，只是方便死者在前往天国的路上口渴了买水喝。一旦到了天国，什么都有，衣食无忧，要银子做什么？”[②] 但不幸的是，清咸丰同治年间（1851—1874），苗族村民因缴不起屯兵所要的军粮，被迫挖开自家的祖坟，“取出送给祖先买水喝的那一小点银子上缴给官府。”[③] 于是，爆发了苗族近代史上规模最大、时间最长的“咸同苗族农民起义”。

苗族农民起义与其他少数民族起义合称为“咸同农民起义”。“咸同农民起义”是在清王朝内忧外患的历史背景下发生的。鸦片战争之后，清王朝对内加重了对农民的层层盘剥，据《黔南职方记略》记载，下江、永从、台拱、清江、黄平、八寨、都江、麻哈、清平、古州 10 个厅县，共有汉民 8678 户，而典买苗产者占 72%以上，有的 1 户就买苗产数百份。黄平州一些苗族地区“苗产尽为汉有……昔日之苗寨今尽变为汉寨矣”。大批失去土地的苗族人民只能给地主当佃农维持生计。[④] 起义正是在长期阶级矛盾激化、民族矛盾也积重难返的情况下，一触而发的。“咸同起义”持续了 18 年，沉重地打击了清王朝的统治。

“民族问题处理不好，往往造成一个国家的政治和社会的不稳定，有时甚至会导致国家分裂或引起国际战争。我国历代领导人非常重视解决民族问题。他们多次强调：‘国家的统一，人民的团结，国内各民族的团结，这是我们事业必定要胜利的基本保证’‘少数民族问题解决得不好，国防问题就不可能解决好’‘民族问题始终是我们建设中国特色社会主义必须处理好的一个重大问题’。历史经验表明，国家统一、民族团结，则政通人和、百业兴旺；国家分裂、民族纷争，则丧权辱国，人民遭殃。中国是这样，外国也是这样。东欧剧变，苏联解体，民族问题是一个重要的因

① 柳梅、蔡明华主编：《民族宗教理论与政策概论》，武警院校统编教材，2014 年版，第 27 页。

② 吴正光：《屋里屋外话苗家》，清华大学出版社，2012 年版，第 206 页。

③ 吴正光：《屋里屋外话苗家》，清华大学出版社，2012 年版，第 206 页。

④ 该资料来源于百度百科词条“咸同起义”。

素。尤其要看到，利用民族问题打开缺口，是国内外敌对势力进行和平演变的重要手段。在这样错综复杂的情况下，我们更应该高度重视民族问题，要采取正确的方针政策，认真加以解决。”① 新中国建立以后，实行了民族区域自治政策。废除了民族压迫制度，在政治上、法律上保证了各民族的平等权利，充分地尊重少数民族的风俗习惯和信仰，少数民族在人口、经济、文化等方面都得到了很大的发展。

但仍然要看到民族问题的长期性和复杂性，民族问题还具有国际性。“民族问题的国际性，是指一国内部的民族问题往往会引发国际性的问题，甚至导致国际关系的变化。当今世界有不少民族是跨国而居。这些民族虽然分布在不同国家，但仍然有着相同的血缘和族缘关系、相同的文化传统、语言和宗教信仰，具有深厚的民族感情。当一个国家发生民族问题时，另一个国家相同民族的族人往往会加以关注，甚至或明或暗地同情与支持。这时往往会牵涉到国与国之间的关系问题，这就使民族问题具有了国际性特点。冷战后国际形势的变化，民族和宗教政策在国际政治中的影响力明显上升，各种民族主义思潮和活动趋于活跃，不断引发一些国家和地区间的冲突和内乱。”② 在这样的国际大势下，我国应该更重视少数民族问题，一如既往地坚持我国的民族区域自治政策，使少数民族地区得到最大限度的发展，以达到各民族共同繁荣的目的。

二、苗族节日文化传承具有促进民族团结和社会稳定的现实意义

少数民族传统节日文化是集中反映少数民族文化的窗口。在民族节日活动中，可以全方位地展示少数民族的文化、习俗、宗教信仰和民族性格。在长期迁徙的过程中，苗族村民形成了坚韧、勤劳的民族性格；在长期远离闹市、在崇山峻岭中生活的习性中，苗族村民形成了淳朴、善良、热情、好客的民族性格；在长期的聚族而居的生活习惯中，苗族村民养成

① 柳梅、蔡明华主编：《民族宗教理论与政策概论》，武警院校统编教材，2014 年版，第 26—27 页。

② 柳梅、蔡明华主编：《民族宗教理论与政策概论》，武警院校统编教材，2014 年版，第 26—27 页。

了自律、团结的民族性格；在反抗历代统治者阶级压迫、民族压迫的过程中，苗族村民形成了勇敢沉静、宁折不屈的追求自由、自尊的民族性格。这些民族性格在苗族节日文化中都有深刻的体现。庄严肃穆的祭祀、祝颂等活动，欢快轻松的婚恋、娱乐活动，无不模拟、强化了强烈的族群意识，使这种深刻的民族性格得到进一步的巩固。具体说来，民族传统节日具有以下作用：

1. 是苗族群众民族情感的黏合剂

苗族传统节日是苗族群众举族参与的节日，具有集体性和群众性。正是由于几千年来民族传统节日的不断传承，才有效地维系了该族群的延续和发展。在新的历史时期，我国政府不但不会禁止和取缔苗族的传统文化节日活动，反而会大力弘扬，甚至会由政府出面来组织各类活动，使其得到最大限度的弘扬和发展。通过一系列民族传统节日的举办，有效增加了苗族群众的情感黏合和沟通，增强了他们的族群感，增加了民族凝聚力。

2. 提高了苗族人民的民族自信心

在社会主义多元文化体系下，苗族传统节日文化的彰显，不仅使苗族民众更加紧密地团结起来，也开阔了其他民族的视野。苗族人民通过各种集体类的节日活动，展现了苗族悠久的人文历史和独特的风俗习惯，展示了苗族人民的服饰、饮食、宗教信仰等独特的民俗文化，极大提升了民族自信心和民族自豪感。节日文化实质上是民族文化延续、传播的重要途径或载体，有着文化积淀场的性质。它凝聚并规范着民族的文化心理、宗教信仰、伦理道德、价值观以及各种文化习俗，是民族文化众多子系统之一，是一定民族和社会文化的组成部分及表现系统。另外，“民族节日文化能促使当地民众更加主动积极地审视和阅读自己的文化，修正和重构自身的文化价值取向，增强民族归属感，使得民族认同更加清晰，增加相互间的亲和力和凝聚力，提高民族的‘文化自觉’意识”,[①] “使基于人们精神需要和民族价值观、伦理观而虚构附会出来的节日变成一种有内涵的庄重的民族文化象征和整合民族文化认同的典型符号”。[②]

① 迟燕琼：《少数民族传统节日的文化传承功能》，载《民族艺术研究》，2008 年第 3 期。

② 孙九霞：《节日符号在民族旅游开发中的运用及问题》，载《中南民族大学学报》，2003 年第 6 期。

3. 有力地传承了苗族民族文化

民族传统节日包涵种种。在形式上，包含了祭祀类节日、祝颂类节日、农耕类节日、婚恋类节日及娱乐性节日。在这些节日类型中，苗族的史诗、苗族的文学、苗族的歌舞、苗族的民俗、苗族的饮食服饰得以充分展现，民族节日成为展示民族文化的窗口。正是因为节日活动这一载体，使苗族民族文化得以整理、保护、发展、传承和延续，并因为时代的原因，民族传统文化得以获得新的发展，有利于推动民族文化的前进。在长期的历史发展过程中形成的民族传统节日，不仅使优秀的民族文化得以保存，同时还可以使优秀的民族文化得到丰富和发展。钟敬文先生说：民间节日是民族文化中不可缺少的部分。它是我们历代祖先在长期社会活动过程中，适应生活、生产及各种需要和欲求而创造出来并传承下来的。它凭借着现实的各种条件，发挥着众人的智慧、能力和想象，为人们的生存安宁、健康等要求服务。随着人们能力、智力等的发展和经历时间的长久，使这种传统文化显得越来越丰富多彩。

传统节日活动的舞台是展现民族民间文化艺术的重要场所之一。在节日文化艺术的大舞台上，民族民间文化艺术家们与民间各位能工巧匠，纷纷将他们的文化艺术（包括歌舞乐器等）珍品展现在观众面前，不仅使各种民间文化艺术交相辉映、异彩纷呈，同时还使千百年来各民族的各种民间文化艺术在大熔炉里展现、竞争、交融，相互取长补短，铸造出一批批文化珍品，流传后世。在节日的传承和修增中，民族优秀文化不断地积淀精华，扬弃糟粕，因而民族传统节日对积淀和弘扬民族优秀文化，发挥着积极的促进作用。①

4. 满足了广大群众的物质文化需求

民族传统节日具有群众性、地域性、周期性等特点。节日活动中的物资交流，各种文化艺术体育活动，既能满足各族群众生产生活的需求，又能起到陶冶情操、净化灵魂、追求情趣和增长爱好的作用，还能满足广大群众多方面的需要。仅以莲花山“花儿会”为例，它是宁夏回汉人民的传统集会，在每年农历六月初一至初六在莲花山举行。届时除当地回汉人民

① 李竹青、杜莹：《少数民族传统节日的功能及发展趋势》，载《青海民族学院学报》（社会科学版），2004 年第 7 期。

积极参加外，方圆几十里甚至上百里的藏、土、东乡、保安、撒拉以及其他各族人民也纷纷涌向莲花山。少则数千人，多则上万人，有的年份会达到四五万人。节日活动内容十分丰富，除物资交流外，还进行对歌表演。因此，从某种含义上说，民族传统节日是以物质资料交流为基础，以民族文化产品、民族文化服务和民族文化氛围为主题，以民族道德、精神、气质以及价值取向、审美情趣为深层底蕴，以特定地域为空间布局的一种社会现象。① 总之，传承苗族传统节日文化具有重大的历史意义：

首先，有利于民族团结和社会稳定。苗族传统文化的弘扬使苗族群众增强了民族存在感，增强了被认同②、被尊重的民族感情，这不仅有利于族群内的团结力和向心力，也有利于中华民族大团结，从而促进了社会主义国家的社会稳定。在中华民族大家庭中，五十六个兄弟民族在政治上是平等的，尽管汉族在历史、经济、文化方面要比其他少数民族先进，但这只是由历史发展的客观原因、客观条件所致，五十六个民族没有优劣之分；特别是新中国成立以来我国的少数民族政策，更是强调了少数民族在政治上的平等地位，并且国家在经济、文化、科教等多方面对少数民族进行了扶持，这是少数民族得以发展壮大的前提。苗族传统节日的传承使苗族人民感受到了被尊重、被认同的民族感情，继而反过来产生了对整个中华民族的认同感，认为自己虽然是苗族同胞，但也是中华民族大家庭中的一员，进而产生强烈的中华民族自豪感、责任感、荣辱感，促进了整个社会的安定团结。

其次，有利于中华民族文化的发展和传承。苗族传统节日文化承载了苗族五千年的文化传统，大力弘扬苗族传统文化无疑会对中华民族文化的整体繁荣起到很好的交流和借鉴作用。民族是一个历史产物，在“民族”的五个特征中，文化是最后一个消亡的特征，如果一个民族的文化消亡了，那也就意味着这个民族的最终消亡。因此，我们要大力倡导各民族的传统文化，使所有民族的文化都能够在社会主义大家庭中获得发展，形成百花齐放，百家争鸣的繁荣局面。但在民族融合的过程中，各少数民族的

① 李竹青、杜莹：《少数民族传统节日的功能及发展趋势》，载《青海民族学院学报》（社会科学版），2004年第7期。

② 唐胡浩：《社会变迁中的民族认同研究——以来凤县土家族为例》，硕士论文。

特征越来越模糊，民族同化的痕迹越来越明显。这虽是历史的必然，但在世界民族最终消亡以前，对于中华民族而言，各民族共存是一个长期存在的现实，我们需要做的，就是要在这个长期共存的过程中，探究怎样既要提高少数民族的物质文化水平，又能让其文化中优秀的部分得以保留。只有这样，才能给中华民族的文化发展创新带来不竭的源泉和动力，从这个意义上讲，我们应当传承苗族的节日文化，使其保持生机和活力。

第五章　乌江流域苗族传统节日文化保护与开发的现状与困境

第一节　乌江流域苗族传统节日文化传承面临危机

随着市场化的不断发展和深化，乌江流域苗族地区经济也随之发生改变，苗族传统节日文化也受到不同程度地冲击。具体表现在以下几个方面：

一、乌江流域苗族传统节日文化内涵不断流失

1. 苗族群众思想价值观念发生变化

随着社会主义改革开放脚步的日益加快，乌江流域地区经济也随着国内大趋势悄悄地发生了变化。表现在苗族群众主观意识方面，就是价值观发生了改变。现在的苗族孩子接受的教育都是汉化的教育，贯穿小学、中学到大学。因而，除了在家里说苗语，外出都不说苗语，更没有时间学习传统的民歌、刺绣、芦笙等民族传统文化和技艺，还有的青少年根本就不想学。[①] 虽然当地政府提倡让民族文化进入课堂，但并没有采取具体有效的措施；部分外出务工的苗族群众学会普通话后很少说苗语，更不唱苗歌，因不方便或怕人笑话，也不穿本民族的服装，更不会制作本民族服

---

① 徐锡广、李金福：《“短裙苗”民族文化传承的困境和对策》，载《中国民族教育》，2014年第1期。

装。因此，苗族的语言、服饰、饮食制作等都面临失传的危险。

与汉族一样，在经济大潮冲击下，苗族人们的价值观也发生了改变。往往有注重经济利益、轻视精神文化的倾向。不仅轻视文化，甚至在一些苗族群众心目中，还轻视本民族文化。

在用古苗语保存的巫词、礼词、理词、古歌里，苗族文化的纯净度相当高，而现代苗语基于语境的变迁，借词不断增多，很多人实际上是用带着苗语腔调的语言说汉话，许多纯粹不懂苗语的汉族同志只要认真听，都能大体明白很多苗族人士用苗语交谈的内容。随着苗族文化的纯净度越来越低，久而久之这种用苗语腔调说出来的话必然像岭南话、闽南话一样成为汉语的一种方言而不是作为一种民族的特有语言来发展。与此同时，现代许多人与古苗语之间的隔膜也与日俱增，不懂的内容日益增多，理解上的讹误、错乱也日益严重。许多用汉字记录苗语语音的地名、人名、物名，人们越来越不知道是什么含义。①

2. 作为一种旅游资源，不当开发使苗族传统节日文化内涵不断流失

在民族传统节日开发中，存在浅层次开发的现象。② 少数民族传统文化中特有的文化核心、价值观念与当地少数民族生存的环境和生活方式是紧密相连的。它不仅仅体现在表层次的歌舞、服饰、餐饮等物质方面，更重要的是体现在无形的、内在的民族精神上。在民族文化旅游开发中，一些相关部门缺乏对少数民族文化内涵的正确把握，常常以现代艺术形式包装民族文化，将民族文化程序化、舞台化、艺术化作为民族文化旅游开发的主要手段和形式，这种开发只注重对物质层面的内容进行商业性开发。丰富性是黔东南州苗族文化的最大特色，这里的村寨以不同的歌舞、不同的服饰、不同的生活习俗甚至不同的语言向世人展现了一个多姿多彩的民族文化画卷。但在进行民族文化旅游开发时，缺乏统一规划，旅游的内容单调，大多数村寨就只有喝拦门酒、跳芦笙舞、吃农家乐等几种形式，而且内容也大同小异。这样，就不可能做到为旅客提供吃、住、行、游、

① 杜锐：《苗族民间文化的现状、传承与保护》，载《湖北广播电视大学学报》，2007 年第 12 期。

② 梁焰：《对民族文化旅游开发的思考——以贵州省黔东南州苗族文化旅游开发为例》，载《人民论坛学术前沿》（文史哲），2013 年 2 月。

购、娱全方位的服务。而游客在有限的时间里，也很难通过走马观花的形式真正感受苗族厚重的历史和独特的民风民俗，更无法领略有较深文化内涵的苗族民族文化。

在对民族传统节日的开发中，存在重复性开发的现象。为了盲目追求经济效益，不少地方在进行民族旅游开发时，丢掉了“人无我有，人有我优”的独特性原则，造成低水平重复，效益下降，甚至无游客问津等困境。在乌江流域的苗族地区，相距不到十公里就会有几个服饰、习俗、语言相同的苗寨，他们同属苗族的一个小亚支系，在文化上没有什么区别。一个苗寨发现另一个苗寨在旅游开发中获得了效益，便开始加以效仿，致使很多苗寨的旅游千篇一律，缺少特色。很多苗寨的歌舞表演内容除少数是本寨原生态的节目外，大部分都是将其他地区的苗族歌舞甚至是其他民族的歌舞引用到表演中。虽然表演的内容和形式多了，但表演者是文化水平和艺术修养都不高的本寨村民，很难把其他地方的歌舞艺术地展现出来，仅是机械的模仿。

在对民族传统节日的开发中，存在破坏性开发的现象。在众多的旅游者中，有相当一部分对民族文化中某些原始的东西抱有浓厚的兴趣，他们参与民族文化旅游的目的和动机就是简单的猎奇。一些旅游相关部门由于对传统民族文化的内涵认识不清，对权属的主体界限不明，为盲目地吸引游客，在开发时推行常规单一的方式，往往对当地的民族文化资源造成了极大的破坏。如苗族一些具有浓厚宗教信仰的神圣祭祀仪式，有着严格的时间和程序规定，是当地人精神的寄托。但有的地方为了旅游开发，将这些仪式盲目地地简单再现，不论时间也不论场合，让村寨的村民不断重复地表演，使这些仪式渐渐失去了其深刻的文化内涵，导致文化的流失，特色旅游也难以为继。

3. 政府的不当干预，功利思想抬头

政府有关部门本身对苗族传统节日文化内涵认识不清，因而出现盲目指导干预的情形。如苗族的芦笙舞，即将面临失传的危险，部分领导也在不断呼吁要创新芦笙艺术，改革芦笙舞。殊不知民族的即是世界的，继承与发展本为两种指标提出，是国家在制定文化政策时的整体方向。但若在一个舞种或是剧目中既要发展又要继承，结局只能是“四不像”。原始崇拜与巫教文化在芦笙舞中留下了较深的印记，这恰恰是苗族文化的一种表现形式，是当今社会中仅存的为数不多的原生态歌舞艺术，给世人带来强大的心灵震撼与巨大的吸引力，因此继承与保护才是根，只有根子扎得深，枝叶才能长得越来越茂盛，世界上任何传统民族文化的传习都是首先建立在对本民族文化精神深邃地了解、认同，深深喜爱的基础上的。①

4. 缺少相关科研人员进行民族文化研究

苗族传统节日文化涉及内容多、涵盖地区广、涉及人员多，对其进行系统梳理、传播是一个浩大的系统工程、需要大量专门性人才。他们的任务不仅仅是记录、翻译一大堆巫词和古歌，抄写一些古籍和碑文，他们的主要工作还包括版本整合、校勘、注释、整理、删繁就简、翻译、研究介绍、标题确定等，这是一系列艰苦烦琐的工作。这些工作做得好与不好，都建立在整理者对苗族文化所进行的科学研究的基础上，反映出整理者的理解和考证工作所达到的深度、广度以及科学态度的程度。②

同时，苗族的巫词、古歌、礼词同古汉语一样，也存在版本的校勘等类似问题。在同一个苗语方言区内，每一个巫词系列、古歌系列、礼词系列等大体上都源于一个统一的版本，但是在长期的口耳相传过程中，存在这个巫师与那个巫师、这个礼郎与那个礼郎、这个歌手与那个歌手所传唱的版本有出入的情况，有的完整一些，有的粗陋一些，有的简洁一些，有的烦琐一些，等等。要对每一个系列都做到科学的整理，仅仅记录某一个传承者的叙述是不够的，必须要同时收集几个甚至几十个版本，择善而从，然后用其他版本进行校勘和补遗，才能最大限度地恢复历史的本来面貌。但是，近年来随着一批又一批老巫师、老歌手相继去世，苗族传统文化精品的传人越来越少，使校勘难度不断加大。

因此，对民族传统文化的传承整理，不仅需要一批扎根苗族山区熟悉少数民族生活的基层工作者进行大量的基础性的整理记录工作，还需要一大批科研人员，对苗族传统文化进行系统梳理和理论研究。

---

① 党允彤：《论贵州苗族芦笙舞的当代传承与保护》，载《贵州民族研究》，2014 年第 6 期。

② 龙云清：《苗族非物质文化遗产的传承问题分析》，载《中共铜仁地委党校学报》，2008 年第 1 期。

二、乌江流域苗族节日文化特色逐渐消失

1. 汉族节日文化、外来节日文化对苗族传统节日文化的冲击

经济发展伴随着一个与外界文化互动的过程。在这个过程中，外来的文化形态、价值观念等也在逐渐影响着乌江流域各个地区的民风民俗，即使是在很偏远的高山区，对传统文化喜爱的年轻人也在变少，专门从事民族文化业的更少，特别是外出打工的人所带回的世俗文化很容易被年轻人接受。一些从事苗民族文化表演的团体，出于功利目的，往往在表演中掺杂一些外来的文化因子，从而减少和淡化了本民族文化的气息。在许多风景开发地，由于商业化操作的结果，民族文化往往退化为有名无实的商品文化或杂交文化。很多苗族的传统文化被移花接木，嫁接成了其他民族的传统文化；还有很多其他民族的传统文化被说成是苗族的传统文化。[①] 在很多地区，传统的苗年退位给春节；清明节、重阳节、端午节等汉族节日在苗族地区逐渐盛行起来。

2. 在开发过程中，照搬别人成功的开发模式，过分重视经济利益，忽视自身的节日文化特性，导致原生态的苗族节日文化逐渐消失，特色也随之消失。

现在，在贵州的一些民族风情园里，民族风情的表现形式被舞台化。以现代艺术形式包装传统民族文化，使之艺术化、程序化成了当今旅游开发商的惯用手段。虽然表演者的行头比现实生活的苗族服装漂亮了许多，但是却少了民族服饰的古朴韵味，给人虚假的感觉。由于客观原因，导致苗族支系繁多，不同的支系的服装、风俗等都不相同，可是在开发的时候却盲目照搬别人的成功经验，忽视了自身的特色和优势，令结果不尽如人意。

三、节日非物质文化遗产保护工作面临严峻形势

联合国的《保护无形文化遗产公约》中把密切联系活态文化精神的形

---

① 龙云清：《苗族非物质文化遗产的传承问题分析》，载《中共铜仁地委党校学报》，2008年第1期。

式归纳为五个方面：口头传说和表述，包括作为非物质文化遗产媒介的语言；表演艺术；社会风俗、礼仪、节庆；有关自然界和宇宙的知识和实践；传统的手工艺技能。苗族传统节日文化正是承载了以上五个方面的内容，表面上各地对节日文化的开发进行得红红火火，可事实上却面临着严重的危机。

1. 节日文化传承人难以为继。

伴随着中国现代化进程的加快及市场经济在广度和深度上不断发展，昔日相对与世隔绝的民族地区正面临着外来文化的不断冲击，民族文化上的碰撞和融合非常激烈，一些珍贵的民族文化遗产（特别是无形的文化遗产，包括民族民间语言和艺术、民族民间工艺美术、民族民间风俗礼仪、节庆等）正以近乎土崩瓦解的速度面临着消亡的严重危机。特别是一些以心口相传为依存的非物质文化遗产正在迅速地损毁、流失和消失。例如，民族民间的传统口头文学、史诗的流失；掌握一定传统艺术技能的民族民间艺人为数不多，传承困难，后继乏人。被誉为“东方探戈”的贵定“长衫龙”苗族芦笙舞，流传千年却面临失传。[①] 在贵定县新铺乡谷撒村，流传着一种独有的苗族芦笙舞——“长衫龙”。2003 年 10 月，贵定县新铺乡谷撒村“长衫龙”苗族芦笙舞代表队，参加了“第六届中国北京国际旅游节”，那特有的舞姿轰动了京城，引起国内外艺术界的特别注意，被誉为“东方探戈”。2006 年 6 月，“长衫龙”苗族芦笙舞被国家文化部列为国家级非物质文化遗产，为第四类民间舞蹈，属四十一项民间舞蹈之一。但这传承了千年的舞蹈，如今却陷入了传承的困境之中，该村仅 20 多人会跳。

2. 文化资源严重流失。

境外一些国家和机构通过各种渠道大量采集、收购我国珍贵的非物质文化遗产实物资料，造成了我国文化资源的严重流失。导致这些问题的一个主要原因是缺乏法律的保障。全国人大教科文卫委员会文化室主任朱兵在接受记者采访时指出，正是在这样的背景下，制定相关法律来保护非物质文化遗产成为社会各界的迫切要求。文化资源的严重流失导致民族文化资源面临严峻形势。

① 江兴勇：《贵阳晚报》，2012 年 6 月 11 日。

3. 民族文化载体未得到系统开发就已散失。

最典型的就是一些纳西山乡，连传承东巴文化的基本文字资料都已无法找到。傣族贝叶文化传说有经典 84000 部，目前收集到的只有 3000 多部，其余大量流存于民间，并且这种文化遗产一直被冷落，大量贝叶经典和棉纸抄本流落失散，却无人过问。①

第二节　乌江流域苗族传统节日文化传承面临机遇

乌江流域山川秀丽、河谷交错、特色鲜明、风情浓郁，是我国苗族、土家族等少数民族的主要分布区域，其中包含了可供开发的特色旅游文化资源。“大节三六九、小节天天有”，在贵州，从正月初一到腊月三十，几乎每天都有少数民族传统节日。传统节日具有民族性、季节性、地域性，表现出不同的文化特征，形成了丰富多彩的文化画卷，使民族文化在历史发展中具有相对稳定性、延续性、发展性。民族节日是民族文化的重要组成部分，如何把民族节日所蕴含的民族文化保护好，如何在传承的基础上搞好传播，对于做好民族节庆、民族文化的挖掘、保护、传承、传播工作有非常重要的意义。当前，随着我国市场经济的全面深化，民族节日文化的文化价值、经济价值日益凸显，民族节日文化与旅游有机结合，民族节庆旅游蓬勃兴起，民族节庆文化向着产业化的方向发展，为乌江流域苗族传统节日文化的传承提供了难得的机遇。

一、民族节日旅游蓬勃兴起

（一）民族节日文化推动旅游业发展

乌江流域水系呈羽状分布，流域地势西南高，东北低，由于地势高差大，切割强，自然景观垂直变化明显。它以流急、滩多、谷狭而闻名于

① 马廷中：《生态旅游发展中民族文化的保护》，载《重庆教育学院学报》，2006 年第 5 期。

世，号称“天险”。峡谷险滩类资源具有独树一帜的优势，地质景观类资源可谓是天下奇观，其特点突出、优势明显、开发潜力巨大。开发乌江流域少数民族节庆旅游，有利于满足旅游者的消费多样性需求。在我国国土开发的总体规划中，把乌江流域作为选定的重点开发区域之一。

文化是旅游发展的灵魂，旅游是文化发展的依托。旅游包括“吃、住、行、购、游、娱”六个要素，人们对旅游产品的评价取决于在这个过程中对这六要素的满足程度。因此，旅游业成了一种文化事业，这样的旅游产品才更具生命力。文化孕育着人文旅游资源，文化属性和叠加的历史文化色彩在对民族文化资源的开发过程中表现得极为突出，例如：西双版纳的傣族泼水节、杨丽萍的大型歌舞《云南映像》，都是原生态与现代艺术的结合，它们所反映的都是对民族文化内涵的挖掘和理解。节庆活动是一个民族在其历史发展进程中，不断孕育、形成、发展、衍化的，是民族精神和民族特质的凝聚。

民族文化类旅游资源的成功开发与否，将直接决定旅游业的市场竞争力。当然，要开发出市场前景好、具有竞争力的旅游产品，除了要具备必要的外部开发条件，其自身还须具备较高的品位或基本的优势。旅游业是一个关联性很高的行业，不仅能带动物质生产部门的发展，也能带动第三产业的迅速发展。由于各地具有不同的民族性和地域性，因此，民族文化就成为发展旅游业最好的支撑点和依托。

民族文化的独特性、多样性，既是人文旅游资源存在的方式，又是刺激游客旅游的基本诱因。不难想象，若没有内在的民族文化作底蕴，云南就不能围绕民族风情旅游大做文章，更不会形成诸多闻名世界的旅游胜地。同样，从这个意义来理解，贵州倘若没有丰厚的民族文化积淀，就不会出现“多彩贵州风”的轰动效应，更不会有“十一黄金周”的假日经济热。在运作“多彩贵州”歌唱大赛，“黄果树瀑布节”以及“多彩贵州风”等系列文化盛典的过程中，很多人已领悟到了民族文化形成产业给旅游经济和假日经济带来的商机，同时贵州省也已意识到要彻底改变外界对本省旅游仅“一栋房子（遵义会议会址），一棵树（黄果树），一个酒杯（茅台酒），一块布（蜡染）”的传统看法，就必须将丰富的民族传统文化向产业化发展。

乌江百里画廊的民族风情异彩纷呈，既拥有土家摆手舞之乡的西大门景区，又是西兰卡普、蜡染的摇篮。古老的土家族背嫁哭嫁，独特的苞谷灯戏、面具阳戏、马马灯，民间青年男女表达爱情的木叶情歌，都组成了当地独具魅力的民族风情。这些文化现象，向我们传递了丰富灿烂的民族文化，多层次、多侧面、多角度地反映出少数民族的历史发展、文化心态和创造才能。可见，民族文化在旅游行业中占有重要地位，也是旅游产业的重要支柱。对民族文化的开发和利用，关系到旅游行业的生存和发展。旅游文化资源是中华民族文化的瑰宝，也是乌江流域各族人民智慧的结晶。对民族文化的合理利用和开发不仅改善了乌江流域各族的生活条件，提高了他们的审美情趣，还促进了当地社会的经济发展。

（二）民族节日文化旅游促进餐饮业增长

俗话说："民以食为天"，黔东南州广泛流传着"三天不吃酸，走路打蹿蹿；最白最白的，要数冬天雪；最甜最甜的，要数白糖甘蔗；最香最美的，要数酸汤鱼"的民谣。随着人民生活水平的逐步提高，消费观念的不断改变，黔东南州的餐饮服务业得到了长足的发展，已经成为促进全州经济发展的重要产业。以原生态有机食材为核心的寿星食谱、以凯里酸汤鱼为核心的苗家食谱、以榕江羊瘪为核心的侗家食谱组成了黔东南的美食系列。这些美食已经走出山门、走进都市，成为享誉神州、名播海外的民族优秀美食。

黔东南民族美食，因民族文化的产生而产生，因民族文化的发展而发展，因民族文化的传扬而传扬，给餐饮业带来了前所未有的发展机遇。黔东南地区积极培育本土餐饮龙头企业，树立餐饮品牌、增强企业竞争力，利用各种形式引导民族文化产业积极创新，增强餐饮业的活力。黔东南州在强调本色原味的同时，讲究营养平衡、注重环保、追求健康并弘扬民族文化，对饮食产品类型、品种、营养、保健等方面不断创新。一是要将传统美食与现代生活节奏、现代口味、现代服务理念相结合，二是要将民族文化与外来文化相结合，外来资金、风味、经营模式对民族地区餐饮业是一种很好的补充。为拉动黔东南州经济增长，要以餐饮为核心，以文化为载体，以建设为契机，打造乌江流域的文化餐饮产业。

做大做强民族餐饮产业，必须有民族文化作支撑。民族的就是世界的。贵州作为一个少数民族大省，有很多少数民族瑰宝，将贵州少数民族文化和餐饮，尤其是将苗族文化同苗族特色食品、特色文化相结合，进行有效的传播，培育和创建贵州少数民族特色餐饮品牌，并将其推向全国。实际上，一地有一地的饮食民俗习惯和风味小吃，这些民俗习惯和风味小吃为假日经济提供了更为广阔的空间，也为外地旅游者品尝和理解传统民族文化提供了方便。在“十一”期间，贵阳诸多小吃店和旅游接待单位推出的“贵州小吃一条龙”，包括肠旺面、青岩豆腐等在内的贵州特色系列风味小吃就颇受各地游客的欢迎。

（三）民族节日文化旅游拓宽手工业发展空间

由于黔东南州交通闭塞、环境恶劣、人均耕地不足，迫使农民不得不在农业之外寻求生存空间，独特的自环境造就了当地民族手工业的发展。少数民族人民都心灵手巧，勤劳智慧。由此产生了众多的民间手工艺品，如大方的漆器，牙舟的陶器，玉屏的箫笛，织金的大理石，各种织棉、土布、蜡染等，其技艺精湛、造型精美，极具民族特色，具有很高的使用价值和观赏价值。建设民族手工业园，以此来整合资源，做大做强民族手工业，对促进就业、产业结构调整、转变经济发展方式起到推动作用。改革开放以来，传统民族手工业在产品生产、工艺传承、人才培养等方面取得了长足进步，但黔东南州手工业在传承技艺、开拓市场、树立品牌等方面仍处于相对落后的阶段。拓宽黔东南州民族手工业的发展空间，对弘扬民族文化意义重大，同时也引起了人们对传统手工业的关注。

苗族的刺绣图案丰富多彩，例如蝴蝶、龙、飞鸟、鱼、圆点花、浮萍花等。每个图案都有一个来历或传说，是民族情感的表达，也是对历史与生活的展示。近年来，“苗秀”已经悄然走出了山寨，逐渐向商业化的方向转变。为了迎合游客的需求，刺绣开创了很多新的样式，用“苗绣”绣成手机套、杯垫、钱包等，以吸引中外游客的视线，从而增加了产品的活力和市场需求量。贵州省的“锦绣计划”旨在鼓励妇女创办特色手工企业，促进创业带动就业，实现居家灵活就业。镇政府积极帮助民族文化传承者利用这个平台，提升品牌形象，切实推动特色手工产业的发展。

二、民族节庆文化产业成为新的经济增长点

文化是人类在社会历史发展过程中，所创造的物质财富和精神财富的总和。而文化产业是文化发展过程中的一种特殊的产业形态，不同于一般物质商品的属性。文化产业指的是在现代市场经济体制中，把文化产品作为商品进行生产、交换、并获取利润的产业。它是一个新兴产业、朝阳产业，具有能源消耗低、科技含量高、可重复开发等特点，对于调整产业结构、转变经济发展方式、提高人文素质具有重要作用。文化不仅是经济的重要组成部分，也是推动社会经济发展的重要杠杆，同时也象征着一个国家和民族的文明程度、发展水平。在全球化的今天，文化作为一种软实力，更是一个国家综合国力的体现。

民族节日文化是一个民族追求的“文化认同”和“符号象征”，更是这个民族文化的桥梁和纽带。民族传统节日文化集服饰、饮食、建筑、交通等融为一体，不断地对中国传统文化进行弘扬和传承。全球经济一体化，使人们的谋生手段趋于多样化，客观上为民族传统节日进入旅游市场提供了条件，为民族节庆文化的产业化发展提供了机遇。乌江流域传统节日数目繁多、内容丰富，其民族节日文化是云南、贵州、重庆等地发展民族节庆文化产业的重要资源，也是促进社会经济发展的主要途径。

（一）民族节庆文化产业引领市场方向

市场经济条件使乌江地区各种类型的节庆活动永远焕发生机与活力，要在加强政府引导的同时，坚定不移地让节庆活动走向市场化，通过市场来探索发展节庆经济的基本规律，通过市场来激发节庆经济的潜在力量。在此过程中，以办节的形式推介具有民族特色的产品，如少数民族的服装、饰品、用具等，促进地方经济和社会事业的共同进步。乌江流域“以节搭台、经济唱戏”的经济发展模式，可以促进产业链的形成。充分利用节庆文化资源，掀起民族“节庆热”的浪潮，如“美丽贵州·多彩神州”已经名扬海内外。侗族的“大歌节”、苗族的“龙舟节”、土家族的“女儿会”等节庆活动，带来了产业发展的契机。节庆活动走向市场化不仅仅只是利用节庆活动固有的发展模式，还要延伸其特有的文化产业链，借力

打力，借助节庆活动这个载体，开发新的市场，让节庆活动不断呈现出新的发展活力。如，可以依托、挖掘和梳理节庆活动所在地域特有的文化产品、文化品牌，达到以节庆活动推进地域品牌建设的战略目标，这样既有助于企业的成长，又有助于提升地方的知名度和美誉度。

（二）民族节庆文化产业推动科技创新

文化产业是国民经济发展的助推器，与社会的经济发展相协调。随着科学技术的发展，科技已渗透到文化产品创作、生产、传播、消费的各个层面和关键环节，成为文化产业发展的核心支撑和重要引擎。科技创新主要是指现代科技在文化创作、生产、表现、传播等方面的应用。党的十八大报告提出，建设社会主义文化强国，关键是增强全民族文化创造活力。增强文化活力的关键在于文化创新。文化部、科技部也先后出台了《国家文化科技发展规划》和《国家文化科技创新工程纲要》，这些政策性文件不仅推动了文化科技创新，而且还为新时期文化与科技的融合指明了方向。乌江流域地区在政府的支持下，顺应文化与科技融合的时代潮流，走民族文化产业的路径。文化与科技的融合不仅促进了经济的发展而且推动了黔东南州少数民族文化的繁荣，为区域创新能力提供文化与技术的支撑。

乌江流域的节庆文化产业充分整合资源要素，借助现代技术，走传统与现代文化产业技术相结合的路线。由于经济技术条件的落后，广告、广播、电视、电影等行业发展空间有限。因此，要促进这些文化产业的跨越式发展，应从技术改造着手，使现代科技成果与传统文化产业相结合，提升科技含量和附加值。加快黔东南州的出版、印刷、影视、广播等行业的技术升级，使纸质媒体走向数字化；将传统的歌舞表演采用数字化技术来设计；开办网络广播电视和播客。乌江流域地区在政府的引导和支持下，不断丰富民族文化产业的表现形式，加快民族文化产业的技术升级，优化民族文化产业的组织结构，提升民族文化产业的科技含量，打造乌江特有的民族特色。

第三节　乌江流域苗族传统节日文化保护与开发的现状

随着社会的发展，改革开放的大潮滚滚袭来，乌江流域的许多苗族青壮年纷纷离开了世代生活的家园，到遥远的城市去打工寻梦，这使得很多苗族村寨人去楼空，很多苗族传统节日由于人少而无法举行节庆活动，有些传统节日甚至已经消失，苗族传统节日文化传承面临严峻危机。当前，如何有效地开发利用乌江流域的苗族传统节日文化资源，保护好苗族传统节日文化，成了一个重要的课题。现在，乌江流域苗族地区采取多种形式来保护开发苗族传统节日文化，主要可分为以下几种类别：

一、举办了丰富多彩的苗族节庆活动

当前，随着民族文化旅游的蓬勃兴起，乌江流域各苗族地区以此为契机，倡导“节日搭台，经贸唱戏”的发展模式，以苗族传统节日文化为载体，纷纷举办了丰富多彩的苗族节庆活动，大力发展苗族地区节日旅游，发展民族节日经济，使民族节日经济成为新的经济增长点。1980 年 6 月 24 日，乌江流域贵州黔南州福泉市仙桥地区举行了大规模的苗族“会亲节”，在“会亲节”上还举办了民族商品展销会，共展销了 336 种民族商品，销售额达 2 万多元。其中，群众自行成交的马有 20 多匹，耕牛 180 多头，仔猪 120 多只，农副产品的交易额达 3000 多元，节日集会带来的经济效益得到初步展现。这种以举办苗族节日文化活动“以节招商”的方式，吸引了众多游客，吸引了众多商家加入，带来了无限商机。通过举行这种盛大隆重的苗族节日文化活动，使苗族传统节日文化得以保护传承，有利于对外宣传、扩大地方的影响力，推介地方独具特色的物产，推动乌江流域苗族地区经济的发展，改变了苗族村寨贫困的面貌，让苗族人民过上富足、美满的生活。因此，乌江流域举办苗族节日文化活动，具有重要的现实意义，这种现实意义既表现在对苗族节日文化的保护传承上，又表现在其显著的经济效益上。

现在，乌江流域各苗族地区开发举办了很多苗族节日文化庆祝活动，以节庆招商，开展节日旅游。这些苗族节庆活动有的是以苗族传统节日为基础开发出来的节日，有的是依托当地独具特色的苗族文化资源、自然资源而新打造的节日，主要可以归为以下几个类别：

（一）独具地方特色的苗族节庆活动

乌江流域贵州镇宁苗族的"夜郎竹王节"、施秉县高塘苗寨的"弄卯节"、施秉县双井镇的"蝴蝶妈祖文化节"等，这些节庆活动都是由当地苗族独具特色的传统节日"竹王节""吃新节""鼓社节"演变发展而来的，充分展现了当地苗族独特的民风民俗，特色鲜明。2015 年 3 月 30 日至 31 日（农历二月十二），乌江流域贵州镇宁自治县江龙镇猫猫冲村的苗族同胞举办了第八届"夜郎竹王节"，吸引了来自滇黔桂三省 18 个县区的竹王苗族后裔及当地群众数千人参加，这一活动已经连续举行了 8 年。每年农历二月十二，是夜郎竹王苗族后裔的传统节日——"竹王节"，这天他们要祭祀祖先夜郎竹王，并且在 2007 年镇宁自治县竹王崇拜活动已被列入贵州省非物质文化遗产。节日期间，苗族同胞杀牛祭祀竹王，吃"竹王宴"，举办镇宁夜郎文化研究成果展，有 32 个代表队登台展示了 8 种民族乐器及 21 种多彩服饰，101 岁苗族老人还上台表演了穿针、芦笙舞，来自广西、云南的代表队分别表演了芦笙转堂等节目。

2015 年 8 月 19 日，农历七月初五（农历七月的第一个卯日），是乌江流域施秉县高塘村村民一年一度的"弄卯节"。高塘村苗寨是个苗族风情浓郁的村寨，有着丰富多彩的节日文化，其中最具特色的就是高塘"弄卯节"，它是黔东南苗族比较大的民族节日，也是当地苗族盛大的集会。高塘的"弄卯节"，其实就是苗族的"吃新节"，其最大特点在于特殊的祭祀方式和全村性的捉鱼活动。在卯日的前一天，要举行全村性的捉鱼活动，人数多达 2000 人，可称为"中国最大的捉鱼节"，捉鱼场面极为壮观，捉鱼时间长达 4 个小时，除了本村人会参加活动外，也吸引了许多外村人赶来参加。捉鱼活动结束后，在卯日当天，亲朋好友都会被邀请来过节，如果是嫁出去的姑娘或姑妈，就会带棕粑、公鸡、糖果之类回来参加活动，如果是其他人则只要一包糖或一只鸡就行了，主人家则准备一坛好酒，鸡鸭鱼样样备齐，款待来客。据传，高塘“弄卯节”的捉鱼活动已延续了1000多年，高塘“弄卯节”为什么要集体捉鱼？据学者研究，这一习俗来源于古代氏族社会人们共同劳作的场景，高塘“弄卯节”就是这一劳动习俗的再现和遗风，是古代劳动习俗“活化石”。

2012年8月25日至27日，乌江流域贵州黔东南州施秉县双井镇举办了第三届苗族“蝴蝶妈祖文化节”，有来自黄平、镇远等邻县的苗族同胞及游客2万余人参加。苗族“鼓社节”源自“蝴蝶妈妈”的神话，反映的是古代苗族对人类和万物起源的一种解释，苗族的《十二路大歌》《枫木歌》《开亲歌》等古歌都是关于“蝴蝶妈妈”神话的唱述。施秉县双井镇是一个苗族聚居区，是“蝴蝶妈妈”传说的起源地，当地有两口传说中的“蝴蝶井”（“白沙井”和“黑沙井”，当地苗族人统称为“公母蝴蝶井”）遗迹。双井镇该文化节活动就以祭祀苗族始祖——“蝴蝶妈妈”为主，还开展了苗族刺绣、踩鼓舞、蝴蝶歌、枫木歌、篮球、斗牛、赛马、斗鸟等丰富多彩的民族民间赛事活动，尤其是斗牛比赛，场面壮观、刺激，引来万人观战。在文化节期间，苗族的服饰、歌舞、生活习俗都得到了充分展现。

（二）大规模的苗族传统节庆活动

苗族的“四月八”“芦笙节”是乌江流域苗族地区的传统节日，节日当天各苗族地区都会举行形式各异的、大规模的庆祝活动。所谓大规模节庆活动，一是参与节日活动的人数很多，二是参与活动的人来自四面八方、五湖四海，居住范围广泛。由于这些节庆活动的规模很大，参与人数众多，影响力自然也很大，这对于保护传承苗族传统节日文化，促进当地经济发展起着重要的作用。

1987年5月3日，国家民委将“四月八”认定为苗族的传统节日，并批准每年在首都北京和各省市苗族地区举办节日庆祝活动。苗族“四月八”又称“亚鲁节”，相传是为了纪念在贵阳市喷水池边牺牲的古代苗族英雄亚鲁，体现了苗族人民独特的民族英雄崇拜文化，是贵州贵阳市、黄平、龙里、松桃等地苗族同胞的传统节日。2015年5月25日（农历四月初八），乌江流域各地苗族同胞举行了各种欢庆苗族传统节日“四月八”

的活动。“四月八”是贵阳市苗族最具代表性的、最为隆重、规模盛大的传统节日，是贵阳市的一张亮丽的文化名片。这一天，贵阳市的苗族同胞身着节日盛装自愿聚集到贵阳市大十字广场、筑城广场等地跳芦笙舞、吹唢呐、饮米酒、唱山歌，庆祝“贵阳市苗族四月八暨贵阳市第三十三个民族团结周”活动。贵阳花溪区及高坡周边兄弟乡镇的苗族同胞在贵阳市花溪区高坡乡云顶草场载歌载舞，举行苗族“四月八”节庆活动，该活动是以苗族优秀文化为载体的“云顶飞歌”主题文艺会演，包含极具民族特色的“千人芦笙舞狂欢”“射背牌”“鸟王争霸赛”等民族庆典活动，让游客大饱眼福。2015 年 5 月 25 日，农历四月初八，第十二届月照苗族“四月八”在六盘水市钟山区月照养生谷举行，约 5 万苗族同胞和游人欢聚在一起，欢度传统节日。节日当天，苗族同胞身着节日盛装，同远道而来的客人一同载歌载舞、欢度节日，展示了苗家洗脚礼、打粑粑、挑花、蜡染等民俗表演和体验活动，还有斗鸟、陀螺、唱山歌等民族民间传统比赛项目。同一天，黄平县在飞云崖景区举办了极具浓郁民族风情的“祭神牛”活动，庆贺“四月八”，当一年一度的祭祀神牛大典开始时，来自美国，英国，日本，中国香港、台湾地区的客人与当地的 10 万余名各族同胞一起，见证着这一庄严肃穆的场面。2015 年 5 月 25 日，农历四月初八，松

贵阳高坡苗族“四月八”的“射背牌”活动

桃自治县在中国苗王城举行了一年一度的苗族“四月八文化节”。文化节以“群众大舞台·唱响中国梦”为主题，以原创节目为主，又融合了傩文化的“祭祖”舞蹈，其中有民族风俗舞蹈“敬你一碗拦路酒”“醉美苗乡”等，还有苗族风情浓郁的歌曲“酒鼓情歌”“苗歌合唱”等。最令人叫绝的是“钢针穿喉”“大刀破胸”“眼皮挑水”绝技绝活表演节目。该文化节吸引了数万名群众参加，松桃丰富多彩的苗族节日文化活动，已成为武陵山区一颗璀璨的明珠。此外，在天柱县和龙里县，当地群众也开展了各种庆祝活动欢度“四月八”这一苗族传统节日。

苗族“芦笙节”是乌江流域苗族地区历史悠久的、盛大的、传统的苗族节日。在1979年举办的贵州黄平谷陇“九月芦笙会”，就准备有41组芦笙，46头斗牛，85笼斗雀，300多匹赛马，16个球队参加，集会群众达5万多人。而现在的黄平谷陇镇享有“天下苗族第一镇”的美誉，黄平谷陇“九月芦笙会”是天下苗族第一节日盛会，是中国十大少数民族集会之一、贵州省四大民族民间集会之一，吸引国内外游客超过20万人次以上。2014年11月19日（农历九月二十七），2014年度“中国·黄平·谷陇‘九二七’苗族芦笙会”在黄平县谷陇镇隆重开幕，芦笙会从农历九月二十七至二十九举行3天，届时苗族同胞聚集在芦笙会上庆祝当年的丰收及祈求来年的风调雨顺。节日期间，还举行了芦笙艺术表演和苗族歌舞，斗牛、篮球、赛马、斗鸟、斗鸡等民族传统比赛项目，以及民族服装和银饰展示。身穿民族服装的芦笙队伍吹着芦笙，身穿银衣、头戴银冠的苗家姑娘随着芦笙乐曲翩翩起舞；旋律优美的苗族大歌，热情奔放的芦笙金曲；扣人心弦的斗牛大赛；漂亮的苗族服饰，都让人们感受到绚烂多姿的苗族节日文化。平时寂静的青山翠谷，顿时变成芦笙歌舞的海洋。2015年11月8日至11月10日，2015年度“中国·黄平·谷陇‘九·二七’苗族芦笙会”也在黄平县谷陇镇举办，国内外游客云集于此，与当地数万苗族同胞尽享节日的欢乐。此外，2015年4月15日，农历二月的卯日，桐花盛开，乌江流域施秉县杨柳塘镇苗族同胞召开“巴梭芦笙会”，节期长达5日，最重要的内容就是跳芦笙舞，祭祀求雨、祈福，它是黔东南地区苗族最隆重的民族节日之一，已有近400年的历史。每年是施秉、黄平、凯里、镇远一带苗族最早开始举办芦笙集会，之后其他地方才陆续开始开展芦笙会活动，一直持续到黄平谷陇的芦笙会闭幕，苗族一年一度的“芦笙节”才算正式结束。

（三）与苗族青年婚恋相关的苗族节庆活动

乌江流域贵阳市云岩区杨惠村的“三月三”苗族文化节、贵州铜仁地区松桃苗族的“六月六”情人节、贵州黔南州贵定县德新镇四寨村的“6·24”苗族会亲节等，这些现代的节日文化庆祝活动都是由苗族传统的社交娱乐类节日演变发展而来的，是苗族青年男女寻觅佳偶的节日，类似于西方的“情人节”。2015 年 4 月 2 日至 4 月 4 日（农历二月十四至二月十六），贵阳市云岩区杨惠村举办了“高寨七年大场暨第五届‘三月三’苗族文化节”，有上万人参加活动。“三月三”是杨惠村苗族同胞的传统节日，是苗族人的“情人节”。该村从 2011 年开始，每年都举办“三月三”苗族文化节。这一天，苗族姑娘盛装打扮，异常美丽，小伙子们和她们对歌传情，如果相互喜欢就可以互赠信物。活动共 3 天，内容有原生态舞蹈、苗族民歌、苗族乐器表演，还有吹木叶，杂技，现代舞，魔术等。“吹木叶”是其独具特色的节目之一，也是苗族一种古老的民间艺术。“木叶”，是苗家富有古风色彩的天然乐器，多使用橘叶、柚叶、冬青叶，是苗族人民喜爱的吹奏乐器。苗家人认为，木叶声是幸福的先声，吹木叶可以收获爱情，因此，吹木叶特别受苗族青年的青睐。

2015 年 7 月 21 日（农历六月初六），是苗族传统的“情人节”。乌江流域贵州铜仁地区松桃苗族自治县长兴堡镇九龙村举行松桃苗族“六月六”情人节民族文化活动，来自重庆、贵州、湖南等地数万名游客齐聚这里欢庆“情人节”。松桃县长兴堡镇总人口达 2.8 万多人，其中少数民族占总人口数 98.2%，主要有苗、侗、土家等民族，是一个典型的以苗族为主的多民族乡镇。在长兴堡镇举行的松桃苗族“六月六”情人节，活动内容有主题文艺演出、苗歌晚会，还有独具地方特色的“浑水摸鱼”比赛、抓鸭比赛、八人秋千表演，内容丰富，形式多样，充分展示出松桃苗族绚丽多彩的传统节日文化和浓厚的苗族风情。

松桃县九龙村“浑水摸鱼”比赛

2015年8月7日，乌江流域贵州黔南州贵定县德新镇四寨村举办了第三届“6.24”苗族会亲节，吸引了上万名观众到现场观看。农历六月二十四的“苗族会亲节”是苗族人民的一个古老的传统节日，节日期间苗家人身着节日盛装，竹篮里装上糯米饭、腌肉、苗家豆腐等美食在活动场所共同聚餐，庆祝庄稼丰收，祈愿幸福安康，该节日更是为了苗族青年男女寻觅意中人提供了平台。活动当天，时而低沉、时而高昂的芦笙配上古朴、粗犷的“苗族长衫龙”原生态民族舞蹈拉开了节日的序幕，之后举行了苗族服饰展、手工织布、蜡染、手工刺绣、山歌、斗鸟等民族项目活动，还有独具苗族特色气息的“长桌宴”，让人领略了四寨原生态的“苗族风情”，展现出苗族厚重的节日文化，为传承民族民间艺术文化、弘扬民族精神，起到了积极的推动作用。

（四）休闲娱乐的苗族节庆活动

中国乌江苗族踩花山节暨中国重庆彭水水上运动大赛、乌江源百里画廊文化艺术节暨化屋苗族跳花坡节、贵州省的威宁自治县苗族“花山节”、黔西县化屋苗族“跳花坡节”、贵州赫章大韭菜坪苗族“花山节”、大方县兴隆乡原生态苗族文化节、关岭苗族永宁街的“三月街”和“七月街”，等等，这些苗族文化节以苗族传统节日“花山节”为载体，赋予其时代的新内容和新形式，使其焕发新的生命力。节日期间，亲朋好友欢聚一起，感受浓郁的苗族风情，轻松愉快地度过休闲娱乐时光。2015 年 5 月 25 日，第四届中国乌江苗族踩花山节暨中国·彭水水上运动大赛在重庆彭水县民族会场举行，本次活动从五月份开始，到十月份结束，其最大的特色就是将一节和一赛结合起来，将体育比赛活动与节日庆典、旅游资源和民风民俗结合起来，进一步丰富了民族文化的内涵，推动了节日旅游的发展。重庆彭水的“一节一赛”已经成功举办了四届，“一节”指乌江苗族“踩花山节”，“一赛”指水上运动大赛，2015 年“一节一赛”的主题为：“欣赏水上运动，体验民族风情”，游客既可体验彭水的苗族风情，又可参与刺激的水上运动大赛。“踩花山”是苗族传统节日，彭水县围绕这一极具民族特色的传统节日策划了女儿会、舞林会、民歌会、民俗会等一系列活动，还举办了中国首届蚩尤文化艺术节，开展蚩尤文化研讨会、蚩尤祭祀仪式等活动，弘扬了悠久灿烂的苗族传统文化。民俗会通过开办民族民俗民间文化展演、民族商品展销等活动，产生了很大的经济效益。本届水上运动大赛开展了摩托艇联赛、中美澳艺术滑水明星对抗赛、阿依河国际漂流大赛、江河钓鱼大赛、龙舟赛等刺激性的水上运动。精彩纷呈的各种节日活动，吸引了国内外游客的参与，这既宣传了彭水的苗族节日文化，又促进了当地的经济发展。

2013 年 4 月 21 日（农历三月十二），乌江源百里画廊文化艺术节暨化屋苗族跳花坡节在乌江源百里画廊东风湖旅游区化屋景区举行了开幕式。乌江源百里画廊东风湖旅游区化屋景区位于贵州省毕节市黔西县新仁乡化屋村，有着乌江最美丽的崖壁画廊，有着“山似三峡而水胜三峡，水似漓江而山胜漓江”的美誉。黔西县化屋基苗寨是中国村社发展会授牌命名的“中国特色旅游村”，是国际摄影学会摄影基地、全国第九届少数民族运动会组委会命名的“贵州最具魅力民族村”，是国家文化部授牌命名的“中国民间文化艺术之乡”，是乌江流域苗族歌舞之乡。在杜鹃花盛开的季节，主题为“传承民间艺术，丰富旅游产品”的化屋苗族“跳花坡节”到来了，其活动内容主要以化屋基歪梳苗族原生态民族歌舞为主，传承民族节日文化，开创化旅游产品，打造化屋基旅游文化品牌，开发节日旅游。

二、建立了与苗族节日文化相关的博物馆

对苗族传统节日文化的保护传承与开发，除了在传统节日的基础上举办各种节日文化庆祝活动以外，乌江流域还建立了一些民族博物馆和非物质文化遗产博览馆、传承馆等，以馆藏的形式为人们展示苗族人民的传统服饰、银饰、饮食、生活用具、典型建筑等，呈现苗族独具特色的民族手工工艺，如挑花、刺绣、蜡染等；并通过举办节日民俗活动来保护传承苗族的歌舞、音乐、宗教文化、民风民俗，让人们观赏到原汁原味的苗族文化。由此，通过博物馆这种方式把苗族传统节日及其文化内涵通过一些物品或文字、图片、声音、视频、民俗活动来进行集中展示，使人们对历史悠久的苗族传统文化有了更为全面、生动、形象的认识。

乌江流域现在建立的民族博物馆主要有贵州省的飞云崖民族节日博物馆、六枝梭嘎苗族生态博物馆、思南县乌江博物馆、黔东南州民族博物馆；湖北省的恩施土家族苗族自治州博物馆、咸丰县民族博物馆；重庆市的民族博物馆、酉阳民族博物馆、彭水苗族土家族自治县博物展馆等。这些民族博物馆以静态或动态的方式，以展厅、展览或举办具体活动的形式，把文字、图片、音像、实物结合在一起，对苗族传统文化进行全面的展示，使人们对苗族传统节日文化有所了解。其中“飞云崖民族节日博物馆”对民族节日文化进行了有针对性的、全面的集中展示；“六枝梭嘎苗族生态博物馆”主要是对乌江流域贵州省六盘水市六枝特区梭嘎苗族彝族回族乡境内的“箐苗”（即“长角苗”）这支独特的苗族支系的原始的箐苗文化进行保护和传承；“乌江博物馆”主要是以图片和实物等方式展示了千里乌江的自然人文风貌，让人们通过博物馆感受乌江流域的文物古迹、名胜风光、民族风情，等等。总之，在乌江流域众多的民族博物馆中，这三个博物馆独具特色，从某个角度来说更具有代表性。

（一）飞云崖民族节日博物馆

1987 年 12 月 31 日，乌江流域贵州省黔东南苗族侗族自治州黄平县飞

云崖风景区的“飞云崖民族节日博物馆”正式开馆，占地面积约2405平方米。该博物馆也叫“贵州民族节日文化博物馆”，是中国民族民俗博物馆，是中国第一个民族节日博物馆，是我国第六批全国重点文物保护单位，2009年被批准为国家第二批免费开放博物馆，于2009年12月22日正式免费对外开放。飞云崖位于贵州省黄平县城东北12千米处，是贵阳至镇远的必经之地，交通十分便利，飞云崖景区有着“黔南第一洞天”的美誉，风景名胜颇多，还有许多珍贵的文物古迹，是贵州著名的旅游景点和重点文物保护单位。飞云崖的古建筑群颇具规模，很有气势，有“飞云洞”古庙，有依山就势而建的飞云崖牌坊、月潭寺牌坊、藏经楼、滴翠亭、幽云亭、碑亭、养云阁、接引阁、官厅、长廊等。除此之外，飞云崖还是黄平县周边各地苗族群众欢度传统节日“四月八”的固定活动场所，过去每到农历四月初八，苗族群众就欢聚在飞云崖庆贺“四月八”，规模很大，参与人数众多，有很大的影响力。以此为依托，2013年5月23日黄平县文化部门在“四月八”节日期间，举办了民族节日文化实物展览，受到广大群众的欢迎和好评。由此，贵州充分利用黄平飞云崖这一风景名胜区的文物古迹、古建筑群、“四月八”节日集会这些优势，因地制宜，建立了我国首家民族节日博物馆，以展现贵州丰富多彩的民族节日文化，保护传承我国珍贵的民族节日文化资源。博物馆设在飞云崖的月潭寺、养云阁等古建筑内，以“贵州民族节日文化展览”的形式来陈列展品，展品涉及民族节日概况、节日活动、节日礼仪、节日歌舞、节日乐器、节日服饰、节日饮食等内容。博物馆收藏了2000余件少数民族的节日文物，苗族的节日文物也包含其中，还有大量与苗族节日文化相关的文字、图片、音像资料。馆藏品中有20多种苗族节日盛装，各式精美的银帽、银项圈、银耳环、银手镯等银饰品，芦笙、铜鼓、皮鼓等苗族乐器，刺绣、挑花、蜡染等民族手工艺品，有吹笙、踩笙、对歌、游方、爬花杆、踩鼓、赛马、斗牛、斗鸟、打秋千、划船、武术、射背牌等苗族传统节日活动的文字、图片、音像资料与实物，还有苗族祭祀用的祭器和生活用具。在飞云崖西面还建有十余幢仿苗族民居建筑，内有银饰、刺绣、蜡染、泥哨四个工艺品作坊，观众可以参观并选购由这些作坊生产的苗族手工艺品。“飞云崖民族节日博物馆”自对外开放以来，游客络绎不绝，1988年，“四月八”

前后3天参观人数就达到4—5万人，博物馆还组织“民族节日文化展览”到北京、西安、广州、深圳、无锡等地展出，并表演节日歌舞，受到社会各界的广泛好评。2010年10月，贵州省文物局和“金黔在线”联合举办了“我满意的博物馆”大型网络评选活动，黄平县飞云崖民族节日博物馆在全省33家博物馆中名列前茅，表现了大众对民族、民俗类博物馆的关注和喜爱，也印证了“民族的就是世界的”这句话。

（二）梭嘎苗族生态博物馆

1998年10月31日，在我国著名博物馆学家苏东海先生和挪威生态博物馆学家杰斯特隆先生的共同努力下，乌江流域贵州六盘水市六枝特区梭嘎苗族彝族乡陇戛寨建成了中国第一座生态博物馆——“梭嘎苗族生态博物馆”，这也是亚洲第一座生态博物馆。来自于欧洲的生态博物馆理念，是我国保护民族文化遗产的一种新思维和新方法，是一种全新的尝试。梭嘎生态博物馆是中国和挪威的一个文化合作项目，是专为乌江流域贵州梭嘎乡一个以长牛角头饰为象征的苗族支系——“箐苗”（也叫“长角苗”）生活的社区创建的，目的在于保护梭嘎社区“长角苗”独特的、完整古朴的苗族文化传统，“全方位地保护了梭嘎社区的自然环境和文化遗产”①。梭嘎“长角苗”是一个古老而神秘的苗族支系，这一支系装束非常奇特，最独特之处在于其妇女头顶上戴有形似长角的大木梳，木梳两角上盘2—4公斤重的头发。这个巨大的发髻用一支长角木梳和亡故祖先的头发伴之以黑麻毛线盘成，一般只在节日需盛装出席的时候才戴，发髻盘得越大就越美丽。以前男女均戴“长角”，现在只有妇女仍保持着这一古老的装束，男子已经不戴了。目前，“长角苗”仅有4000多人，分住在贵州六盘水市六枝特区梭嘎乡高山上的12个寨子里。20世纪90年代中期以前，梭嘎“长角苗”一直过着与世隔绝的生活。他们居住的苗寨依山而建，茅房土墙；他们自给自足，男耕女织；他们日出而作，日落而息，由此保持着原始、自然、纯朴的民风民俗。梭嘎乡地处高山，海拔1400—2200米，总人口约5000人，当地自然条件极其恶劣，水源匮乏，土地贫瘠，人民生

① 张晓松：《生态保护理念下的长角苗文化·贵州梭嘎生态博物馆的田野调查及其研究》，载《贵州民族研究》，2000年第1期。

活非常贫困。而“六枝梭嘎苗族生态博物馆”将处于原始、自然生长状态下的古老的民族文化——“长角苗文化”带进公众视野之中，使大家开始关注对“长角苗”独特的传统文化的保护，并将它置于现代化的文化生态保护的先进理念之中，以使民族文化遗产保护与社区经济发展达到和谐状态。原中国革命博物馆陈列部主任苏东海先生说：“梭嘎生态博物馆就是一支苗族的生态存在。……在全球化中我们致力于与本土化、本地化的正确结合。建立生态博物馆的最终目的以及在这些地方建立生态博物馆，就是要在保护、建设好自然生态的前提下，努力提高社会生产力，发展社会经济和民族经济。”

“梭嘎苗族生态博物馆”主要分为两大部分：第一部分，建立了以“长角苗”苗寨为基础的“梭嘎箐苗社区”，面积约 120 多平方千米，一共有 12 个原生状态的社区（自然村寨），包括六枝特区梭嘎苗族彝族乡的 7 个自然村寨：安柱村安柱寨、高兴村陇戛寨、小坝田寨、高兴寨、补空寨、新华乡新寨村大湾新寨、双屯村新发寨；织金县的 5 个自然村寨：阿弓镇长地村后寨、官寨村苗寨、小新寨、化董村化董寨、依中底寨。这 12 个苗族自然村寨形成了一个完整的生态博物馆，这是一个开放性的、没有围墙的独特的生态博物馆，里面蕴含了古老的“长角苗”独具特色的传统文化。“梭嘎苗族生态博物馆”的所在地位于高兴村陇戛寨，陇戛寨是高兴村最大的自然村寨，有 132 户人家，共 522 人，陇戛寨的苗族传统建筑保存得比较完整，民俗传统文化颇具代表性，村民自己组织有民族文化艺术表演队，经济发展也比较快。梭嘎箐苗社区成立以后，现在每年农历正月初十，贵州长角苗族都要欢度传统节日“跳花节”，这个节日是由长角苗族的“跳坡节”演变而来。过去，长角苗人每年农历正月初四至十四要开展持续十天的“跳坡”，活动的主体是未婚的“长角苗”青年男女，已婚男女就不再跳坡了。“跳坡”是一年中最隆重的节日，给长角苗青年提供了绝佳的谈情说爱的机会，一般“长角苗”女孩子从十二三岁就开始跳坡，男孩子一般于十四五岁开始跳坡，长角苗族的跳坡习俗 300 年来一直处于自然自发的传承状态。除“跳坡节”之外，长角苗族还有祭树节、祭山节、耗子粑节等很有特色的传统节日。“长角苗”在每年农历二月第一个龙日过“祭树节”，节日当天在寨子附近林子里找一棵最古老、最高大的树来作为祭祀对象；每年农历十一月要过“耗子粑节”，组织人们打耗子，并祭祀祖先。在各个节日期间，陇戛苗族的芦笙、木叶、牛角、三眼箫、口弦、唢呐等民族乐器都会吹奏出优美动听的音乐，展示出苗族奇异、独特的音乐艺术。现在，随着苗族社区对外开放的逐步推进，“跳坡”由原来苗族群众自发组织的状态转变为由政府组织，政府有关部门将长角苗人传统的“跳坡”习俗改名为“跳花坡”，将节日日期从原来的农历正月初四到十四改为现在的农历正月初十，节日名称定为“跳花节”后，节日内容也不断更新。由此，每年农历正月初十贵州长角苗族的“跳花节”被打造成梭嘎箐苗社区一年一度的盛会，成为梭嘎的一张“名片”，展示了长角苗族独特的节日文化，吸引各方来客，促进了当地经济发展。届时，成千上万来自梭嘎乡及附近村子的苗族群众和八方游客齐聚在梭嘎村的跳花场上，载歌载舞，欢度节日，苗族的青年男女也得到了相识相爱的良机。梭嘎社区为了对“长角苗文化”进行特色打造，2003 年 10 月，在梭嘎生态博物馆附近还专门修建了面积约为 688 平方米的“跳花坪”，专门供“跳花节”节日表演之用。第二部分，建立了位于陇戛寨脚的博物馆资料信息中心。这个信息中心占地面积 2500 平方米，建筑面积 480 平方米，设有展览厅、文物保管室、投影室、电脑室、接待处、工艺品小卖部等。展览厅又分为五个部分陈列展览了“箐苗”的概况、生产与生活、婚恋习俗、丧葬习俗、银饰服饰的相关实物，并制作了图片对外展示“箐苗”的传统文化。该信息中心现存放有文字资料约 4 万余字，图片资料 1900 多张，录像资料 16 盘，“箐苗的记忆”录音带 41 盘，苗族服饰 40 余件，此外，博物馆还通过录音记录下“箐苗”的口头历史，保存了“长角苗”的服饰头饰、节日仪式用品、生活用品等具有特殊意义的实物，全景展现了“长角苗”这一独特苗族支系的文化与生活，并对本社区内的文化遗产进行记录、登记等，便于保护和传承。由此，我们可以看出，这个资料信息中心实际上就是一个具有信息搜集整理、文物资料展示、接待功能的现代化信息库，记录和存储了“梭嘎箐苗社区”完整的苗族文化信息，然后通过陈列展览、视听媒介、导游讲解等方式向观众形象、生动、全面介绍“箐苗文化”的基本情况，让游客了解古老悠久的“箐苗文化”，感受其丰富多彩的节日民风民俗，观赏其别具特色的“长角苗族”服饰、节日仪式、节日歌舞活动，并切实参与到民族节日文化的保护中来。①

（三）思南“乌江博物馆”

1992 年 10 月 25 日，“乌江博物馆”成立，这是一个针对乌江流域的地方综合性博物馆，馆址位于乌江中下游贵州省铜仁地区思南县唐镇文化街府文庙内。乌江博物馆设置有陈列厅和展柜，陈列厅专门设置了体现乌江全流域的沙盘，展柜陈列了乌江流域的许多文物，博物馆现有藏品 500 多件，陈列展品 220 件，有价值文字资料 2 万余字，由此，以图片和实物等形式展示了乌江流域的文物古迹、名胜风光、民族风情、水能、航运旅游等相关资料。此外，乌江博物馆还设置了古色古香的思南花灯陈列馆，展示了思南花灯的各种灯饰、器乐等演出道具，展现了思南花灯的历史渊源和发展现状，让游客感受到中国民间艺术之乡思南的民间韵味。

三、成立了苗族文化活动基地，保护和弘扬苗族传统节日文化

近年来，乌江流域为了保护和发展苗族优秀的传统节日文化，采取了很多有效的举措，其中之一就是成立了苗族文化活动基地和苗族文化传承馆等，并举办丰富多彩的苗族节日文化活动，使大家在参与活动的过程中，感受苗族传统文化的魅力，自动成为少数民族优秀传统文化的传承者，保护和弘扬苗族传统节日文化。

（一）贵州省黄平县“飞云崖苗族节日文化传承基地”

现在，乌江流域贵州黔东南州黄平县飞云崖成了苗族节日文化传承的重要基地。1988 年，黄平县政府在飞云崖的古建筑内建立了“飞云崖民族节日博物馆”，该馆收藏苗、布依、侗族等少数民族的节日文物 2000 余件，还有一些关于少数民族节日的文字、图片、音像资料。过去，博物馆要收门票，参观的人不多；现在，飞云崖景区实行免费参观后，参观的人

① 以上资料来源：1. 梭嘎苗族生态博物馆，贵州省人民政府网，2014 年 5 月 26 日；2. 贵州六枝梭嘎长角苗生态博物馆介绍，远方网，2014 年 5 月 26 日。

数逐年递增，人们可以充分感受民俗博物馆的民族传统文化。此外，飞云崖景区每年都要举办“四月八庙会”，届时，各种民族民间文化活动将相继举行，如芦笙比赛、苗歌大赛、板凳舞比赛等，还有苗族传统手工的表演如苗族服饰表演、苗绣表演、蜡染表演、银器制作表演、泥哨制作表演等，这些文化活动深受大家的欢迎和喜爱。由此，“飞云崖民族节日博物馆”和“四月八庙会”使飞云崖成了苗族节日文化传承的重要基地，极大地丰富了当地各族同胞的文化生活。2013 年 6 月 22 日，贵州省毕节市苗学研究会活动基地在毕节市双山新区金海湾乐园正式成立。在毕节地区，苗族有 40 多万人口，是该地区的第二大民族，该苗学研究会活动基地的成立，旨在研究如何充分利用和开发毕节地区苗族的文化资源，促进毕节地区民族旅游的发展，继承和发展苗族优秀的传统文化。2014 年 6 月 10 日，贵州省“关岭苗族芦笙舞传承基地”成立仪式在上关镇中学隆重举行，该基地成立的目的在于保护和传承“关岭苗族芦笙舞”这一国家级非物质文化遗产，并且其成果《关岭苗族芦笙舞》非物质丛书已于 2014 年 12 月底公开出版发行。

此外，苗族村寨也是传承苗族传统节日文化的一个非常重要的活动基地。乌江流域各地各级文化局也在苗族村寨里积极推进苗族各种文化的实践活动，尤其是到了重要节日或一些特殊的日子，在苗寨的坝子上都会有由地方文化中心资助的各种演出，外地来参观的游客可以观赏到节日的盛况，可以欣赏民族的手工艺品，亲身体验苗寨原生态的民风民俗，感受苗族人民的纯朴善良。

（二）湖北省“利川市非物质文化遗产传承馆”

湖北省为了保护和传承苗族传统节日文化，推进乌江流域非物质文化遗产的开发与发展，建立了湖北“利川市非物质文化遗产传承馆”。2012 年，该馆成立，其前身为“利川市民族艺术团”，馆址位于利川市滨江路文化传媒广场三楼，其主要职责是：普查收集本区域具有保护及研究价值的非物质文化遗产项目资料；整理申报本区域具有保护及研究价值的非物质文化遗产项目；做好本区域非物质文化遗产项目、非物质文化遗产代表性传承人的四级（国家级、省级、市州级、县级）名录体系建设及数据库建立；做好非物质文化遗产项目的保护和研究工作；做好非物质文化遗产项目及非物质文化遗产代表性传承人的传承工作；采取多种艺术手段和表演形式，将非物质文化遗产项目搬上舞台，搞好非遗项目推介展示。通过近些年的努力，传承馆不断推进利川市非遗事业的发展，2014 年传承馆以利川民歌为申报项目，使利川市被文化部授予 2014 至 2016 年度“中国民间文化艺术之乡”荣誉称号。

（三）贵州省非物质文化遗产博览馆

2015 年 7 月 24 日，“贵州省非物质文化遗产博览馆”建成开馆。该博览馆位于贵阳市南明区小碧乡营盘村多彩贵州文化创意园内，面积约 4000 平方米，主要分为展示厅和传承厅，重点展示贵州非物质文化遗产的独特项目。博览馆通过贵州非物质文化遗产的展示、展演，结合互动体验的方式，辅之以动漫和视频等现代传播手段，将贵州省非物质文化遗产的保护、传承、研究、利用、科普、教育、培训、交流、宣传、展示、文化娱乐和休闲体验全部融合为一体，以一种全新的视角展示贵州各民族文化的多样性、独特性、原生性，积极促进非物质文化遗产在现代化发展中的保护传承、发展利用。

四、开发了苗族村寨节日文化旅游

在少数民族地区，分布有很多少数民族自然村寨，这些自然村寨是我国的基本社区，千百年来，由于其长期处于自给自足的封闭状态，与外界几乎没有沟通交流，形成了独具特色的民族文化生态环境，保存了较为完整的民族传统文化，表现在民俗层面包括物质形态的民俗如建筑、居住、服饰、饮食、民族传统工艺等；非物质形态的民俗如宗教信仰、物质生产、生活方式、岁时节日、民族歌舞、家庭、婚姻等。由此，一些民族地区将这些风景优美、人文资源丰富、民族传统文化浓厚的少数民族自然村寨建设为民族文化村寨，来发展民族文化旅游。

我国的民族文化村建于 20 世纪 80 年代，根据中央民族大学民族学教授祁庆福先生的定义，“民族文化村是指展现在中国少数民族文化的实地村落或模型村落”[①]，主要可分为两种类型：“实地展示型”和“异地集锦型”，而我们一般所称的民族文化村寨指的就是“实地展示型”民族文化村。所谓“实地展示型”民族文化村，即在少数民族聚居的自然村寨选择具有代表性、典型性的村寨加以保护，以活态的方式真实自然地展示该民族现在的生活状况、现有的民族文化，并将其民族文化保护在原生态的自然、社会环境中，我们也可以将其称为“立体的民族村寨博物馆”。

苗族村寨就归属于民族文化村寨。苗族是一个喜欢聚居的少数民族，乌江流域的苗族大多聚居在贵州、重庆、湖北、云南的一些苗族村寨里，尤以贵州苗族村寨居住人数最多。苗族村寨在少数民族村寨中独具特色，一般都位于靠山近水的坡地，少则几十户，多则上千户人家聚居在一起形成一个个苗族村落，通常一个村子里居住的都是同一个家族，穿同一种苗族服饰。在苗寨里，许许多多的吊脚楼聚集在一起，别具特色，非常壮观；苗寨的周围，一般都会种上苗家人喜爱的枫树、柏树，附近还有层层的梯田和山林，自然风光无限美丽，自然生态非常好；苗族村寨里一般都有比较大的、用于休闲娱乐的场地，过节时大家就聚集到此来庆祝，不同的苗族村寨的传统节日有所不同，即便是同一个节日它的开办日期、活动内容也会有地域上的差异，因此每个苗族村寨的传统节日文化特色是不一样的。现在，旅游成为人们休闲娱乐的重要方式，各种各样的文化旅游产品应运而生，民族文化旅游因其所涵盖的深厚的民族文化内涵，独具特色的民族风情，受到了广大群众的青睐，因此获得了蓬勃的发展。乌江流域的很多苗族村寨抓住这一发展机遇，充分利用本村寨原有的民族传统节日文化特色，开发苗族村寨节日旅游，让苗族传统文化得以继续传承，地方经济得以发展。

近年来，在政府部门的领导下，很多苗族村寨将本村寨独具特色的民族传统节日文化开发利用起来，把节日文化作为一种产业来开发，将民族节日文化资源全面推向市场，组织开发了传统与现代结合的苗族村寨节日旅游，并取得了很大的成功。经过开发后的苗族村寨节日文化旅游活动，吸引了很多的汉族和其他民族的游客，一些生意人也看到了节日活动存在

① 徐万邦、祁庆福：《中国少数民族文化通论》，中央民族大学出版社，1996年版，第365页。

的商机参与进来，这样的节日不再是简单的苗家人休闲游玩的日子，已然成为一个民族大联欢的节庆活动，通过节日活动推动苗族村寨节日旅游，推动当地经济发展。但在开发过程中，苗族村寨传统节日原有的节日意义已经发生了很大的变化。以前，苗族村寨里过节就是单纯的苗家人聚集在一起吹芦笙、跳芦笙舞、跳坡、跳花、跳场，以庆贺丰收、祈求幸福安康，未婚的苗族青年男女在节日游方中寻找意中人，参加的人一般都是本村村民或者附近的苗族同胞，是一种民间自发组织的活动，因此，节日的意义主要是苗家人在一年的辛勤劳作之后进行休闲娱乐的日子，并没有其他意义。现在，随着时代的变迁，苗族村寨也在与时俱进地发展，民族文化旅游的兴盛使越来越多想感受体验独特民族风俗的外来人，蜂拥踏入宁静的民族村寨，打破了村寨往日的宁静。大量游客的到来，也使苗族村寨过节的方式和内容发生了很大的变化，节日功能除了娱乐、传承文化外，还增加了经济功能。

当前，乌江流域苗族村寨节日文化旅游的开发模式主要有两类：第一类是对本苗族村寨独具特色的传统节日进行开发利用，每年都在该村寨举行传统节日盛会，以吸引各方游客参加，从而开展苗族村寨节日文化旅游，保护传承本村寨的苗族传统节日文化，这种开发模式是比较多见的，也是比较成熟的。如乌江流域贵阳市乌当区云锦村石头苗寨的“跳场”、黔东南州施秉县高塘苗寨的“弄卯节”、安顺市关岭自治县白岩苗寨的“花树节”、毕节地区织金县妥倮苗寨的“跳花节”、黔南州龙里县果里苗族村寨的“跳洞”，等等。2015 年 4 月 2 日至 4 日，即农历二月十五至十七，是乌江流域贵州省贵阳市乌当区东风镇云锦村石头寨苗族“跳场”的日子，来自安顺、花溪、开阳、平坝等地的苗族同胞身着节日盛装，欢聚在一起，举行祭祖仪式、赛芦笙、赛舞、篝火晚会等民俗活动，只见苗场上铜鼓轰鸣，芦笙悠扬，整个苗寨与山野汇成一片欢乐的海洋，来自全国各地的游客也参与了这一苗族盛会。“石头寨”是一个历史悠久的苗族自然村寨，位于贵阳市以东 14 千米处，地理位置优越，交通便利，自然环境优美，寨子周围有郁郁葱葱的古树，寨子里有一栋距今已有 800 多年历史的老屋，也是石头寨保存下来的唯一一栋古老民族建筑，全寨有 200 多户人家，其中 95%的村民为苗族。相传“石头寨”相传是因为一块石头而得名，在很久以前，当地苗族的祖先被官兵追杀，躲藏在一块巨石后才幸免于难，为了感激这块石头的救命之恩，将这个寨子取名为“石头寨”，现在，这块救命石头依然被供奉在寨子中央。石头寨苗族的“跳场”，始于1743年的农历二月，相传苗族“跳场”活动最初是古代苗族首领央洛老人为寻找杀死猛虎为女儿报仇的苗家后生德仲而设的活动；后来明清时期的古籍曾也简略描写过苗族的跳场活动，将它描写成春季苗族男女身着节日盛装外出交际的活动。1940年，中国人类学家吴泽霖在“贵州日报”发表文章也描写了贵阳市周边的苗族“跳场”活动，即苗族青年男女穿上节日盛装，戴上闪亮的银饰，男的吹笙，女的跳舞，三天之后极乐而散……苗族“跳场”活动历经了几百年的历史，已经成为贵阳市石头寨标志性的传统节日，是贵阳市周边地区参与人数最多的苗族跳场之一，是极具影响力的民族民俗文化节日活动之一，于2014年被列入省级非物质文化遗产保护名录。石头寨苗族的“跳场”是当地及附近苗族同胞休闲娱乐的节日庆典，它除了具有祭祀、祈愿的意义外，最显著的是它所具有的社会交往和自娱性，这一节日活动集祭祀性和娱乐性为一体，把各个不同的苗族支系联系起来，增进了苗族同胞的感情，维护了民族稳定。苗族“跳场”也可以被称为苗族的“情人节”，共持续3天，分踩场、正场、扫场，主要以赛芦笙、赛舞、男女对歌寻觅意中人为主要内容。“踩场”要举行隆重的踩场仪式，先由德高望重的苗族老人在场中央栽下一株“花树”，然后苗家人一起随乐曲绕着“花树”起舞，场面非常热闹。此外，“跳场”时的一个重要内容就是“亮家底”，苗族同胞穿着盛装，戴着全套的银饰，通过这种富丽堂皇的民族装扮告慰祖宗，也通过这种方式来寻找伴侣。石头寨的“跳场”活动主要由苗寨的第48代苗王刘朝发主持，20多年前，父亲刘之粮将苗王的身份传给了他，从此，苗寨里凡与祭祀相关主持事宜都由现已50多岁的刘朝发来负责。当前，民族文化旅游快速发展，石头寨充分利用其民族传统节日文化资源，对苗族“跳场”这一独具特色的非物质文化遗产进行开发，举办了一年一度的跳场活动，打造了石头寨苗族历史文化艺术节，开展了石头寨节日文化旅游活动，吸引了众多国内外游客，提升了石头苗寨的知名度与影响力，带来了无限的商机，促进了当地的经济发展，最重要的是使苗族“跳场”节日文化得以发扬和传承。

第二类是依托苗族村寨特有的苗族文化进行开发利用，创新出新的节日，以新的节庆活动来保护传承本村寨独特的苗族文化。如乌江流域贵州水城县海发苗寨的“苗族芦笙艺术节”。2015 年 5 月 4 日，乌江流域贵州六盘水市水城县青林苗族彝族乡海发苗寨成功举办了“第八届苗族芦笙艺术节”，来自广西隆林县、安顺关岭县、威宁、大方、赫章、纳雍等县的苗族同胞、芦笙好手参加了此次芦笙艺术节，本次活动吸引了约 4 万人参加。海发村是位于乌江流域贵州六盘水市水城县青林苗族彝族乡的一个苗寨村寨，距乡政府 13.5 千米，距六盘水市中心城区约 50 千米，坐落于群山之中，总面积 4.33 平方千米，拥有丰富的煤炭资源，境内有 2000 的海发林场。海发苗寨自然环境优美，民风淳朴，世代居住的全部是“小花苗”支系，“小花苗”是苗族八个支系之一，其服饰以刺绣在肩、脊、袖的美丽图案称奇，女子头饰是以橙黄相间绒线包裹，男子头饰插满羽毛，都非常美丽。2006 年，海发村的苗族服饰制作工艺被列入水城县首批非物质文化遗产代表作名录；2009 年，海发村被六盘水市文化局命名为“特色文化村”；2013 年，荣获“贵州省 100 个民族特色文化村寨”荣誉称号。海发村之所以如此闻名，一方面是因为它是“芦笙王”张文友的故乡。“芦笙王”张文友 7 岁学艺，10 岁便已将芦笙技艺练得炉火纯青。1957 年曾应邀赴苏联参加第六届世界青年联欢节，并表演苗族芦笙舞，其“矮桩功”引起轰动；1959 年还参加了国庆十周年演出。他曾为周恩来总理夫妇演出；参加过省内外会演、电影拍摄；被国内外专家誉为“民间创作天才大师”“芦笙艺术大师”“苗家最杰出的艺术人才”。他是黔西北型苗族芦笙舞的典型代表艺人，其芦笙舞技艺超群，获得了“芦笙王”的美誉。另一方面是因为海发村有着独特的民族民间文化——芦笙艺术文化。海发村的苗族同胞都特别喜欢芦笙，这里的芦笙艺术底蕴深厚，有着原生态芦笙舞蹈以及芦笙曲，尤其海发“小花苗”的芦笙舞独具特色，芦笙舞的舞者一边吹奏，一边展示高难度的舞姿。2006 年，海发芦笙表演队在中央电视台《走遍中国》栏目拍摄的“笙王争霸赛”上获集体一等奖；舞蹈“乌蒙芦笙魂”获第六届全省少数民族运动会金奖；2007 年，海发芦笙选手表演的“芦笙魂”获“多彩贵州”铜奖，同年赴广州参加全国第八届少数民族传统体育运动会获得金奖。海发村芦笙表演队历年来获奖 40 余次，目前在马来西亚、香港、深圳、北京、大连均有长期签约的该村表演选手。海发的芦笙舞不仅跳出了苗村山寨，还跳出了国门，走向了世界，使苗族芦笙舞这一民族绝技不仅得到了保护传承，还不断地发扬光大。为了进一步弘扬和发展海发苗族村寨独特的芦笙文化艺术，也为了纪念“芦笙王”张文友，2008 年农历三月十五，在水城县政府的大力支持下，青林乡海发村举办了首届“苗族芦笙艺术节”，节日以芦笙歌舞争霸赛和弘扬苗族民间文化为主题，充分展示了海发苗族村寨独特的苗族文化。在节日活动中，芦笙争霸大赛异常激烈，每年来自各个地方的芦笙高手都会来一展技艺，一较高下，进行交流学习。现在，芦笙节还加入了新的比赛内容，如苗族飞歌、金花争霸，等等，丰富了比赛内容，烘托了节日气氛。海发苗寨充分利用其特有的苗族芦笙艺术文化，开发了这一全新的节日，每年吸引几万游客参加，既实现了对新的旅游产品“苗族村寨节日文化旅游”的成功开发，也实现了文化与经济的双赢，为广大市民提供了休闲踏青的好去处。迄今为止，该节日活动已经成功举办了八届，成为黔西北苗族每年必举行的盛大活动。

五、颁布了保护民族节日文化的相关法律法规

少数民族传统节日文化是我国宝贵的民族文化遗产，在当前经济全球化的冲击下面临严峻的传承危机，亟须得到有效的保护，颜勇、雷秀武在《贵州民族文化传统节日综论》提出了几种保护模式：“自发自我保护方式，包含禁忌保护、习惯法保护；利用国家机器运用其强制力的自觉保护，包括申遗保护、保护区保护、文化生态博物馆保护、旅游开发保护。”① 而其中最重要的两种保护方式就是自发保护和国家强制保护。一般民族成员的自发保护是一种自我觉醒的保护意识，相对于国家强制保护的效力来说比较弱；而国家强制保护主要是通过政府制定各种级别的法律法规，对少数民族传统节日文化依法进行的强制性保护，这种保护的效力是非常强大的。我国政府非常重视对少数民族传统节日文化的保护与传承，当前颁布实施了一系列保护少数民族传统节日文化的相关法律法规，使我

① 颜勇、雷秀武：《贵州民族文化传统节日综论》，载《贵州民族研究》，2007 年第 6 期。

国对民族传统节日文化的保护与传承有了一些法律保障，使乌江流域苗族传统节日文化的保护与开发能做到有法可依、有法必依、依法保护。

（一）国家的保护性法律法规

1. 我国的少数民族文化政策

新中国成立后，我国政府非常重视少数民族文化的保护、传承、发展和繁荣，由此制定了相关的国家法律法规，从法律层面切实保护好少数民族文化，逐步形成了具有中国特色的少数民族文化政策。1949 年 9 月 29 日，中国人民政治协商会议第一届全体会议通过了起临时宪法作用的《中国人民政治协商会议共同纲领》，纲领制定了我国的少数民族文化政策："各少数民族均有发展其语言文字、保持或改革其风俗习惯及宗教信仰的自由。人民政府帮助各少数民族的人民大众发展其政治、经济、文化、教育的建设事业。""文化大革命"期间，我国的民族文化工作由于受"左"倾思想的影响，否认民族差异，实行民族大融合，由此导致民族文化研究工作被停止，民族中学和民族学院被停办，民族文化出版机构被撤销，民族歌舞团被解散，少数民族地区的文物古迹遭到破坏，甚至一些少数民族的风俗习惯被迫改变，民族感情受到严重伤害，民族文化政策遭到了极大的破坏。

1978 年，中国共产党召开了十一届三中全会，改正了历史的错误，再次启动了民族文化的保护工作，我国的少数民族文化政策得到进一步的深化。20 世纪 80 年代中期以后，民族文化保护的法制建设逐步展开，民族文化保护开始走上以法保障的规范化发展道路。历史提醒我们，必须要重视民族文化的法制建设，只有依靠完善的法律保障体系才能保护传承好民族文化。2001 年 2 月 28 日修改的《中华人民共和国民族区域自治法》第三章第三十八条对我国的少数民族文化政策再次进行了规定："民族自治地方的自治机关自主地发展具有民族形式和民族特点的文学、艺术、新闻、出版、广播、电影、电视等民族文化事业，加大对文化事业的投入，加强文化设施建设，加快各项文化事业的发展。民族自治地方的自治机关组织、支持有关单位和部门收集、整理、翻译和出版民族历史文化书籍，保护民族的名胜古迹、珍贵文物和其他重要历史文化遗产，继承和发展优秀的民族传统文化。”2005年，胡锦涛同志在中央民族工作会议上进一步指出：“支持民族地区发展文化事业和文化产业，支持少数民族优秀文化的传承、发展、创新，丰富各族群众的文化生活，不断提高各族群众的思想道德素质和科学文化素质。”①

2. 我国保护少数民族文化遗产的法律法规

少数民族文化遗产是人类文化的遗产，蕴含了少数民族深厚的传统文化，是人类社会的宝贵财富。当前，保护传承文化遗产已经成为一个重要的社会课题，文化遗产具有重要的社会历史价值，体现着国家的“软实力”，它能让我们了解中国的历史，也让我们思考如何踏着历史之路走向未来。文化遗产是整个人类的珍贵遗产，具有不可逆转性，一旦遭到破坏便不可恢复，因此，对文化遗产的保护不仅仅是政府部门的事，是文化遗产保护专家的事，更是社会大众共同的事业，是我们每个人的事，如何更好地保护和管理这些珍贵的文化遗产，是我们应该认真思考的问题。1972年，联合国教科文组织通过了《保护世界文化和自然遗产公约》（简称《世界遗产公约》），致力于保护世界文化遗产与自然遗产。1980年，文化部、国家民委颁布了《关于做好当前民族文化工作的意见》指出：“要抓好民族文化遗产的收集和整理工作，抢救包括文献记载和口头流传的少数民族文化艺术遗产，搜集、整理各民族民间文艺资料。”1985年，中国加入了《世界遗产公约》，目前中国有48处世界遗产，仅次于拥有51处世界遗产的意大利。2005年5月31日起施行的《国务院实施〈中华人民共和国族区域自治法〉若干规定》第25条具体规定：“上级人民政府支持对少数民族非物质文化遗产和名胜古迹、文物等物质文化遗产的保护和抢救，支持对少数民族古籍的搜集、整理、出版。”② 之后，国务院又专门颁布了《国务院关于加强文化遗产保护的通知》。由此可以看出，我国非常注重对少数民族文化遗产的保护传承。自2006年起，中国将每年六月的第二个星期六定为“中国文化遗产日”。细化来说，对文化遗产的保护法规

① 胡锦涛：《在中央民族工作会议暨国务院第四次全国民族团结进步表彰大会上的讲话》，载《人民日报》，2005年5月28日。

② 《国务院实施〈中华人民共和国民族区域自治法〉若干规定》，载《人民日报》，2005年5月27日。

可以分为以下两个类别：

（1）颁布了保护我国物质文化遗产的法律法规，保护民族节日的历史文物。

从概念上来看，联合国教科文组织将“文化遗产”区分为有形文化遗产、无形文化遗产两类；中国将文化遗产区分为物质文化遗产与非物质文化遗产。我们知道，在举行民族传统节日庆祝活动时使用的一些节日器物、服饰、银饰、乐器、古籍、场所等，它们应该属于物质文化遗产的范畴。“物质文化遗产”即有形的文化遗产。《保护世界文化和自然遗产公约》（简称《世界遗产公约》）指出，“有形文化遗产”就是指传统意义上的“文化遗产”，主要包括历史文物、历史建筑、人类文化遗址等。文物一般都具有历史、文化和艺术的价值，分为不可移动文物与可移动文物，不可移动文物包括古遗址、古墓葬、古建筑、石窟寺、石刻、壁画、近现代重要史迹及代表性建筑等；可移动文物包括历史上各时代的重要实物、文献、手稿、图书资料、艺术品等。我国的《中华人民共和国宪法》《中华人民共和国民族区域自治法》等都对少数民族文物的保护工作做了明确规定。1984 年，国务院批转了国家民委《关于抢救、整理少数民族古籍的请示》，要求切实做好民族古籍的保护工作。1982 年 11 月 19 日起我国开始正式实施《中华人民共和国文物保护法》，并于 2013 年 6 月 29 日第十二届全国人民代表大会常务委员会第三次会议对其进行修改，该法律旨在加强对我国历史文物的保护，以继承中华民族优秀的物质文化遗产。2003 年 5 月 13 日，国务院第八次常务会议通过《中华人民共和国文物保护法实施条例》，该条例是根据《中华人民共和国文物保护法》而制定的，自 2003 年 7 月 1 日起施行，共计 8 章 64 条。这些法律法规的颁布使我国的物质文化遗产有了可靠的法律保障，对于破坏文物的行为，可以有法可依，违法必究，从而使我国优秀的物质文化遗产得到保护、传承和发展。

（2）颁布了保护我国非物质文化遗产的法律法规，明确了传统节日是非物质文化遗产的重要组成部分。

由上可知，非物质文化遗产是相对于可传承的物质文化遗产而言的，即指口头或无形文化遗产。在世界文化遗产中，非物质文化遗产作为“活态”文化，具有更广泛、更持久的生命力，但由于它必须依托于人本身而存在，又是文化遗产中最脆弱的部分，所以要重点加以保护。目前，从全世界非物质文化遗产保护的理论与实践看，传统节日应该属于非物质文化遗产，而且是其中重要的组成部分。1998 年，联合国教科文组织执委会在第 155 次会议上通过了《人类口头和非物质遗产代表作宣言实施规则》，号召各国政府、非政府组织、地方社区对人类口头和非物质遗产进行鉴别、保护和利用。2003 年 10 月，联合国教科文组织第 32 届大会通过了《保护非物质文化遗产公约》（以下简称《公约》），于 2006 年 4 月生效，目前该《公约》已有 146 个缔约国，该公约成立的宗旨就是要保护非物质文化遗产。《公约》对"非物质文化遗产"的含义作了界定："'非物质文化遗产'指被各群体、团体、有时为个人所视为其文化遗产的各种实践、表演、表现形式、知识体系和技能及其有关的工具、实物、工艺品和文化场所。各个群体和团体随着其所处环境、与自然界的相互关系和历史条件的变化不断使这种代代相传的非物质文化遗产得到创新，同时使他们自己具有一种认同感和历史感，从而促进了文化多样性和激发人类的创造力。非物质文化遗产包括：口头传统和表述；表演艺术；社会风俗、礼仪、节庆；有关自然界和宇宙的知识和实践；传统的手工艺技能。"总而言之，非物质文化遗产就是由人类以口头或动作方式相传，具有民族历史积淀和广泛、突出代表性的民间文化遗产，它被誉为历史文化的"活化石""民族记忆的背影"。2004 年 8 月，全国人大常委会第十一次会议批准了联合国教科文组织的《保护非物质文化遗产公约》，我国正式加入了该公约。至此，我国踏出了保护非物质文化遗产的重要一步。2005 年联合国教科文组织《保护非物质文化遗产公约》正式把传统节日列入非物质文化遗产的保护范畴中，明确了节日庆典属于非物质文化遗产的重要组成部分，确立了节日庆典在非物质文化遗产中的地位，而以前的条约从来没有明确节日庆典在非物质文化遗产中的位置，节日庆典在《公约》中得到了前所未有的重视。在世界非物质遗产名录中，首批世界节庆遗产共有 19 项，第二批新增了四项节庆遗产，第三批又增加了四项，在这三批世界非遗名录中，传统节庆占有相当的比重。中国也非常重视传统节庆，2006 年和 2008 年我国政府公布了两批国家级非物质文化遗产名录，其中传统节日如春节、清明、端午、中秋、重阳等均榜上有名；2008 年，我国部分传统节日被确定为法定假日也是保护传统节日非物质文化遗产的重要体现。由此，中华民族传统节日的保护工作也正式被纳入非物质文化遗产的保护工作之中。

2005 年 6 月 17 日，中宣部、中央文明办、教育部、民政部、文化部共同颁布了《关于运用传统节日弘扬民族文化的优秀传统的意见》（简称《意见》），对如何运用传统节日弘扬民族文化的优秀传统问题提出了六点意见："运用传统节日弘扬民族文化的优秀传统的重要意义和原则要求；突出传统节日的文化内涵；精心组织重要传统节庆活动；充分发挥新闻媒体的作用；积极开展传统节日的研究和保护工作；切实加强对传统节日活动的管理和引导。"《意见》提出了民族传统节日作为我国非物质文化遗产的重要组成部分，具有重要的现实意义。由此，把民族传统节日提到了一个新的高度，并对它的保护和开发工作提出了具体的意见。

2005 年，国务院办公厅颁发了《关于加强我国非物质文化遗产保护工作的意见》，这是我国最高行政机关第一次就我国非物质文化遗产保护工作发布权威指导意见。2008 年 5 月 14 日，我国文化部部务会议审议通过《国家级非物质文化遗产项目代表性传承人认定与管理暂行办法》，自 2008 年 6 月 14 日起施行。其中第 1 条指出了制定该办法的原因："为有效保护和传承国家级非物质文化遗产，鼓励和支持国家级非物质文化遗产项目代表性传承人开展传习活动，根据国家有关规定，制定本办法。"该办法在第 12 条进一步指出："各级文化行政部门应对开展传习活动确有困难的国家级非物质文化遗产项目代表性传承人予以支持。"之后，2011 年 2 月 25 日，中华人民共和国第十一届全国人民代表大会常务委员会第十九次会议正式通过《中华人民共和国非物质文化遗产法》。该法律第一次从法律上界定了非物质文化遗产的范围，标志着我国对非物质文化遗产的保护进入了有法可依的阶段。该法律第 2 条对我国"非物质文化遗产"的含义做了更为细致的规定："本法所称非物质文化遗产，是指各族人民世代相传并视为其文化遗产组成部分的各种传统文化表现形式，以及与传统文化表现形式相关的实物和场所。包括：传统口头文学以及作为其载体的语言；传统美术、书法、音乐、舞蹈、戏剧、曲艺和杂技；传统技艺、医药和历法；传统礼仪、节庆等民俗；传统体育和游艺；其他非物质文化遗产。属于非物质文化遗产组成部分的实物和场所，凡属文物的，适用《中华人民共和国文物保护法》的有关规定。”在我国的非物质文化遗产法中可看出，传统节日同样是非物质文化遗产不可分割的重要组成部分。该法律第 3 条对非物质文化遗产的具体保护措施也进行了规定：“国家对非物质文化遗产采取认定、记录、建档等措施予以保存，对体现中华民族优秀传统文化，具有历史、文学、艺术、科学价值的非物质文化遗产采取传承、传播等措施予以保护。”之后，又有一系列保护非物质文化遗产的法规、规章制度及其相关文件颁布出来，如《国务院办公厅关于加强我国非物质文化遗产保护工作的意见》《国家级非物质文化遗产保护与管理暂行办法》《国家非物质文化遗产保护专项资金管理办法》《商务部、文化部关于加强老字号非物质文化遗产保护工作的通知》《文化部、教育部、全国青少年校外教育工作联席会议办公室关于在未成年人校外活动场所开展非物质文化遗产传承教育活动的通知》，它们从非物质文化遗产的各个层面全方位地对其进行保护、传承和管理，制定了详细的制度、规定，与《中华人民共和国非物质文化遗产法》一起，共同形成了一个较为完善的非物质文化遗产的立法保障体系。

2012 年，全国苗族自治县人大工作联系会第八次会议召开，与会代表表决通过了《关于推广使用苗族语言文字的决议》，对挖掘、整理、拯救、规范和推广苗族语言文字进行了具体部署，这也意味着苗族同胞有望拥有自己的统一文字，这对保护传承苗族传统文化具有重大的意义。

（二）地方的保护性法规

乌江流域的民族地区，为了保护和发展地方民族节日文化，各省市从当地少数民族的实际情况出发，颁布了具有地方特色的、针对性的地方性法规，规定了地方各级政府及职能部门的职责、职权、管理手段，作为对国家法律法规的补充，共同形成一个保护民族文化的法律法规体系，同时也为乌江流域民族节日文化的保护开发提供了一定的法律依据。

1. 颁布了地方民族民间文化保护法规，确立了民族传统节日在民族民间文化中的重要地位。

为了进一步加强我国民族民间文化保护工作，继承和弘扬中华民族优秀文化传统，2004 年 4 月 8 日，文化部、财政部下发了《关于实施中国民族民间文化保护工程的通知》。云南、贵州等省在此之间曾率先出台了《云南省民族民间传统文化保护条例》《贵州省民族民间文化保护条例》，为我国民族民间文化保护实行法律保障提供了参考。2000年5月26日，《云南省民族民间传统文化保护条例》公布，自2000年9月1日起施行；2002年7月30日，贵州省第九届人民代表大会常务委员会第二十九次会议通过《贵州省民族民间文化保护条例》，自2003年1月1日起施行。《贵州省民族民间文化保护条例》中明确规定了民族民间文化包括少数民族的传统节日，民族传统节日是民族民间文化的重要组成部分，确立了民族传统节日在民族民间文化的重要位置。该条例的目的是通过地方法规来保护传承贵州的少数民族文化，在条例的第1章第1条对此进行了阐述："为了加强对民族民间文化的保护，继承和弘扬民族优秀传统文化，促进经济社会发展，根据有关法律、法规的规定，结合本省实际，制定本条例。"第2条对所保护的民族民间文化的具体内容进行了规定，第2条第8款规定：民族民间文化是指"具有民族民间代表性的传统节日、庆典活动、民族体育和民间游艺活动以及具有研究价值的民俗活动"。第5款规定：民族民间文化是指"具有民族民间文化特色的代表性建筑物、设施、标识以及在节日和庆典活动中使用的特定自然场所"。

自我国《国务院实施〈中华人民共和国族区域自治法〉若干规定》实施以来，乌江流域各省市为了加快民族自治地方经济、社会的发展，结合本省市的实际，湖北、云南、贵州、重庆相继颁布了《湖北省实施〈中华人民共和国民族区域自治法〉的若干规定》《云南省实施〈中华人民共和国民族区域自治法〉办法》《贵州省实施〈中华人民共和国民族区域自治法〉若干规定》《重庆市实施〈中华人民共和国民族区域自治法〉办法》。这一系列的地方法规通过具体规定对乌江流域民族文化进行了有效的保护和传承。1988年9月27日，湖北省第七届人大常委会第三次会议通过《湖北省实施〈中华人民共和国民族区域自治法〉的若干规定》，自1989年1月1日起施行，2003年4月2日再次修改通过，该《规定》第27条对民族民间文化的保护与发展做出了规定："支持民族自治地方发展文化艺术事业，开展文化艺术交流，培养少数民族的文艺人才，继承和发掘民族民间文化艺术遗产""对民族自治地方的民族历史文化遗产保护、文化研究机构、文化艺术团体、体育队伍和传统文化体育活动予以扶持”。2004年5月28日，云南省第十届人民代表大会常务委员会第九次会议通过《云南省实施〈中华人民共和国民族区域自治法〉办法》，第4章第34条规定：“支持民族自治地方建设民族传统文化保护区、民族艺术之乡以及博物馆、图书馆、文化馆（站）等文化设施。支持少数民族语言文字、古籍、文物、广播、影视译制、报刊、出版等文化事业的发展。”第35条规定：“重视和加强对民族自治地方民族民间传统文化的收集、整理、抢救、保护和开发利用工作，尊重和优待民族民间文化传承人，帮助民族自治地方培育和发展民族文化产业。”2005年9月23日，贵州省第十届人民代表大会常务委员会第十七次会议通过《贵州省实施〈中华人民共和国民族区域自治法〉若干规定》，规定第1条指出：“为了贯彻实施《中华人民共和国民族区域自治法》《国务院实施〈中华人民共和国民族区域自治法〉若干规定》，加快民族自治地方经济社会发展，促进各民族的团结和共同繁荣发展，结合本省实际，制定本规定。”第28条规定：要“培育和发展民族文化产业”。第29条进一步细化：“加强对少数民族非物质文化遗产和名胜古迹、文物等物质文化遗产的保护和抢救。鼓励和支持民族自治地方民族文化生态博物馆、民族文化村寨博物馆的保护和建设；建设民族文化生态保护区、民族民间传统文化之乡，支持民族自治地方学校开展民族体育、文学艺术、手工制作等民族民间文化教育活动；挖掘优秀民族民间文化资源，培养民族民间文化传承人；抢救、征集、搜集、整理、研究、保护和开发民族民间文化珍品、文献、典籍和实物。”尤其是要“尊重少数民族风俗习惯和少数民族传统节日；定期举办少数民族文艺会演。”2007年7月29日，重庆市第二届人民代表大会常务委员会第三十二次会议审议通过《重庆市实施〈中华人民共和国民族区域自治法〉办法》，该办法第28条规定：“支持民族自治地方建设民族艺术之乡以及图书馆、文化馆（站）等文化设施，指导和帮助民族自治地方加强对民族民间传统文化的收集、整理、抢救、保护、研究和开发利用工作”，以促进民族自治地方经济和社会发展。

以上这些地方条例、规定和办法在法律层面上有效地保护传承了乌江流域各省市的民族民间文化，为乌江流域的少数民族民间文化的发展提供了立法保障，尤其是《贵州省实施〈中华人民共和国民族区域自治法〉若干规定》还专门规定，要“尊重少数民族风俗习惯和少数民族传统节日”；《贵州省民族民间文化保护条例》明确规定民族民间文化包括少数民族的传统节日，确立了民族传统节日在民族民间文化中的地位，这在立法上是一个很大的进步。

2. *颁布了地方文物与非物质文化遗产的保护法规。*

在地方文物保护立法方面，1982 年 11 月 19 日，第五届全国人民代表大会常务委员会第二十五次会议颁布并实施了《中华人民共和国文物保护法》。该法律第 2 条规定：“凡在中华人民共和国境内具有历史、艺术、科学价值，反映历史上各时代、各民族社会制度、社会生产、社会生活的代表性实物都是文物，受国家保护。”之后，乌江流域各省市依据《中华人民共和国文物保护法》，结合自身实际情况，颁布了一些保护少数民族文物的地方法规，如《贵州省文物保护条例》《贵州省文物保护管理办法》《重庆市实施〈中华人民共和国文物保护法〉办法》《湖北省文物保护管理实施办法》《云南省实施〈中华人民共和国文物保护法〉办法》，以加强对民族文物的保护和管理。1986 年，贵州省出台了《贵州省文物保护管理办法》，该办法对贵州少数民族文物的保护、管理做出了具体的规定，开始通过法律来保护贵州的少数民族文物。2005 年 9 月 23 日，贵州省为了加强对少数民族特色文物的保护，颁布了《贵州省文物保护条例》，该条例第 6 条规定：“反映本省少数民族历史发展、社会生产、生活习俗、节日庆典、信仰祭祀、游艺活动和民俗仪式的具有代表性的文献、典籍、契约、手稿、谱碟、器具、用具、服饰等，并明确由县级以上人民政府文物行政主管部门负责这些文物的抢救、保护和利用。”

在地方非物质文化遗产保护立法方面，2004 年，我国加入联合国《保护非物质文化遗产国际公约》之后，“非物质文化遗产”这一概念逐渐取代了“民族民间文化”这一传统概念。2011 年《中华人民共和国非物质文化遗产法》颁布实施，结合国务院出台的《关于加强我国非物质文化遗产保护工作的意见》，2012 年乌江流域各省市结合实际，开始有序开展非物质文化遗产的保护工作，把非物质文化遗产工作纳入法制化轨道，陆续颁布了《贵州省非物质文化遗产保护条例》《云南省非物质文化遗产保护条例》《重庆市非物质文化遗产条例》《湖北省非物质文化遗产条例》等地方法规，同时之前各省市实施的地方民族民间文化保护条例相继废止，从而为保护乌江流域各省市的非物质文化遗产建立了科学的法律保障体系，以保证其实现可持续发展。

2012年3月30日，贵州省第十一届人民代表大会常务委员会第二十七次会议通过《贵州省非物质文化遗产保护条例》，2012年5月1日开始实施。该条例实施后，《贵州省民族民间文化保护条例》同时废止。该条例颁布的目的是为了加强对贵州省非物质文化遗产的保护，继承和弘扬我国优秀传统文化，推动社会主义文化大发展大繁荣。本条例规定了非物质文化遗产的定义，在第4条中还规定："对非物质文化遗产实行保护为主、抢救第一、合理利用、传承发展的方针，坚持真实性和整体性的原则。"2012年7月26日，《重庆市非物质文化遗产条例》经重庆市第三届人民代表大会常务委员会第三十三次会议通过，自2012年12月1日起施行。该条例立法的主要关注点是对非物质文化遗产的保护、抢救、利用和传承，立法目的同样是为了加强保护，继承、弘扬并有效地利用我国优秀传统文化。《重庆市非物质文化遗产条例》是继《重庆市实施〈中华人民共和国文物保护法〉办法》之后，重庆市文化领域第二部重要的地方法规。2012年9月29日，湖北省第十一届人民代表大会常务委员会第三十二次会议通过《湖北省非物质文化遗产条例》。该条例第5条规定："非物质文化遗产保护、保存工作应当贯彻保护为主、抢救第一、合理利用、传承发展的方针，坚持政府主导和社会参与。"第42条对非物质文化遗产的开发进行了规定："鼓励和支持在有效保护的基础上，合理利用非物质文化遗产代表性项目，开发具有鲜明地域、民族特色和市场潜力的文化产品和文化服务。对适合生产性保护的非物质文化遗产代表性项目，鼓励采取与经贸、旅游相结合的方式进行保护、传承。"第51条进一步做出了具体规定："利用非物质文化遗产代表性项目进行艺术创作、出版、产品开发、旅游活动等，应当尊重其原真形式和文化内涵，不得歪曲、贬损、滥用和过度开发。"这些条例对于非物质文化遗产的定义和其包括的具体内容，非物质文化遗产的开发及其需要遵循的原则都做出了具体规定，但对民族节日文化的保护和开发却基本没有涉及。

3. 出台了少数民族地区特殊的节假日办法。

我国是个民族大国，尊重并照顾少数民族的节日习惯，按照少数民族的传统制定节假日，有利于民族团结与社会稳定。1949 年 12 月 23 日，国务院颁布《关于统一全国年节纪念日放假办法》，该办法规定："凡属少数民族习惯的假日，由少数民族聚居地区的地方人民政府，斟酌各民族的习惯，规定放假日期。"1979 年，中共中央、国务院批转国家民委《关于做好杂居、散杂居少数民族工作的报告》，报告中规定："少数民族的节日，应该受到尊重。民族节日放假办法，按国务院规定执行。"1993 年，我国的《城市民族工作条例》规定："少数民族职工参加本民族重大节日活动，可以按照国家有关规定放假，并照发工资。"2007 年，《全国年节及纪念日放假办法》经过修订，仍然明确规定："少数民族习惯的节日，由各少数民族聚居地区的地方人民政府，按照各民族习惯，规定放假日期。"

当前，乌江流域一些民族地区实施了少数民族节假日制度，对当地少数民族特别重要的传统节日实行放假一天的规定，节日当天，少数民族群众聚集在一起，举办盛大的传统节日文化活动，这既是对少数民族节日习惯的一种尊重，更是一种有效的保护。2010 年 1 月 1 日施行的《云南省少数民族习惯节日放假规定》第 2 条规定："少数民族习惯节日为法定节假日，放假 2 天"，第 3 条规定："云南省世居少数民族放假的习惯节日：苗族花山节，农历正月初七至初八，昆明、昭通、楚雄地区为农历五月三日至四日"。《贵州省黔南州人民政府办公室关于劳动节和苗族传统节日放假的通知》规定，黔南州地区少数民族在苗族传统节日——农历"四月八"这一天放假，苗族同胞在这一天可以不用工作，大家相聚在一起，欢度传统节日。《威宁彝族回族苗族自治县民族区域自治条例》第 58 条规定："自治县的自治机关尊重各民族的传统节日，彝族年、开斋节、花山节各放假 1 天。"由此，2015 年贵州威宁自治县人民政府办公室还发布了《关于 2015 年威宁自治县"县庆"纪念日和民族传统节日放假的通知》，规定全县在 6 月 20 日苗族"花山节"放假一天。

4. 将"民族民间文化进校园"写入地方法规。

2002 年 7 月，贵州省颁布了《贵州省民族民间文化保护条例》。为了保护省内民族民间文化，培养少数民族人才，贵州率先将"民族民间文化进校园”写入了地方法规，这成为贵州民族教育的一大特色。2002年10月，贵州省教育厅、省民族事务委员会联合下发《关于在全省各级各类学校开展民族民间文化教育的实施意见》（黔教民发〔2002〕16号），要求全省中小学尤其是民族地区中小学贯彻落实“民族民间文化进校园”政策，因地、因校制宜，积极参与民族民间文化的保护，将优秀的民族民间文化如民族音乐、民族舞蹈、传统手工艺等作为素质教育内容融入学校教育教学活动中。2007年11月，贵州省教育厅、省民族事务委员会联合下发了《关于在全省各级各类学校开展民族民间文化教育项目学校评选活动的通知》（黔教民发〔2007〕148号），将安顺市民族中学、普定县猴场苗族仡佬族乡仙马小学等单位命名为“贵州省首批民族民间文化教育项目学校”。2008年，贵州省教育厅、省民族事务委员会出台《关于大力推进各级各类学校民族民间文化教育的意见》（黔教民发〔2008〕216号），进一步完善“民族民间文化进校园”政策。据统计，贵州省自2002年开展“民族民间文化进校园”以来，一直到2009年，贵州省民族地区共有431所中小学贯彻落实了“民族民间文化进校园”政策，有效地传承了优秀的少数民族传统文化，培养了许多少数民族人才。

六、乌江流域保护开发苗族传统节日文化的其他举措

（一）开展苗族文化进校园活动，培养少数民族文化传承人

当前，乌江流域苗族传统节日文化不断流失，有一个很重要的因素就是缺乏传统文化的传承人。民族文化传承人是保护开发民族传统文化最重要的一个环节，没有了人才，保护开发就只能是一句空话，政府部门已经意识到了这个问题的严重性，并对这一问题展开积极思考：如何培养少数民族人才，保护传承民族文化？当前乌江流域各地政府解决这一问题采用最多的举措就是开展“苗族文化进校园”活动，建立少数民族人才培养基地，保护传承苗族文化，培养高素质的少数民族人才。

在现代社会，开展“苗族文化进校园”活动，实行学校教育，是培养少数民族人才，保护、传承与发展民族民间文化最有效的途径之一。通过这一活动，学校营造出学习苗族文化的良好氛围和环境，让少数民族学生

了解苗族文化的历史渊源，意识到本民族文化在现代社会中的重要价值及其面临的严峻危机，让他们真正懂得珍惜自己的“母体文化”，唤醒少数民族学生的文化自觉，促使他们以后致力于民族文化事业的保护与发展工作，成为我国优秀的少数民族人才。

具体来说，当前“苗族文化进校园”活动主要有三种类型：第一种是以学校为教育基地，从小学开始就把苗族优秀的传统文化贯穿在学校日常的素质教育内容中，有序地在学校开展丰富多彩的苗族文化活动，使少数民族学生经过小学、初中、高中乃至大学，持续地接受民族文化教育，成为少数民族优秀人才，使学校成为保护、传承苗族文化的重要阵地。1994 年 9 月至今，乌江流域贵州省水城县海发苗寨充分依托其民族特色文化——芦笙文化，在海发小学开办了芦笙艺术培训班，积极对学生开展芦笙培训，培养了 200 余名芦笙手，组建了芦笙表演队，到全国乃至国外去表演，这既保护了海发苗寨的特色文化，也给村民带来了经济收益。乌江流域贵州省织金县官寨苗族乡妥倮苗寨也非常重视通过学校这一平台来保护和传承苗族优秀传统文化，2015 年 3 月 29 日至 30 日（农历二月初十、十一），妥倮苗寨的苗族同胞举行了一年一度的“跳花节”，在寨子的跳花场上表演了丰富多彩、独具民族特色的节目。在举办“跳花节”的基础上，官寨苗族乡妥倮平安希望小学校长蔡伦勇还在学校开设了独具地方特色的民族文化课程如苗族芦笙表演、蜡染、刺绣等来保护传承苗族传统文化；还办起了苗族芦笙传习所，指导妥倮苗寨的儿童学习吹奏芦笙和演唱苗语歌曲，让孩子们不忘自己的本民族文化。妥倮苗寨还组建了芦笙歌舞表演队，成年芦笙队和儿童芦笙队经常被邀请到各地参加表演；大力发展具有苗族特色的蜡染、刺绣工艺商品。通过以上这些方式，把苗族传统文化引进中小学教学中，甚至让它走进大学课堂里，有针对性地设置民族文化课程，把苗族文化全面、系统地传授给学生，从而建立起有效的苗族传统文化保护传承体系，培养高素质的民族文化传承人。

第二种是在学校举办一些苗族文化实践活动，通过活动来促进对优秀苗族文化的保护与发展，培养苗族文化传承人。2015 年 5 月 19 日，贵州省苗学会青年研究小组在贵州民族大学举办了题为“民族文化周之苗族文化节”活动，活动中，同学们穿着苗族盛装，吹芦笙、跳芦笙舞，还进行了苗族服饰展演，展示苗族传统文化。2015 年 5 月 30 日，由贵州师范大学学生社团联合会主办，贵州师范大学苗族文化研究协会承办的“感受苗族风情，传承苗族文化”主题文化会演活动在贵州师范大学大礼堂隆重举行。此次活动介绍了苗族的发展历程，表演了苗族歌舞，展示了苗族服装，鼓励苗族青年为保护、传承、发展苗族文化贡献自己的力量，促进民族团结。2015 年 6 月 30 日，贵州省黔东南州教育局、黔东南州民宗委在施秉联合组织了“黔东南州第一届民族文化进校园成果展演”活动。此次活动内容分为歌舞节目展演和艺术作品展示两部分。其中，歌舞节目展演有全州共 39 个节目参加，小学组 18 个，中学组 21 个，黄平县新州镇中心校代表队表演的舞蹈《板凳谣》在小学组比赛中脱颖而出，获得了节目表演比赛一等奖；有 277 幅作品参与了艺术作品展示。此次活动以动听的苗歌、优美的民族舞蹈、精致的民族服饰等，展示了黔东南州自开展“民族文化进校园”活动以来取得的丰硕成果，展现了黔东南州独特的民族文化。

第三种是在乌江流域贵州民族大学成立了“少数民族人才培养基地”，以培养少数民族优秀人才。20 世纪 50 年代初，我国开设了民族院校，专门培养少数民族干部；随后，我国的 3 所民族学院和民族地区高等院校专门开设培养少数民族文化人才的专业。并且，我国在部分民族地区设立了高等艺术院校，在少数民族聚居的省区设立了中等艺术学校，专门培养少数民族艺术人才；在全国各地的高等、中等艺术院校经常性地开办少数民族班，为民族地区培养高素质的人才。由此，我国的少数民族人才队伍逐渐壮大，民族文化的研究和传承后继有人。1979 年以来，我国除了以学校为主阵地培养少数民族人才之外，一些少数民族文艺学术团体逐渐成立，这些学术机构承担了挖掘、研究、传承民族文化的职责，同时也承担起培养少数民族文艺人才的重任。2011 年 1 月，贵州省人才工作领导小组批准在贵州民族大学正式成立“贵州省少数民族人才培养基地”。该基地现有 30 余个分支基地，如民汉双语教学基地、民族文化研究基地、民族音乐教学基地、民族美术教学基地、民族体育教学基地、大学生教学和就业实习基地等，这些分支基地的目的都在于通过对少数民族人才的培训，提高少数民族人才的综合能力和素养，以培养高素质的少数民族人才，组建高水平的少数民族人才队伍。2011 年至今，该基地已举办了“民汉双语师资培训班”18 期，培训师资 900 人；举办了 3 期民族民间文化教育骨干师资培训班，受训人才达 300 人；举办了 1 期苗岭山区乡村干部培训班，参与培训的有 100 人，为我国的民族文化事业培养了许多优秀的人才。

（二）成立苗族文化学术研究机构

为了科学合理地保护、开发苗族节日文化，我国成立了一些苗族文化学术研究机构，对苗族文化进行深入全面的探讨、研究，挖掘其内在的文化价值和经济价值。1988 年 11 月，“贵州省苗学会”成立，这是一个由苗族同胞和各族各界人士、专家、学者自愿加入，从事苗学研究，开展学术交流，加强民族团结，促进苗族发展的群众性学术团体，也是贵州省哲学社会科学联合会的团体会员。2006 年，经贵州省新闻出版局批准，“贵州省苗学会”创办了《苗学研究》刊物，《苗学研究》的前身是《苗学通讯》，创刊已有 20 多年，是研究苗族政治、经济、文化和社会以及历史与现实的综合性学术刊物。近十年，“贵州省苗学会”的学术研究成果丰硕，出版了《苗族通史》《苗学通论》《王朝文文集——苗学研究与苗族发展》等著作，有的还获得国家级、省级大奖。“贵州省苗学会”每年都要召开学术研讨会，针对苗族地区发展的实际需求，大力开展应用研究，在推动苗族地区经济、政治、文化和社会发展方面发挥了积极作用。现在贵州省的各个市、地区、县也设有各层级的苗学会，如贵阳市苗学会、黔东南州苗学会、黔南州苗学会、毕节地区苗学会、安顺市苗学会、赫章县苗学会、施秉县苗学会，等等。通过举办学术交流活动及对苗族地区进行实地考察调研活动，科学地促进苗族节日文化的开发和发展。1999 年 8 月，乌江流域重庆市“黔江民族文化研究会”在重庆市县彭水苗族土家族自治县汉葭镇滨江成立，重点研究黔江少数民族文化，以实现其传承和发展。2000 年，贵州成立“苗族文化研究会”，对苗族历史、服饰、银饰、歌舞、习俗、建筑等苗族文化进行保护和研究开发。

（三）采取多种措施以保护、传承苗文

苗文是苗族的语言，是苗族传统节日文化得以延续的根基。现在，由

于社会经济的发展，偏远的苗寨也开始对外开放，许多苗族青年走出大山，去外面打工，在语言上，会说苗语的年轻人变得越来越少，而会说汉语的人却越来越多。有些苗族小孩一直跟随父母在外面生活学习，从小没有说苗语的环境，父母忙于工作也疏于对其进行苗语的教育，由此导致一些苗族小孩根本不会说苗语，而只会说汉语。现在只有在苗族村寨里留守的老人、儿童还仍然说着本民族自己的语言——苗语。因此，苗语在现代社会面临新的挑战，亟须得到保护，很多苗族地区政府意识到这一问题，采取了很多有效的措施来保护苗文，以使苗语能继续传承和发展下去。

第一，在乌江流域苗族地区的小学教育中实行苗汉“双语”教学，既教他们用母语识字，也教汉语，使他们掌握苗语和汉语两种语言，以便将来适应外面的环境。此外，贵州省还开展了“苗汉双语师资培训”。2011年6月27日，乌江流域贵州省松桃苗族自治县选派了100名双语教师在贵州民族学院进行“苗汉双语师资培训”，此次培训为期20天，学员在培训期间主要学习了苗族的文化知识，提高了自己的汉语水平及文化素养，培训的目的是为了使这些学员肩负起全县苗语教育的重任，在教学工作中传承苗族文化。

第二，在乌江流域少数民族地区开办了用苗文出版发行的报刊杂志和用苗语播报新闻的电台节目。贵州黔东南的一些县开始用苗文出版发行报纸或刊发时事通讯，刊载了一些少数民族民风民俗的文章；各种用苗文编撰的教材、苗汉词组手册和字典相继出版发行。一些电视台开始用苗语播报新闻，并用苗语来主持节目。这些措施都极大地复兴了苗文，促进了其传承与发展。2013年5月4日，乌江流域贵州省黄平县广播电视台开播了《苗语新闻》，此节目用苗语播报该县一周内的重要新闻，让广大苗族同胞通过电视银屏了解党和国家的方针、政策、法律法规，及时掌握惠民富民的信息，对传承和保护苗族文化起到了重要的作用。

第三，在乌江流域少数民族地区开办苗文培训班。2012年11月18日，贵州省威宁彝族回族苗族自治县2012年冬季苗文培训班开班。该培训班向学员发放了自编的苗族文字学习教材，采取每个周末集中学习培训的方式，组织当地苗族同胞一起学习研究苗族文字。2013年3月23日，贵州省苗学会青年研究小组主办的“西部苗语培训班”在贵州民族大学正式开班，该培训班首先介绍了苗族西部方言区苗语的发展背景，并结合参加培训的学员的方言实况，从苗语口语开始进行培训，教授了苗语声母、韵母、声调，学员收获很大。2014 年 8 月 19 日，乌江流域贵州威宁自治县石门乡新龙小学在中国社科院学者沈红教授的资助下开办了首届“苗文培训班”，培训班以苗文教学为主，同时开设苗族历史、苗族音乐等课程，培训班分为学生班和青年班，白天学生班培训，晚上青年班培训，强化苗族文化进课堂的意识，加强了苗族特色文化教育。通过这些培训班，给学生教授苗文，使曾经面临失传的苗族文字得以更好地传承，使苗族优秀的传统文化得以更好地保护和发展。

（四）成立苗族节日文物保护管理部门

在漫长的历史长河中，苗族人民的节日活动遗留下大量的文物，这些文物蕴含了丰富的民族节日文化，非常珍贵但也异常脆弱，亟须得到有效的保护。新中国成立以后，对民族文物的保护工作被提上议事日程，乌江流域各地纷纷成立了文物保护管理部门，对地方文物及文化进行有效的保护和传承。1999 年 3 月，乌江流域重庆市武隆县文物管理所（也叫武隆县博物馆）成立，其主要职责在于征集与保护文物，复制与修复文物，做好文物宣传、文物的相关研究工作，该馆通过收藏、展览文物，以保护珍贵文物，弘扬民族文化。2014 年 2 月 8 日新春佳节，武隆县博物馆在县城人民广场举行了题为“展示文化遗产，突显文化底蕴”的博物馆图片展览活动。此次活动主要以展示文物图片和发放宣传单的方式向群众普及文物知识，工作人员现场讲解馆藏珍贵文物，介绍武隆县深厚的历史文化底蕴。2014 年 9 月，博物馆还邀请历史文化学者何智亚先生举办了文物知识专题讲座，为武隆县第 220 期乡镇及县级部门 60 余名副职领导干部授课，教授他们相关的文物知识，增强他们的文物保护意识。博物馆免费开放以来，尽最大努力为访客提供服务，接待访客达 17. 86 万人次，其中成人占 80%，未成年人占 20%，为我国的文物保护事业做出了贡献。2003 年，湖北省利川市文物事业管理局成立，主要负责本辖区内的文物的安全保护工作；对辖区内涉及的各级文物保护单位、文物遗址、历史文化遗迹（包括古建筑、近现代代表性建筑、名人故居）、地下文物重点保护区（包括古墓葬）及其他可能埋藏文物地区的建设项目进行依法监管和前期考察；负责辖区内的文物征集、追缴、研究、管理；负责辖区内文物保护工程的实施、管理；负责辖区内文物资源的开发、利用、管理。利川市现公布的文物点有 264 处，各级文物保护单位 94 处，其中全国重点文物保护单位 2 处，省级文物保护单位 18 处，州、县级文物保护单位 74 处；馆藏文物 60 件套，其中一级文物 2 件，二级文物 2 件，三级文物 14 件。

（五）创办苗族门户网站，宣传弘扬苗族节日文化

当前，互联网已渗透到世界的每一个角落，将传统研究方式与现代科技网络技术相结合，为推动苗族文化的交流与宣传，推出了一些苗族门户网站，对苗族文化进行全方位宣传，促进苗族文化的传承和研究。现在我国影响力比较大的苗族门户网站主要有中国苗族网、三苗网、苗族文化网、中国苗族青年网，等等。“中国苗族网”（www. chinamzw. com），由贵州省苗学会主办，是一个以宣传苗族文化为主的苗族门户网站。“中国苗族网”设有苗族节日、苗族语言、风俗习惯、文化遗产、宗教信仰、苗族绝技、苗族服饰、苗族银饰、苗族工艺、苗族村寨等栏目，通过整合全国各地的苗族文化资源，对苗族节日文化进行了详细的阐述，为苗族文化打造了一个集文化展示、学术交流、资源共享为一体的网络平台。“三苗网”（www. 3miao. net），由石茂明博士于 1999 年 11 月创办，现已成为我国最大的苗族主题门户网站和社区。“三苗网”的主要宗旨是：保护、弘扬、展示与传播苗族传统文化；搭建苗族网友及关心苗族的网友之间的交流平台；开展社会公益事业，帮助推动苗族地区社会经济与教育文化的发展，最终实现其“链接苗族与世界”的目标。“三苗网”内容丰富，包含了苗族新闻、苗族历史、苗族文化、苗族服饰、苗族经济、苗族文学艺术、苗族工艺品、苗歌欣赏、苗族人物、苗学研究、苗区旅游等版块，为研究苗族节日文化提供了丰富的资料，该网站还提供最新的苗族节日文化活动信息，为推动苗族节日文化的保护与发展起到积极作用。“贵州非物质文化遗产网”（http：//www. gzfwz. com/），由贵州省文化厅主办、贵州省非物质文化遗产保护中心承办，网站详细介绍了贵州省国家级、省级的非物质文化遗产名录，罗列了国家、地方政府保护非物质文化遗产的政策

法规，并对苗族的非物质文化遗产及传承人进行了详细的介绍，为保护苗族传统文化做出了积极贡献。

第四节　乌江流域苗族传统节日文化保护与开发的困境

当前，乌江流域的很多苗族地区抓住了民族文化旅游快速发展的契机，充分利用自己的民族文化资源，引进投资，以传统节日为载体，开发各种苗族节庆文化活动，把苗族节日文化产业化、商业化，从而吸引大量游客前来旅游观光，带动了当地的经济、社会、文化的发展。但是，在谋求经济利益最大化了动机的驱动下，民族节日文化活动日趋功利化，民族节日文化的主题日益被忽视，民族节庆活动逐渐失去其赖以生存和发展的文化基础和内涵。这种基于经济利益而进行的开发活动，自然地带来了一系列现实问题，使得乌江流域苗族传统节日文化的保护与开发陷入两难的境地。

一、在实践中未能正确把握保护与开发的辩证关系

由于乌江流域苗族村寨大多处于比较偏僻的地方，信息闭塞，交通不便，生活很贫困，人们迫切希望能尽快改善自己窘困的生活现状。随着经济全球化的渗透，社会主义现代化建设的进一步推进，少数民族文化旅游业的不断升温，为乌江流域苗族地区带来了发展契机。游客的到来，促进了苗族地区经济的发展，增加了苗族人民的收入，改善了他们的生活，但同时，由于人们片面地追求经济效益，盲目地开发的民族节日文化资源，由此带来了一系列的负面影响，如有些民族节日文化遗产被毁，有些苗族村寨过度商业化，原生态丧失，同化现象非常严重，而这一切都是由于在民族节日文化的开发实践中未能正确把握开发与保护的辩证关系造成的，具体表现如下：

第一，在实践中，往往是开发第一，保护第二，先开发后保护，甚至为了获得更多的经济利益，根本就不保护，导致民族节日文化遭到破坏，

苗族村寨的文化环境、自然环境遭到破坏。民族节日文化资源具有不可再生的特性，一旦被毁就不可能再恢复。

第二，在开发过程中，往往是经济大于一切，文化与经济不能协调发展。开发者为了谋求更大的经济利益，将民族节日文化人为随意地加工，以迎合游客的喜好，使其更适合舞台表演，更适合旅游观赏，来吸引更多的游客，带动当地经济的发展。由此，民族节日文化自然的原生态性也就逐渐丧失，长此以往，民族节日文化就会失去其赖以生存的文化根基，也会因缺乏生命力而不能得到持续发展。

二、在开发中存在一些具体问题

（一）开发模式趋同化，缺乏地方苗族独有的节日文化特色

贵州民族学院副院长杨昌儒教授提出："对民族文化只有实行科学保护，合理开发，维护好个性特征，避免雷同合一，在差异中寻求吸引，才能使民族文化在旅游开发中发挥应有的魅力，才能获得可持续发展的理想效果。"苗族传统节日文化作为民族文化的一部分，在开发中也要特别注重保持自己的个性特色，只有这样才能具有持续的吸引力，才能得到持续的发展。但现实是，乌江流域的一些苗族地区在进行民族节日文化旅游开发时，为了促进地方经济，获取经济利益，目光短视，出现了一窝蜂办节的现象，大家相互模仿，盲目进行重复性开发，在开发中照搬别人的成功模式。由此，导致新办节会过多过滥，举办水平参差不齐，节庆活动模式趋同化严重，处于低水平、重复模仿的状态，缺乏变化和新意，失去了地方苗族独有的民族文化特色，难以对游客形成持久的吸引力，无法有效提升游客对民族节日旅游的认同感，相反还会遭到一些游客的反感和排斥，最终导致节庆活动无法继续办下去。

在乌江流域贵州苗族地区，同属一个苗族支系的苗寨非常多，在节日文化上基本没有什么差异，当一个苗寨开发的一个节日旅游产品获得成功，取得良好收益后，其他的苗寨往往不调研、不分析本村寨的实际情况，盲目效仿，竞相举办类似的节日文化活动、苗族歌舞表演，而且大多数节目都不是本苗寨的原生态节目，只是将其他苗族村寨或者其他民族的

歌舞抄袭过来进行表演，表演水平低，长此以往，就使属于自身的节日文化特点逐渐消亡，到最后节庆活动无人问津只能停办，这种盲目、重复开发的情况是比较普遍的。现在，乌江流域的一些苗族地区以传统节日“花山节”为载体，增加了一些新的现代元素，创新了许多苗族原有的传统节日，如中国重庆彭水的“中国乌江苗族踩花山节”；贵州省的威宁自治县苗族“花山节”、黔西县化屋苗族“跳花坡节”、贵州赫章大韭菜坪苗族“花山节”、大方县兴隆乡原生态“苗族文化节”，等等。这些经过改造的节日在内容上与苗族传统节日“花山节”相似；在形式上也大同小异，一般就是以举行节日庆典活动，表演苗族歌舞、展示苗族服饰和手工艺品，或者进行斗牛、赛马等体育赛事，来吸引游客参与。因而，“民族文化的商业化，民族特性的商品化，必然会导致民族特性的表演化和民族文化的浅表化，从而削弱特性，趋于大同。”① 这些新开发的苗族节日在开发模式上单一，在节日内容和形式上趋同，缺乏各个苗寨独特的民族文化特色，在后续发展上往往会后劲不足，难以维持。

（二）开发具有功利性、破坏性

当前，乌江流域苗族地区发展的一个趋势就是以苗族传统节日为载体来进行民族旅游开发，民族地区传统的节日习俗由此成为民族文化旅游开发的重要资源，成为推动民族地区经济发展的重要力量，因而，少数民族节日具备了文化与经济的双重功能，成为现代社会民族地区促进经济发展的一种有效途径。这本身是一种很好的开发思路，以苗族传统节日为载体，再结合苗族地区独特的自然文化资源，政府主导并吸引投资者投资，开发举办苗族节日旅游活动，吸引众多游客参与，带动当地的消费，既促进了当地经济的发展，又保护、传承了苗族文化。但在现实操作上却出现了偏差，很多苗族地区为了谋求经济利益，只管开发不谈保护，投资者为了获利，盲目开发、过度开发，导致节日文化庆祝活动日益商业化、功利化。功利化开发的结果就是节庆文化主题被冲淡甚至抹杀，商业化的氛围日益浓厚，节庆活动逐渐失去了其赖以生存的文化根基，原生态的苗族节

---

①　梁敏：《少数民族地区传统节日与旅游经济结合模式初探》，载《湖北民族学院学报》（哲学社会科学版），2007 年第 1 期。

日文化遭到了破坏，苗族地区的自然人文生态环境也遭到了破坏，一旦节庆活动无法继续，发展民族地区经济也就无从谈起，地方经济无法实现可持续的发展。具体来看，功利化的开发所带来的破坏主要表现在：

1. 功利化开发使苗族原生态的传统节日文化快速变迁

当前，在市场经济和多元文化的冲击下，乌江流域一些苗族地区片面追求经济效益，盲目迎合游客求新求奇的心理，节日活动的内容日益商业化、表演化、舞台化，忽视了民族文化的内涵和民族精神的传承，导致原汁原味的苗族传统节日文化遭到破坏甚至面临消失的危险，加速了苗族传统节日文化的变迁。在功利化开发的过程中，由于受到商业利益的驱动，节日不再按照传统规定的内容和方式举行，苗族的传统节日文化日益商业化，逐渐变味走形，甚至出现“伪民俗文化”。一些祭祀类节日中神圣而严肃的祭神仪式的内容和程序被随意改变；一些苗族节日活动的举办时间、地点、方式、内容被政府根据自己的需要而更改；苗族节日歌舞日益舞台化、表演化，苗族传统文化的原生态性不断流失；具有地方特色的苗族手工艺品如蜡染、织锦等开始进行机械化批量生产，以满足大众市场的需求，但质量却越发粗制滥造，失去了其原有的艺术审美性；还有一些地方为了吸引游客，甚至编造、拼凑一些“伪节日民俗”。这些急功近利的旅游开发方式所采用的节庆主题基本上以歌舞表演、旅游观光、娱乐活动、饮食、购物为主，过分注重物质消费，而损害了无形的民族传统文化，损害了原生态的苗族传统节日文化，节日的内容与形式不再是原初的真实展现。长此以往，苗族传统节日文化的深层内涵将消失殆尽，节日文化旅游也将因赖以生存的文化土壤的丧失而失去活力。

乌江流域贵州黔东南州施秉县的“鼓社节”，是当地苗族最盛大的祭祖节日，每十三年才过一次。其祭祖活动有着特定的祭祖仪式、流程和活动内容，必须在规定的时辰，使用特定的语言诵读祭祖词，还要举行庄严而神圣的杀牛祭祖仪式，纵然岁月不断流逝，但这一独特的祭祖仪式仍然相对完整地被保存下来，展现了苗族人民丰富的节日文化内涵。但“鼓社节”在实际开发中，为了招商引资和吸引游客，也为了接待一些重要的客人，这一庄严神圣的祭祖活动逐渐演变为一种带有表演性质的活动，不论时间与场合，游客都可以观赏，村寨里的人不断重复地表演着这些祭祖仪式，游客还可以照相、摄影，场面被制造得非常热闹。由此，这一祭祀节日失去了其最初神圣的祭祖初衷，失去了其深刻的文化内涵，沦落为举办者获利的工具。甚至还有把苗族的节日婚俗等商品化，销售给游客尤其是男性游客，以获取收益，这使得民族节日礼仪被不断粗俗化、庸俗化。探究苗族节日文化遭到破坏的原因，一是为了吸引更多的游客，盲目迎合旅游者，根据游客的喜好来修改节庆活动内容，使很多节日所承载的文化的原生意义发生了改变，失去了其原有的价值。二是因为民族节日文化的开发者过分重视经济效益，缺乏对苗族节日文化内涵的准确把握，使开发仅停留在歌舞表演、服饰、银饰、餐饮等物质消费层面，而更重要的节日文化内涵、民族精神却被忽略了，由此，这种功利化的开发非但没有起到传承与弘扬苗族节日文化的作用，反而对苗族地区原生态的传统节日文化环境造成了破坏。

2. 功利化开发使得苗族地区的自然生态环境遭到破坏

乌江流域各苗族地区以传统节日为载体，结合现代化的科技手段，举办了丰富多彩的苗族节日文化庆祝活动，开发了民族节日文化旅游。随着民族文化旅游的快速发展，许许多多的游客在闲暇之余为放松身心，也为感受一下苗族的民风民俗，蜂拥来到苗族村寨旅游，游客的数量大大超过了当地旅游的承载量，或者一些素质不高的游客做出了一些不雅行为，这些都给苗族地区的自然生态环境带来了极大的挑战，苗族村民在生活水平不断提高的同时，也目睹了其世代生存的家园遭到了污染和破坏。经常看到这样的场景：节庆活动结束后，场地里到处是垃圾，一片狼藉；一些苗族节日文化遗产、节日历史文物、古籍、历史古建筑和古迹遭到人为的破坏；一些优秀的民族节日文化由于生存土壤遭到破坏而逐渐衰落。那么，我们如何能既办好民族节日庆典活动，推动旅游，带动经济发展，又能保护好苗族地区宝贵的自然生态环境呢？这是我们当前迫切需要解决的问题。

（三）开发缺乏准确的价值取向和文化定位

现今地方举办节庆活动最直接的目的就是振兴地方经济、提高地区知名度和影响力，在开发中经济意识往往高于文化意识，经济意识第一位，民族文化保护意识则比较欠缺。在开发中过分重视经济发展而轻视文化保护，只看到了节庆活动的经济价值，忽视其文化价值，使得开发缺乏正确的价值取向，缺乏准确的文化定位。

节庆活动为了迎合游客的喜好，吸引更多的游客参加，促进地方经济发展，节日形式、节日内容的设置逐渐被改变。节庆活动引入了各种各样的比赛项目，如苗族歌舞比赛、苗族服装比赛、苗族手工艺比赛、龙舟比赛、赛马、斗鸡比赛、斗鸟比赛等等。乌江流域重庆市彭水县的“中国乌江苗族踩花山节暨中国·彭水水上运动大赛”直接确定的主题就是“一节一赛”。当然，比赛项目有竞争激烈，参与性、观赏性强，高额的奖金对参赛者易产生吸引力，易于运作等优势，如此，不同的苗族村寨组成代表队参赛，节目的参与性、观赏性大大增强了，大量游客被吸引过来。由此，根据市场的需求、游客的喜好，苗族传统节庆活动的内容、节庆时间和地点被更改，现代新文化元素被引入到节日活动中，对原生文化造成了巨大的冲击。节日祭祀、娱乐的原初意义逐渐消失，神圣而庄严的祭祀仪式被篡改得面目全非，原生态的、未事雕琢的苗族歌舞日趋舞台化、表演化。

“失去一种艺术是可惜的，失去保护民族民间文化的意识则是可悲的。一种艺术只是我们的一笔精神财富，保护民族民间文化的意识则意味着对文明进步的永恒追求，意味着生生不息的民族精神的延续。”① 开发缺乏准确的价值取向和文化定位，过分重视经济发展而轻视文化保护，没有认识到民族传统文化是开发之本，导致开发中原生态的民族传统文化内涵日渐衰亡，苗族地区的民族文化资源、自然生态环境因缺乏有效保护而遭到破坏，这些民族文化资源一旦遭到破坏，再想修复就不可能了。长此以往，苗族传统节日原有的文化内涵不断流失，节庆活动将由于丧失民族传统文化的根基而无法持续发展，其保护与传承将陷入困境。

（四）开发缺乏专业化的管理、营销理念

关于节庆活动的组织和管理，很多都采取成立组委会的形式对节庆活

① 吴建伟：《试论贵州民族民间文化保护与立法》，载《贵州民族报》，2003年04月07日第3版。

动的方方面面进行管理和实施。如“中国·黄平·谷陇‘九·二七’苗族芦笙会”就专门成立了中国黄平谷陇苗族芦笙会组委会，组委会设有总顾问、顾问、主任、副主任，还有成员若干名；组委会下设办公室、安保、赛事活动等多个工作组，具体负责制定节庆活动的活动方案，保障节庆活动各项工作的顺利开展。一般情况下，节庆活动组委会成员都来自于政府的各个行政部门，他们亲自制定活动方案，组织实施各项活动，如活动流程的设计、活动的宣传、比赛的内容、展台的搭建、表演票的销售、招聘人员及相关配套工作，承担了组织管理节庆文化活动的全部职责。此外，政府由于缺乏专业文化队伍的引入机制，节庆活动很少放手交由专业文化公司负责。但由于很多行政事业单位的工作人员不是文化产业的专业人士，不具备专业化的管理、营销理念，对民族节日文化开发缺乏专业研究，在设计和指导上容易出现文化定位不准、价值取向出现偏差、追求短期经济效益、缺乏长远的发展眼光等问题。

（五）开发中，群众参与的积极性、主动性不强

目前，节庆活动的主办单位一般都是地方行政事业单位，节庆活动一般按照行政方式运作。如贵阳市“四月八”是由贵阳市民族宗教事务委、市苗学研究会、市文化新闻出版广电局联合主办；中国乌江苗族踩花山节暨中国·彭水水上运动大赛是由国家体育总局、重庆市体育局、重庆市旅游局、重庆市农业委员会、重庆市民宗委主办，由彭水自治县人民政府承办，由相关市级部门及赞助单位协办；威宁自治县2015年苗族“花山节”由威宁县苗学会主办；中国·思南乌江龙舟节由思南县委、思南县人民政府主办；“黄平谷陇九·二七苗族芦笙节”由中共谷陇镇委员会、谷陇镇人民政府主办，由大寨村村委、谷陇村村委、兴谷社区承办，由中共黄平县委宣传部、黄平县文体广电旅游局、黄平县民族宗教事务局负责协调。当前这种行政开发的模式获得了很大的成功，通过举办节庆活动，扩大了节日及地区的知名度，促进了地区民族文化的繁荣和发展，推动了民族节日文化旅游产业和当地社会、经济、文化的发展，对保护当地苗族传统节日文化做出了积极的贡献。但一直以来，苗族传统节日之所以在民间广泛流传，是因为苗族群众自发兴办的一种自古以来的约定俗成，是一种自下

而上、自觉自愿的行为，拥有广泛的群众基础，广大群众的参与感和参与度特别强。但现在随着节日的行政化运作，节庆活动成为自上而下的行为，为了促进地方经济的发展，节庆活动的商业性、表演性、观赏性日益加强，而置身其中的原本为节庆活动主角的当地群众参与的主动性和积极性逐渐减弱，群众的参与感和参与度逐渐弱化。

（六）开发的配套设施不够完善

开发乌江流域苗族传统节日文化的一个有效途径，就是开发节日旅游，尤其是在一些特色显著的民族地区或苗族村寨大力开发节日旅游，大会吸引量游客，可大大推动地区经济、文化的发展。但民族地区或苗族村寨一般都位于偏远的地区，交通不便，经济落后，其开展节日旅游的配套设施很不完善。

1. 节日旅游开发资金短缺

苗族地区节日旅游开发普遍存在资金短缺的问题，如何解决资金短缺问题？这是各地政府当前面临的一个难题。现在，对乌江流域苗族传统节日文化的保护与开发一般都是以政府为主导，节庆开发的方案设计、组织、管理、运作、营销等都由政府负责、决定，由此，保护与开发所需的人力、物力、财力都由当地政府负担，所需的资金也全部依赖于政府的投入。乌江流域的民族地区，一方面因地区经济落后，很多都是贫困县，政府部门的财政收入不多；另一方面政府部门受旧观念的影响，过分重视经济发展而忽视文化保护，投入到民族文化建设的经费非常有限，这种完全依赖于政府支持的开发必然导致资金短缺现象的出现。如乌江流域贵州省铜仁地区思南县就由于资金短缺导致民族节日文化旅游产品开发不力。思南县是贵州省典型的欠开发、欠发达的地区，财政收入很低，用于民族文化旅游开发的投资少，由于缺乏资金，造成思南县旅游基础设施薄弱，文化基础设施简陋，综合接待能力差，节日旅游产品结构单一。乌江流域苗族节日文化资源的保护需要投入大量资金，节日旅游产业的开发也需要大量资金的支持，资金短缺严重限制了苗族节日及其文化的保护、开发与发展，节庆活动难以继续，也打击了当地群众与相关部门参与的积极性。

2. 节日旅游基础设施建设比较滞后

目前，旅游基础设施建设滞后仍是制约节日旅游开发与发展的主要因素。首先，是交通不够便捷。现在我国实现了村村通，基本上各苗族村寨都实现了道路通畅，但由于通往苗族村寨的很多道路都是山路，公路质量等级差，道路比较狭窄，缺少快捷的直通车，给游客的游览观光带来不便。其次，是旅游基础设施较为薄弱。旅游是一项牵一发而动全身的活动，涉及衣食住行等各个方面，而苗族村寨的旅游基础设施比较薄弱，综合接待能力较差，不能充分满足游客的各种需求。落后的旅游基础设施也使苗族村寨节日旅游项目单一，一般就只是观赏苗寨、体验苗族民风民俗、观看苗族节日表演等，缺乏持续的吸引力。再次，是节庆表演场地简陋，表演形式简单。随着科学技术的发展，现代舞台艺术、声光技术与文化作品完美融合，可以大大增强艺术作品的表现力和感染力，提升艺术品质，让人获得美的享受。但现在的苗族村寨由于受地理位置、经费、道路等诸多因素的制约，现代化的设备难以引进使用，因此，节庆活动表演往往采用传统而简单的表现形式，一般就在村寨的表演场地举行，舞台、服装、背景、道具、乐器也都比较单一，不能充分展现苗族芦笙、苗族舞蹈、苗族古歌等传统节日文化的魅力。此外，乌江流域一些苗族地区节日表演场地的设施大多建成较早，目前这些文化设施都已不同程度地破损，由于民族地区经济比较落后，用于文化建设的经费少之又少，致使这些陈旧的基础文化设施得不到有效的修复或重建。最后，是保护苗族村寨的消防设施普遍缺乏。乌江流域尤其是贵州苗族村寨众多，这些苗族村寨凝聚了苗族人民深厚的历史和文化积淀，是苗族传统文化的有效载体，是促进民族地区发展的重要资源，因此，一定要保护好它们，切实抓好苗族村寨的安全保护工作。苗族村寨的特色建筑是吊脚楼，是木结构建筑，加上苗族村寨布局密集，一家挨着一家，耐火等级很低，又由于当前苗族村寨的消防设施普遍缺乏，这给苗族村寨的安全带来极大隐患，一旦发生火灾，不仅给人民群众生命财产造成极大损失，还可能会令承载苗族传统文化的苗族村寨毁于一旦，留下不可挽回的遗憾。

3. 节日旅游开发缺乏配套的产业机制

当前，苗族节日旅游开发尚未形成配套的文化产业机制，节日旅游相关产品的运作、管理、营销体制较为落后。乌江流域很多苗族地区地处偏僻山区，经济比较贫困，发展比较缓慢，经济、文化体制相对于发达地区比较落后，很多节日文化的开发完全依赖政府运作，尚未在市场经济条件下建立起与节日文化开发相配套的产业机制，尚未形成苗族节庆文化产业链，让节庆文化参与市场化运作，并且节日旅游产品的开发、宣传、营销比较滞后，大大限制了乌江流域苗族节日文化市场化运作的发展，阻碍了苗族传统节日文化产业化发展的步伐，使其缺乏强有力、可持续发展的驱动力。

三、在立法上缺乏完备的法律保障体系

20 世纪 80 年代中期以后，我国民族文化保护的法制建设稳步展开，逐步建立起少数民族传统节日文化保护的基本法律体系。如在国家法律层面，颁布了《中华人民共和国文物保护法》《中华人民共和国文物保护法实施条例》《关于实施中国民族民间文化保护工程的通知》《中华人民共和国非物质文化遗产法》等，以法律的形式保护、继承中华民族优秀的民族文化遗产。在地方法规层面，乌江流域各省市通过了一些保护历史文物的地方法规，如《贵州省文物保护条例》《贵州省文物保护管理办法》《重庆市实施〈中华人民共和国文物保护法〉办法》《湖北省文物保护管理实施办法》《云南省实施〈中华人民共和国文物保护法〉办法》等；同时通过了《云南省民族民间传统文化保护条例》《贵州省民族民间文化保护条例》《重庆市非物质文化遗产条例》《贵州省非物质文化遗产保护条例》《湖北省非物质文化遗产条例》等，为保护乌江流域各省市的少数民族传统节日文化建立了基本的法律保障体系。但这一法律体系在对乌江流域苗族传统节日文化依法实施保护的过程中，逐渐凸显出一些问题，需要在立法上不断完善，主要表现在以下几个方面：

（一）苗族地区群众保护苗族传统文化的法律意识比较淡薄

1986 年我国宣布开始进行全国普法教育，2011 年开始实施“六五”普法，至 2015 年我国全民普法教育工作已经开展了 30 年，2015 年也是实施“六五”普法规划的收官之年。在乌江流域民族地区开展普法教育工作，主要是对少数民族同胞广泛进行法制宣传教育，传播法律知识，提高他们的法律意识和法律素质，促进民族地区的社会主义法治建设。但由于

少数民族地区的特殊性，受当地环境、语言沟通、法律传统等困难因素的制约，乌江流域一些苗族村寨的普法教育工作未能获得较大的突破，当地苗族群众保护苗族传统文化的法律意识、法制观念还比较淡薄，遇到问题时许多群众还是选择按照苗族传统习惯来解决，而不寻求法律途径来解决问题。

（二）民族节日文化保护需要专门性立法

新中国成立至20世纪80年代中期，国家法制建设还不太完善。20世纪80年代中期以后，我国关于保护少数民族节日文化的法律法规开始逐步颁布实施。1980年，文化部、国家民委颁布了《关于做好当前民族文化工作的意见》；1982年，颁布了《中华人民共和国文物保护法》；2003年通过《中华人民共和国文物保护法实施条例》；2004年，文化部、财政部下发了《关于实施中国民族民间文化保护工程的通知》；2005年，中宣部、中央文明办、教育部、民政部、文化部共同颁布了《关于运用传统节日弘扬民族文化的优秀传统的意见》；2011年，通过《中华人民共和国非物质文化遗产法》等。这些法律法规的通过，实施标志着我国对民族节日文化的立法保护体系在逐步得到完善，同时也展现了我国对民族节日文化保护的立法是一个逐步深化的过程，是一个从显性的物质文化保护到隐性的非物质文化保护的过程。

乌江流域各省市在对民族节日文化保护立法方面，经历了从没有法律可循到有法可依，从物质文化保护到非物质文化保护的过程。1984年，通过《云南省实施〈中华人民共和国文物保护法〉办法》；1985年，通过《湖北省文物保护管理实施办法》；1986年，出台《贵州省文物保护管理办法》；2000年，通过《云南省民族民间传统文化保护条例》；2002年，通过《贵州省民族民间文化保护条例》；2005年9月23日，通过《贵州省文物保护条例》；2005年9月29日，通过《重庆市实施〈中华人民共和国文物保护法〉办法》；2012年，乌江流域各省市相继通过了《贵州省非物质文化遗产保护条例》《云南省非物质文化遗产保护条例》《重庆市非物质文化遗产条例》《湖北省非物质文化遗产条例》。这一系列的法律法规给乌江流域民族节日文化的保护、传承提供了基本的法律保障，但通过梳理，也凸显出一个重要的问题，即在当前保护乌江流域各省市民族节日文化的法律法规中，缺乏民族传统节日文化保护的专门性立法。我国国家政府及地方政府现在实行的绝大多数法律法规都是围绕少数民族文化的保护与发展制定的，这些法律法规里面有极少部分内容对民族节日文化的保护做出了大概的规定，但专门针对民族传统节日文化的法律法规比较欠缺。

正因为当前对民族传统节日文化的保护缺乏专门性立法，我们所掌握的现有的对民族传统节日文化保护的法律条款，仅限于以上这些法律法规中所涉及的、非常有限的一点内容，如 2005 年《保护非物质文化遗产公约》正式以法律的形式把传统节日列入非物质文化遗产的保护范畴，第一次确立了节日庆典在非物质文化遗产中的地位；2005 年《关于运用传统节日弘扬民族文化的优秀传统的意见》对如何运用传统节日弘扬民族文化的优秀传统问题提出了六点意见；2007 年《全国年节及纪念日放假办法》经过修订，明确规定："少数民族习惯的节日，由各少数民族聚居地区的地方人民政府，按照各民族习惯，规定放假日期。" 2011 年《中华人民共和国非物质文化遗产法》第一次从法律上界定了非物质文化遗产的范围，明确了我国的非物质文化遗产包括"节庆"等民俗。在地方法规方面，2002 年《贵州省民族民间文化保护条例》第 2 条第 8 款规定：民族民间文化是指"具有民族民间代表性的传统节日、庆典活动、民族体育和民间游艺活动以及具有研究价值的民俗活动"，明确规定民族民间文化包括少数民族传统节日；2005 年《贵州省实施〈中华人民共和国民族区域自治法〉若干规定》第 29 条规定："尊重少数民族风俗习惯和少数民族传统节日"；2015 年《贵州省黔南州人民政府办公室关于劳动节和苗族传统节日放假的通知》规定：黔南州在苗族传统节日"四月八"放假一天；《关于 2015 年威宁自治县"县庆"纪念日和民族传统节日放假的通知》规定，威宁自治县在苗族节日"花山节"放假一天。以上这些有关民族传统节日文化保护的法律条款是对我国少数民族文化保护的进一步深化，是对我国非物质文化遗产保护的进一步完善，这是乌江流域民族节日文化保护在立法上的一个很大进步。但由于缺乏对民族传统节日文化保护的专门性立法，因此，对苗族节日文化保护的具体范围、保护的手段、开发的具体举措、政府在保护和开发中的作用、违反规定的处罚等都缺乏规范化、具体化的法律规定，无法更好地实施保护，民族传统节日文化保护亟须进入到专门立法阶段。

（三）保障少数民族群众在保护与开发中的地位与作用的规定不够完善

现有的关于保护民族文化的法律、法规、条例、办法、通知等，其中一部分内容规定了政府各级部门的职责；另一部分内容涉及保护与开发的范围、需遵循的原则、可采用的手段等等。但在这些法律法规中，保障少数民族群众在保护与开发中的地位与作用的具体法律条款还不够完善。对于乌江流域苗族传统节日文化的保护与开发，当地苗族群众置身其中，他们世代生活在苗族文化的环境之中，保护与开发的成效对他们来说具有至关重要的意义，将影响他们生活的方方面面。因此，他们既是保护者、开发者、参与者，也应该是受益者，但现有的关于保障少数民族群众在保护与开发中的地位与作用的规定还有些许欠缺，需要进一步完善，以更好地保障苗族人民群众的各种权益。

（四）少数民族节假日办法贯彻实施力度比较弱

2007 年修订的《全国年节及纪念日放假办法》明确规定："少数民族习惯的节日，由各少数民族聚居地区的地方人民政府，按照各民族习惯，规定放假日期。"但是，在乌江流域苗族地区真正实行少数民族特殊节假日制度的寥寥无几，如贵州仅黔南州、威宁自治县通过了《贵州省黔南州人民政府办公室关于劳动节和苗族传统节日放假的通知》《关于 2015 年威宁自治县"县庆"纪念日和民族传统节日放假的通知》，云南通过了《云南省少数民族习惯节日放假规定》，规定苗族的传统节日"四月八""花山节"为当地法定假日，节日时放假一天或两天。应该说，少数民族地区根据自己独具特色的传统节日而制定法定节假日的办法，是一种保护少数民族节日文化简单有效的办法，但当前乌江流域苗族地区的节假日办法主要存在以下两个问题：一是乌江流域苗族地区的法定节假日办法贯彻实施力度很弱，乌江流域贵州省仅黔南州、威宁自治县，云南昭通市实施了这一办法，实施范围非常小，实施力度也非常弱，因此在实施力度上需要进一步加强。二是乌江流域苗族地区实施的法定节假日办法，一般保护的都是苗族最具代表性的、最具典型性的传统节日，如“四月八”“花山节”等，而这些被确定为民族地区法定假日的传统节日只是苗族极个别的节日，不能代表整体，无法对苗族传统节日进行完整地保护，因此，此种办法具有一定的局限性。

四、在人才培养上苗族文化传承人和民族旅游管理专业人才严重缺乏

（一）苗族文化传承人出现断层

我国文化部副部长王文章在接受采访时曾说：“我国有些非物质文化遗产项目，面临着人亡艺绝的困境，传承人去世了，这个项目就没有人传承了的问题。”苗族传统节日文化作为非物质文化遗产的重要组成部分，在保护与开发的过程中同样面临这一难题，随着老一辈民族文化传承人逐渐离世，新一代的民族文化传承人又无法接替上来，文化传承出现“中间断层”，节日文化传承面临严峻危机。究其原因，是我国改革开放以来，市场经济快速发展，外出打工成为一种热潮，乌江流域苗族村寨大量的青壮年男女、剩余劳动力纷纷离开故土，去城市里打工、生活，远离了苗族文化的学习、传承地，接受了全新的价值观念和生活观念，苗族村寨里只剩下老人和孩子，由此，当村寨里掌握苗族文化礼仪、苗族歌舞的老人相继离世，年轻一代又远离了苗族文化的学习环境，被不断同化，对本民族传统文化日益淡漠，节日期间出去打工的人不再回来过节，苗族传统文化就出现了后继乏人的现象。另一原因是现在的苗族青年在外出打工期间受到现代文明的影响，产生了一种错误的观念，认为民族文化是老一套，是原始落后的，因此不愿意学习本民族传统文化，觉得学了没用，或者担心学了被人笑话老土，跟不上时代，从而导致苗族文化传承人后继无人。如乌江流域贵州省黄平县苗陇片区的柳溅洋村就是这种情况的典型代表。柳溅洋全村有 58 户人家，主要以龙氏为主，是黄平苗族龙氏的大本营。现在去柳溅洋村，已经看不见年轻人，村子里的主要劳动力全都是些老弱病残者，主要是老人，因为年轻人都出去打工了，孩子们都出去上学了，只有等到春节的时候，“打工族”回到村寨里才热闹些，但春节一结束，又恢

复死一般的寂静。当有客人到来的时候，村里有几个老人还是会按苗族的礼仪唱起歌来欢迎，一旦这些老人们离世，柳溅洋村的苗族节日文化、苗族歌舞将由谁来继承和发展呢？

在乌江流域贵州省贵定县德新镇四寨村举办的一年一度的“苗族会亲节”上，来自贵定县新铺乡谷撒村的苗族群众表演的“长衫龙”苗族芦笙舞也面临失传的严峻危机。“苗族长衫龙”是贵定县新铺乡谷撒村流传的一种独有的苗族芦笙舞，也是一种传承了千年的、原生态的民族舞蹈。传说，最初的“长衫龙”是苗族男女青年谈情说爱时跳的舞，男子口吹芦笙穿梭跳跃，在姑娘面前模仿龙的舞蹈，以获取姑娘芳心。后来逐渐演变为祭祀仪式，成为重大节日集会的传统民族活动。2003 年 10 月，谷撒村长衫龙苗族芦笙舞代表队参加了“第六届中国北京国际旅游节”，因其独特的舞姿获得“东方探戈”的美誉。2006 年 6 月，“长衫龙”苗族芦笙舞被国家文化部列为国家级非物质文化遗产，为第四类民间舞蹈，属四十一项民间舞蹈之一。但现在，这种独具特色的、古老的苗族芦笙舞蹈，在谷撒村仅有 20 多人会跳，已后继无人，流传千年的“长衫龙”面临失传的危险。如今，36 岁的兰衡是长衫龙苗族芦笙舞的第 35 代传人，他非常担心“长衫龙”能否继续传承下去。

（二）高素质的民族旅游管理专业人才严重匮乏

在对乌江流域苗族传统节日文化进行保护与开发过程中，我们发现不仅苗族文化的传承人不断消失，处于严重缺乏的状态，而且高素质的民族旅游管理专业人才也奇缺，急需引进或培养。现在，苗族村寨节日旅游从业人员主要有三类：开发经营者、导游人员、旅游管理人员。开发经营者一般都是当地农户，他们并不懂得节日旅游开发和经营管理的专业理念和知识，只是按照传统观念去经营管理；由于民族地区经济比较落后，旅游从业人员的收入不高，工作量大，工作地点比较偏远，工作环境比较差，无法吸引高素质的民族旅游管理专业人才的到来；资金的缺乏又导致无法对本地从业者进行教育、培训，这使得旅游从业者包括导游的文化与素质普遍较低，真正懂得旅游开发和管理的人才极其缺乏，对乌江流域苗族地区节日旅游的开发形成很大的阻碍。

第六章　乌江流域苗族传统节日文化保护与开发路径探析

第一节　正确处理保护与开发的关系

乌江流域苗族传统节日文化是少数民族珍贵的文化遗产，展现了苗族深层的文化内涵和奋进的民族精神，有利于促进民族团结与社会稳定。但苗族节日文化资源具有不可再生、原生态的特性，一旦遭到破坏就不可逆转、不可修复，因此，为了避免优秀的苗族节日文化因遭到破坏而流失，我们对苗族节日文化资源的开发利用，要采取科学谨慎的态度，把开发作为保护民族节日文化的一种有效手段，准确理解民族节日文化保护与开发之间的辩证关系。

一、保护第一，开发第二

在民族节日文化资源的开发利用问题上，一直存在着争议，即应不应该对民族节日文化资源进行开发利用？应该如何开发？一些人不主张进行经济开发，认为开发必然会导致民族节日文化资源及其自然环境遭到有形或无形的破坏，对民族节日文化的保护传承将会产生不利影响；但如果不开发，没有经济收益，破损的苗家村寨又无法得到修复，贫穷的苗家生活无法得到改善。那么，保护民族传统节日文化是否意味着一切传统都必须原封不动地保存而不能有任何改变呢？答案是否定的。民族传统节日文化是有生命力的，保护并不意味着固化不变，在保护好民族传统节日文化的精华之后，允许民族节日文化随着社会的发展而适度变迁，适当创新，让其具有新的生命力。所以，民族节日文化资源需要进行开发，但要适度开发，实施保护性的开发，把开发作为保护的一种有效手段。那么，如何才能既保护好民族传统节日文化内涵，又能适度进行经济开发呢？

2003 年，我国文化部正式启动了“中国民族民间文化保护工程”，确定了“保护为主，抢救第一，合理利用，继承发展”的工作方针和“政府主导，社会参与，长远规划，分步实施，明确职责，形成合力”的工作原则。这说明，对民族节日文化的保护并不意味着一成不变，对其进行合理的开发利用，更能让其保有生命力，但是一定要变“掠夺式开发”为“保护性开发”，坚持保护第一，开发第二，保护是核心和基础，开发是保护的手段，保护是开发的目的。此外，保护好民族节日文化赖以存在的自然环境和人文环境，避免民族节日文化遭到有形或无形的破坏，也是同等重要的。

二、文化保护与经济开发和谐并举

民族节日文化在保护和开发的选择中陷入两难的境地，如果只保护不开发，少数民族地区封闭贫困落后的现状不会得到改善；只开发不保护，民族传统节日文化的内涵和精神就会逐渐消亡。利益和风险往往是并存的，对民族传统节日文化的开发为苗族地区带来了巨大的经济效益，改善了当地苗族人民的物质生活水平，但同时也使苗族节日文化面临着遭受破坏的风险。那么，未来民族节日文化的开发保护之路到底在何方？

第一，开发时既要具有经济意识，也要具有文化意识；既要重视经济价值，也要重视文化价值，促使经济开发与文化保护有机结合、和谐并举，最终实现两者共同发展。开发是为了更好的保护，保护的目的是为了更好地弘扬民族文化，更好地促进地区经济发展，造福人民。因此，在开发利用时，正确处理好保护与开发的关系，坚持保护第一，开发第二，坚持“在开发中保护、在保护中发展”的思想，科学、合理地开发民族文化资源，开发中既重视其经济价值，也重视其文化价值，走经济开发与文化保护有机结合、和谐并举之路，推动苗族地区民族文化旅游业的发展，拓宽苗族群众增收致富的路径，促使地区经济、社会的发展，促使苗族节日文化更好地融入现代社会的发展，获得更好的保护，实现民族节日文化资源的可持续性发展。

第二，开发时既要看到经济效益，也要注重社会效益；既要看到短期效益，更要重视长远效益，要具有长远的眼光。坚持民族节日文化保护与开发的有机结合，既保存了本民族传统节日文化的精华，弘扬了民族文化，又注入了时代的新文化内涵，使民族文化传统与现代文化有机结合，民族文化特色与时代精神有机结合。此外，民族文化资源的开发不能只看眼前利益，而忽视了长远效益；不能片面追求经济效益，而使民族文化资源和环境遭到破坏。民族文化资源是不可再生的，一旦遭到破坏将是不可弥补的。

第二节　乌江流域苗族传统节日文化开发的基本原则

当前，为了改变乌江流域苗族地区贫困落后的面貌，提高少数民族人民的生活水平，对传统节日文化的开发成为促进民族地区社会经济发展的重要途径，开发的价值和意义很大。但开发不是急功近利的过程，应该有一个科学的、整体的、切合实际的、长远的规划，绝对不能边开发边破坏，不能以破坏苗族传统节日文化和人文生态环境为代价，因而在开发过程中必须要遵循基本的原则。

一、特色原则

所谓特色，就是“你无我有”“唯我独有”。乌江流域民族村寨开发坚持“创造差异、展现特色”的思想路线，紧紧围绕当地最具特色的人文、自然优势，从食、住、行、娱、游、购等各方面，强化和提升出独具特色的乌江苗族旅游产品。不仅使村寨旅游产品富有竞争力，而且避免了产品的雷同与恶性竞争，有利于不同村寨的分工合作与区域旅游业的共同发展。当地的每一个苗族节庆活动都有独特的定位和主题，突出了苗族节庆文化的个性及内涵，丰富了苗族节庆文化的内容和活力。为了突出当地苗族村寨的特色，应该在规划上有所作为，苗寨建设必须做到合理规划、科学建设。

（一）彰显乌江流域苗族传统节日文化的个性特色

乌江流域的苗族节日要突出文化个性，彰显生态特色。在贵州这片土地上，苗族文化异彩纷呈、个性鲜明，就算是同一个民族也会因地域方言差异呈现出不完全相同的文化特征。在居住环境上，绝大多数苗族村寨非常注重生态建设，森林覆盖率很高，生态环境良好，坚决杜绝出现“千村一面”的现象。称为“中国第一苗都”的千户苗寨西江的村寨房屋建设由于缺乏统一规划、设计，使一些钢筋混凝土建筑物夹杂其间，破坏了苗寨传统苗家吊脚楼整体建筑风格的协调，另外，还在观景最佳位置修建了一座红柱绿顶的纯汉族风格的牌坊，破坏了苗寨淳朴自然的美感。由此可见，保护、挖掘和传承优秀民族文化是规划建设的重要内容，应充分发挥民族文化的特殊作用，以民族文化作为民族村寨的独特标志，彰显民族魅力。

旅游开发是对乌江流域苗族节日文化的准确定位，要把握住苗族节日文化的精髓，而不是迎合游客好奇心的商业开发，要防止“伪苗族节日文化”现象的发生。不是所有的苗族节日文化都适宜旅游开发，对于一些不适合作开发的，如某些庄重的祭祀仪式活动、祭祀性节日、宗教活动等的开发要慎重。“发挥优势、突出特色、创立品牌”，才能让乌江流域苗族节日文化屹立于世界文化丛林。“民族特色是一个民族区别于其他民族的显著特点，是民族文化的重要体现，是能否进行民族旅游开发的关键，对一个地区来讲，其民族味越浓，民族特色越鲜明，则对游客的吸引力就越强，进行旅游开发的价值就越大。”① 乌江流域打造特色苗族节日文化，分主次有选择性地开发其最为有特色的部分，也是其最具优势的部分，才能创立品牌。因此，对黔东南苗族节日文化的开发要发挥优势，出路在突出特色，重点是创立品牌。

（二）坚持活态与原生态保护

面对现代文化的强烈冲击，许多优秀的苗族节日文化正在减弱，甚至

① 丁健、彭华：《民族旅游开发的影响因素分析》，载《经济地理》，2002 年第 2 期。

消亡。如何解决乌江流域苗族节日文化的自觉和商品意识的冲突以及文化传承与现代文明之间的矛盾？实践已经证明：秉承活态保护原则是保护苗族节日文化的最佳方式之一。从古至今，苗族作为一个特殊的族群，在辛勤的劳动中逐渐创造了一个系统的独特的文化体系，其内容博大精深、辉煌灿烂。随着社会的发展，苗族节日文化也在演进中兼容、丰富和进步，具有极强的适应力和生命力，值得传承和发展。但是，那种为标新立异、满足好奇心和创收的商业运作模式，对苗族节日文化发展是百害而无一利的。近年来，许多地方政府用歪了国家的民族政策，把节庆文化搞得面目全非（比如舞台上的“原生态”歌舞大多是创编的）。因此，必须正确处理好各种民族文化的关系，崇尚包容的精神，相互借鉴和学习，才能更好地推动苗族传统节日文化的传承和发展。

武陵山区（湘西）土家族苗族文化生态保护节在湖南凤凰县开幕。开幕式上，众多原生态的土家族与苗族文化表演，受到观众热捧。该活动旨在促进民族文化的传承与发展，推动湘西民族文化繁荣、文化与旅游深度融合。可见，原生态保护是科学地、准确地定位乌江流域苗族节日文化的基础和前提；认识并定位苗族节日文化的原生态特征，不仅关系到苗族节日文化本身的传承和保护，还关系到民族团结和稳定。我们不能一味地追求现代的节日文化，因为越原始越能彰显民族节日文化的独特性。无论是哪个民族，其发展都经历了从原始到现代的漫长过程，原生态是乌江流域苗族节日文化的主要特色，苗族的茅草房、叉叉房作为宝贵财富保存或展示，将鲜活地展现出乌江流域苗族节日文化的原始与古朴，也凸显了苗族的辉煌灿烂文化以及苗族自身适应社会发展变化的强大能力。

二、整体原则

根据《中华人民共和国非物质文化遗产法》第四条：“保护非物质文化遗产，应当注重其真实性、整体性和传承性，有利于增强中华民族的文化认同，有利于维护国家统一和民族团结，有利于促进社会和谐和可持续发展。”如何全方位地展示乌江流域民族节日文化独特的地域性，这就需要建立保障机制，根据不同区域的苗族村寨设计不同旅游景观，用内容丰富的苗族节日文化活动吸引人、感召人、打动人。对乌江流域的苗族地区来说，在开发时首先要组织力量，集中时间和精力，对区域内的苗族节日文化进行全面普查，掌握具体情况，弄清分类、分布等。在这些资料的基础上，再对乌江流域苗族地区的苗族节日文化做“整体性”的发展规划，避免苗族节日文化的重复再现，充分展示乌江流域苗族节日文化的多样性和复杂性。

（一）推进乌江流域苗族节日文化的保护与传承

首先，拟定总体保护方案。对乌江流域苗族节日文化的保护是一项长期的、系统的工程，不仅要突出保护的对象与内容，而且还要采用科学的手段及措施，尤其是在苗族节日文化开发利用热潮日益高涨的情况下，更加要注意保护方法。

其次，建立保障机制。乌江流域苗族节日文化的保护和传承是一项需要大量资金支持的事业，政府要建立起长期有效的资金保障机制，保证资金稳定的投入；鼓励社会各方面力量参与民族文化的传承工作，这样可以得到必需的帮助。健全民族古籍的保障机制，将各民族有形的或无形的、口头的或文字的文化遗产用实物文本收藏、声像影像记录等方式保存于博物馆、图书馆、展览馆、数据库、信息库等之中，使之以固定的形态得到传承和记忆。

再次，制定单项保护规划。例如，制定苗族村寨保护规划，那些具有民族特色、保护价值的苗族村寨，凸显出该区域苗族节日文化的原生态性，因此，要确定生态保护区，划定保护范围并追踪建设，严格地加以保护。在旅游开发的推动下，“姊妹节”的文化元素作为吸引游客的旅游产品，为迎合旅游者的需求当然免不了被进行包装和打造。传统活动的内容和方式随着旅游活动的开展而日益商品化，歌舞中浓烈的表演色彩，导致当地固有文化特色的淡化或破坏，失去了苗族节日文化的原生态特征。“姊妹节”开发的目的不仅仅是为了旅游效益，也是为了乌江流域节日文化的传承与发展。在开发过程中，我们应坚持可持续发展原则，正确处理旅游资源的保护与开发、传承与发展的关系，尽量使旅游资源保留苗族文化的原生态特色。

（二）重视乌江流域苗族节日文化的生存与发展

乌江流域苗族群众的语言、宗教信仰、服饰、生活方式和人际交往、禁忌与风俗习惯等不仅是苗族成员在一定的环境下潜移默化形成的，也是该流域苗族同胞心理和情感的重要组成部分。

首先，强调乌江流域苗族节日文化的原生态性和特色性，使该地区苗族村民真正认识到本民族文化的价值，产生认同感和自豪感，并在此基础上弘扬本民族节日文化。特色是该地区苗族节日文化的生命线，也是文化、生态价值的重要体现。苗族是一个热爱舞蹈的民族，芦笙长鼓舞是云雾山“海葩苗”特有的原生态民间舞。长鼓舞距今已有1000多年的历史。芦笙长鼓舞承载着“海葩苗”许多重大历史文化信息，是以歌舞娱神的形式来祭祀的活动。“海葩苗族”的先人们在漫漫的迁徙途中不忘从海边带上一种“海葩”即大海之花——海贝，并将其视为他们的图腾，以寄托他们对故土的思念之情，“海葩苗”因此而得名。长期居于云雾山麓的“海葩苗”同胞不仅聪颖智慧，还保留着独特而神秘的苗族节日文化，无论在服饰工艺、生活习俗、农耕劳作等方面，都有其独特的特色和人文积淀，这些文化一直在影响、推动着云雾山区地方经济、社会的发展。

其次，强调乌江流域苗族节日文化的主体性和创造性。对该流域苗族节日文化进行活态保护时，保护的不是原封不动的苗族节日文化内容，而是苗族节日文化的本真性，最大限度地保护该流域苗族节日文化的内涵与精髓，适度创新地改革，使其更能适应新时代人类对节日文化的需求。人是苗族节日文化的创造者和传承者，人是节日文化活动的主体，如果失去了最初的主体，何谈苗族节日文化的本真性保护？对苗族节日文化资源的开发利用，一定不能忽略其科学发展规律，要进行适度开发，尽量避免文化物质遗产或非物质遗产保护失衡现象的发生，要做到珍视和保护现在的本真性的苗族节日文化价值和科学研究价值。

三、创新原则

乌江流域苗族节日文化的当代变异主要表现在：参与者群体的变化、节日内容的创新。新的节日文化活动不断涌现，其中观念的变化是最根本的原因。这些变化不仅反映了当代人对苗族节日文化的思想创新，也反映了当代苗族节日文化为对现实生活的积极回应。在社会发展与文化主体需求的共同推动下，乌江流域苗族节日文化要走创新发展之路。

（一）传统是创新的基础

创新是一个民族进步的灵魂和动力。社会在发展，乌江流域苗族节日文化也需要和时代相结合，在社会变迁时要用主动的“变”来应对被动的“变”，否则就很难和市场接轨，但创新要在传统的基础上进行，在传统的土壤中进行培育，否则就会失去该地区的民族特色。有的节日逐渐被淘汰，如苗族的“吃牯脏”和“打石头仗”，而一些新的苗族节日又诞生了，这些反映出民族历史发展的痕迹。1950 年，解放军在清匪反霸中帮助渡马各族人民建立乡人民政权，7 月 20 日这天召开群众大会，会上歌声嘹亮，山坪一片欢腾。为纪念这个人民当家做主的日子，当地群众每逢 7 月 20 日，便会自发地来到大会旧址集会唱歌。于是，便形成了一个新的民族节日。贵定苗族的“杀鱼会”是在插秧上坎之后，大家下河杀鱼，在野外聚众会餐再现了原始社会中人们共同劳动、共同享用的渔猎生活场景。

黔东南苗族的“吃姊妹饭”，则反映出母系氏族社会的家庭和婚姻关系。现如今“姊妹节”的活动内容也更加丰富，在传统的基础上新增了很多项目，如民族盛装游演、开幕式大型歌舞表演、招商引资仪式、民族民间商品展销、老庚捞鱼虾习俗演示、苗族婚民俗演示等。每户苗家照例做姊妹饭，但它已不再是青年女子表达心意的信物；当地苗族人民以歌会友，以歌示爱，以劳动为基础的婚姻价值观也在悄然发生变化。从一些古老的苗族节日文化中，可以寻找到苗族同胞前进的足迹和历史发展的进程。乌江流域苗族节日文化在时间中循环，人们可以不断地脱离日常世俗时空，回到神圣的历史中重温传统、体味传统，从中汲取新的文化力量。在强调文化本位、文化自信的当代社会，更需要我们对苗族节日文化进行反思和重构。

（二）继承是创新的前提

乌江流域苗族节日文化的传承与发展也要强调创新。因为，任何一个与时代同步的民族，在他们身上都体现了民族性与时代性相结合的特点。五千年汉唐慷慨激昂，五千年历史豪迈悲壮，在继承和弘扬自身传统中发展，在不断发展变化的社会实践中更新。要在继承和弘扬乌江流域苗族传统节日文化的基础上有所创新，就必须正确对待苗族节日文化。苗族节日文化中优秀的部分会成为民族前进的动力，而保守的部分会阻碍民族文化的进步，因此，我们要一分为二地对待苗族节日文化，坚持“取其精华，弃其糟粕”的原则。

乌江流域苗族节日文化凝聚了苗族同胞的勤劳和智慧，是该地区苗族人民赖以生存和发展的力量支持。该流域苗族的发展和复兴，离不开对优秀节日文化的继承。而继承苗族节日文化，重要的是要立足于现实，继承苗族节日文化中有生命力的部分。在传承和发展优秀苗族节日文化的基础上，始终把文化创新作为文化发展的战略基点和前进动力，不断提高苗族文化自主创新能力。坚持传承与创新并重的原则，使苗族传统节日文化适应时代的发展，在开展苗族节日文化活动时，除了要继承优秀传统文化，保留其独特的地方风韵外，更要紧跟时代步伐，为其输入时代的新鲜血液，赋予乌江流域苗族节日文化新的内涵。

四、可持续发展原则

可持续发展是指既满足现代人的需求，又不损害后代人满足需求的能力。文化多样性是可持续发展的源泉，也是关系到人类文明续存的根本问题。乌江流域苗族同胞将大量的具有象征意义和精神意义的文化要素，注入一定的仪式中（如苗族巫师进行巫事的仪式），如果不加选择地将它们开发，就会造成苗族节日文化的肤浅化和庸俗化。因此，在开发苗族村寨所承载的苗族节日文化资源时，应注重适度原则，不能过度开发。在这方面，黔东南苗族文化村寨的开发获得了一定的经验，如作为民族风情旅游定点衬寨的郎德上寨、青曼、摆仰、车江、肇兴、地坪，仍保持着某种传统乡土工艺、建筑、银饰加工、刺绣、蜡染等文化特质。

（一）开发与保护兼顾

加大宣传教育力度是乌江流域苗族节日文化可持续发展的前提；培养

后继人才也是该流域苗族节日文化发展的关键；建立苗族节日文化保护区是可持续发展的基础。要构建以人为本，以自然景观与人文景观为依托，把区域内的资源、经济、社会、文化等要素构成人与自然和谐的生态环境系统，以实现苗族节日文化的可持续发展。良好的生态环境是人类生存繁衍和社会经济发展的基础，也是苗族节日文化可持续发展的必要条件。乌江流域苗族文化具有广阔的开发潜力，但在开发过程中应注意以下几个原则：

一是对遗产类文化资源应遵循“保护第一、开发第二”的原则，尤其是珍贵的文化文物遗产和保护单位更应如此，这些资源一旦丧失，将无法修复。因此，在对这些资源的开发上，应坚持保护优先，适当开发，利用开发收益加强保护，做到保护有力度、开发有尺度，开发与保护兼顾；二是真实性原则，该流域部分苗族节日文化资源的开发可能会破坏文化生态，影响文化的传承，有些地区在旅游开发过程中，为了宣传和提高知名度，存在文化“造假、造谣、造势”现象，甚至掩盖了原文化的真实性，影响了文化的传承。因此，在对这类苗族节日文化资源的开发过程中应坚持实事求是的原则，有道德、有底线。三是坚持民族团结性原则，对乌江流域苗族节日文化的开发要以民族和谐、民族团结为前提，禁止一切不利于民族和谐的开发方式。民族问题历来备受关注，因此，在对该流域苗族节日文化资源的开发过程中必须“三思而后行”，以民族团结和社会稳定为基础。

（二）传承与创新同步

乌江流域苗族节日文化在加速现代化进程的同时，要有意识地保护好自己传统的优秀文化。保持苗族节日文化不是简单的封存，而是以多姿多彩、各种各样的文化形态进行传承。纵观悠悠数千年华夏文明，无论是宽袖长袍还是剃发蓄辫，历史的遗风不曾消逝，至今仍活现于荧屏银幕之上，给后人带来了难以估量的精神财富。保持传统也不是兼收并蓄，而是要保持该流域民族节日文化的精粹，亦即最有生命力的部分。比如苗族的歌舞和服饰，它们不仅是苗族文化的物质载体，也是苗族的标志和精神象征，保护好这些，民族特色就恒久永远。我们要审慎地拂去陈年旧屑，细致地剔析出精髓，着力加以培育，使之壮大乃至升华，这才是极其需要做的。文化既然产生于生产生活中，生产方式、生活习惯变了，文化也只有跟着发展，才会具有生命力，否则会不可避免地走向衰落。放眼世界民族之林，没有哪个地区哪个民族的文化是一成不变的，同一民族的不同支系或处在不同时代，传统文化也韵味迥异。一个民族的传统文化有所创新，才会鲜活；有所发展，才符合时代的节拍；唯有与时俱进，才能成为先进的文化。对于该流域的苗族节日文化来说，新文化的出现无疑对其构成了一种强有力的冲击与挑战。

苗族节日文化很有可能在这种冲击下衰退、变异、甚至消亡。但是，原封不动的保留方式，只能将苗族传统文化停滞在原有的发展阶段，这更是不科学的。由于历史的变迁，导致一些原有的古老文化的消亡，这令人感到遗憾，也违背了历史发展规律，不符合苗族人民的愿望与利益。所以我们既要及时进行大量的收集、整理、记录、完善，以保证该流域苗族传统文化基因库的相对完整；同时又要为苗族节日文化寻找到一条兴旺、发展之路，以避免在传承过程中出现断裂，在社会主义和谐文化建设中，要保持苗族节日文化的特色与个性，这就需要坚持节日文化的可持续发展原则。许多正处于发展中的国家和民族在经历经济发展巨变的过程中，传统文化都经历了从被忽视到重新回归的过程，可以说这是社会发展所必须经历的阶段。在社会主义经济建设之际，我们应该把这些作为前车之鉴，在文化的保护与传承问题上做好充分的心理准备，这样可以使我们少走些弯路，在文化发展上少留些遗憾。我们要培养一支业务能力强，具有奉献精神的苗族节日文化工作队伍，通过工作来不断丰富苗族节日文化的蕴涵和提升品位，不断赋予苗族节日文化以新的内涵。

第三节　科学构建乌江流域苗族传统节日文化的保护与开发模式

乌江流域苗族地区，一般都地处偏僻，交通不便，经济滞后，其最大的优势就在于其丰富的民族文化资源，只要对其进行合理的开发和利用，便可以促进地区社会经济的发展，实现对苗族文化的保护和传承，达到双赢。但同时我们也要正视现实，尽最大的努力把旅游开发对苗族传统节日文化造成的负面影响控制在最小范围，保护地区的自然文化生态环境，保护苗族村寨的寨容寨貌，使乌江流域苗族地区节日旅游获得可持续发展，推进社会的和谐进步。因此，除了专家学者从理论上梳理清楚节日的来源、发展、变迁、类别、特征、功能等文化内涵，研究、探索保护与开发的有效路径外，在实践操作层面，我们更需要对保护与开发的具体模式进行不断的探索、创新，使其日臻完善。在我国的《现代汉语词典》中，把"模式"一词解释为："某种事物的标准形式或使人可以照着做的标准样式"①。对于苗族传统节日文化保护与开发的模式，当前主要有这四种：地方节庆模式、节日旅游模式、节日博物馆模式、节日文化传承基地模式。

一、地方节庆模式

乌江流域丰富的苗族传统节日文化资源具有重要的经济、文化、社会价值，这些资源如果得到合理的开发利用，将会造福苗族地区经济、造福人民，也能使这些珍贵的苗族传统节日文化得到保护和传承。但随着经济全球化浪潮席卷中国，安处偏远一隅的苗族村寨也深受其影响，苗族青壮年为了改变贫困的生活现状，离开家乡来到外面的世界，希望改变自己的命运，由此，偏远的苗族村寨人去楼空，只剩下老人和小孩留守在村子里，除了春节时大家都回去过，苗族的很多传统节日许久都没有人过了，如此下去，苗族的传统节日文化将面临消失的严重后果。

近年来，乌江流域苗族地区各地政府兴起了举办地方苗族节庆活动的潮流，各地政府纷纷选择当地最具特色、最具代表性的苗族传统节日，进行适当创新，以行政指令的方式将该节日设置为当地合法的、固定的节日，每年都如期举行节日庆祝活动。这种现象的出现，其一是由于在经济全球化过程中，世界范围出现了民俗文化复兴的现象；其二是在苗族传统节日文化日渐式微的今天，随着我国经济的不断发展，我国国家经济实力的增强，人民越发自尊、自信，从而在文化上表现出复兴传统文化、振兴

① 中国社会科学院语言研究所词典编辑室编：《现代汉语词典》，商务印书馆，1996 年版。

传统文化的需求。其三是乌江流域地方政府复兴地方传统文化的重要内容之一就是举办地方苗族节庆活动，即举办地方节会，“文化搭台，经济唱戏”，让苗族传统节庆活动服务社会，让苗族传统节日文化资源转化为现实的社会效益。通过举办地方苗族节庆活动，创地方苗族节日文化品牌，满足人们休闲娱乐、艺术审美的精神生活需要，向游客展示苗族的传统文化和地域的特色产品，提高地方的知名度和文化品位，吸引外资的投入，从而促进地方经济的持续发展，这也是乌江流域各地政府积极举办地方苗族节会的主要原因。

（一）地方传统型节庆模式

1. 节庆活动与节庆文化

西方研究者认为，“节庆就是一个地区的标志性事件，即依托目的地社区的社会经济、历史文化、风俗民情等方面的独特资源，加以整合包装，能够产生具有目的地标志性的独特形象和吸引力，在相对固定的时间和地点重复举办的活动。”① 我们一般认为，“节庆”是某地区为了扩大知名度，增强吸引力，对地区特有的自然文化资源，包括宗教、历史文化、民风民俗、艺术、名胜古迹、传统竞技等加以整合创新，在固定的时间和地点，重复举办融旅游、文化、经贸活动为一体的综合性节日庆典活动。“节庆是节日庆典的简称，其形式包括各种传统节日及在新时期创新的各种节日。”②

“节庆活动是一个民族在其历史发展进程中，不断孕育、形成、发展、衍化的，这正如一个民族的文化形态也是一个不断发展变化的动态过程一样，一些消失了，新的又不断涌现了，但不变的是这个民族千百年来凝聚而成的民族精神和民族特质。”③ 在原始社会，生产力非常低下，人们往往受制于大自然，敬畏自然，进而形成对自然的原始崇拜，苗族最早的节庆活动就是祭祀自然神灵，祈求庇佑，但当祭祀逐渐形成一定的规模，有了固定的节庆日期之后就逐渐演化成了节日。由此，苗族节庆活动就成了寄

① 黄翔、连建功：《中国节日旅游研究进展》，载《旅游科学》，2006 年第 1 期。
② 黄翔：《旅游区管理》，武汉大学出版社，2004 年版，第 220 页。
③ 范建华：《论节庆文化与节庆产业》，载《学术探索》，2011 年第 2 期。

托民族精神，纪念苗族英雄，促进生产劳动，进行社交娱乐活动，寻觅佳偶的节日庆典，它有固定的时间，有固定的节日庆祝场所，有固定的节日仪式，有丰富的节日内容，有多样的节日形式，有大量的、流动的群众的参与。

节庆活动首先具有文化属性，“节庆活动中孕育着节庆文化，节庆文化是节庆活动的深层内核”[①]。所谓“节庆文化”，是指民族节日及围绕这些节日开展的各类庆祝活动，由此逐渐形成的民俗文化。节庆文化是一个历史范畴，始终处于发展和变迁的过程中，它既具有传统的文化底蕴，又具有鲜明的时代特征，是传统文化与现代文明的有机融合，对现代城市经济发展有很大的促进作用。苗族“节庆文化”内容丰富，涉及宗教活动、纪念活动、生产活动、社交娱乐活动等领域，包含祭祀文化、农耕文化、祝颂文化、娱乐文化、婚恋文化、饮食文化、服饰文化等文化内涵；苗族“节庆文化”形式也多种多样，有苗族节日歌舞、节日乐器、节日服饰、节日饮食，等等；在节庆活动期间，各种苗族节庆民俗文化精品都得以在舞台上集中展示，让来自世界各地的游客深入体验苗族节日的民风民俗。此外，节庆活动除了具有文化属性之外，还具有经济属性。苗族节庆文化作为一种丰富的可以充分利用的文化资源，可以为社会大众提供文化消费，满足人们不同的精神生活需求，从而形成一种节庆经济。

2. 传统节庆概念

当前，从地方节庆形式来看，乌江流域各地政府举办的地方苗族节庆活动主要可分为两类：地方传统节庆和创新型节庆。

近年来，随着我国经济实力的增强，作为一种传统文化现象的“传统节庆”有显著复兴的趋势。所谓地方“传统节庆”，并不是跟原来的传统节日一模一样，而是在原有传统节日的基础上，对传统节日的内容和形式进行适当的“现代化”改造。即以乌江流域苗族传统节日为载体，部分改变或拓展其节日文化内涵，对节日活动内容进行适当的调整，适度地增减和创新，加入现代化的文化元素，融入经济发展要素，对苗族传统节日进行适当的现代化创新，通过举办复合型的、大规模的传统节庆活动，使苗

① 范建华：《论节庆文化与节庆产业》，载《学术探索》，2011 年第 2 期。

族传统节日更好地融入当代社会，更好地传承苗族传统节日文化，促进地区经济发展。这种模式是当前乌江流域苗族传统节日保护与开发的主要途径，也是使苗族传统节日与当代社会密切融合的有效方式，经过改造、创新的苗族传统节日具有了新的生命力，获得了可持续发展的动力，苗族传统节日也成为推动当地文化产业发展的重要资源。这种传统与现代相结合的开发方式，保留了苗族优秀的传统节日文化内涵，摈弃了不适应当代社会发展的、落后的、愚昧的文化内容，增强了节日文化的艺术性、观赏性、娱乐性、经济性功能，充分利用了当地的优势条件，在传统节日中整合当地的特色资源，提高地方的知名度和影响力，扩大节日参与者的范围，顺应了社会、经济、文化的发展规律，是社会发展的必然趋势。

3. 乌江流域地方传统节庆的具体模式

归纳来看，当前乌江流域苗族地区的地方传统节庆活动主要可以采用以下几种具体模式：

第一，“传统节日+新文化”的地方传统节庆活动，如乌江源百里画廊文化艺术节暨化屋苗族“跳花坡节”、贵阳市“四月八”“中国·黄平·谷陇‘九·二七’苗族芦笙会”、贵州镇宁苗族的“夜郎竹王节”等。现在，地方政府在打造地方传统节庆品牌时，往往选取当地苗族最具特色的、最有代表性的传统节日作为当地的固定节日来加以改造和创新，这类传统节日的改造顺应了社会发展的需要，在保留当地苗族传统节日原有文化内涵和传统形式的基础上，注入新的文化元素，如现代歌舞、现代杂技等，使苗族传统文化与现代文化不断融合，从而赋予其新的内容与形式。这种模式更多地注重继承、发扬、创新苗族的传统节日文化，让它与当代社会更好融合，以避免其衰亡，促使苗族传统节日文化实现可持续发展，因此，这类节日的经济因素并不显著，主要凸显的是其文化内涵，以文化吸引游客。这类节日现在不仅仅局限于在苗族村寨内举办，更多的是扩大到整个苗族地区，其影响力日益增强，活动参与者的范围日益扩大，世界各地的游客皆有。2013 年 4 月 21 日，乌江源百里画廊文化艺术节暨化屋苗族“跳花坡节”在乌江源百里画廊东风湖旅游区化屋景区举行。位于乌江流域贵州省毕节市黔西县化屋苗乡的化屋苗寨是国家文化部授牌命名的“中国民间文化艺术之乡”，在当地政府的引导下，该文化旅游节庆活动将苗族传统节日“跳花坡节”与当地的民间文化艺术有机结合，在节庆活动期间，游客可以观赏到黔西的杜鹃花海、化屋歪梳苗族的原生态民族歌舞和民族文化的传承展演，以及在多彩贵州歌唱大赛上获得优异成绩的歌手的表演，通过此节庆活动进一步拓展了游客市场。

第二，“传统节日+商贸活动”的地方传统节庆活动，即更多注重经济效益的经济性节庆活动。这类节庆活动在传统节日中加入促进经济发展的元素，如商贸交流会、商贸旅游活动等，使经贸和旅游得到了发展，也使苗族传统节日文化得到了保护和开发，带来了良好的经济效益，大大促进了当地的经济增长。但这种模式在带来一些节庆产业发展契机的同时，也出现了诸多问题，因此，要特别注意在传统节庆中开展商贸活动一定要适度，如果本末倒置，以商业消费为主，节日文化为辅，那么，传统节庆文化将不断走向商业化，传统节庆活动将会因失去文化的土壤而难以持续发展。1980 年的农历六月二十四日，在贵州黔南州贵定县“6. 24”苗族会亲节上，就举办了“物资交流大会”，苗族姑娘们纷纷在节日集会上“亮家当”，节日集会成了苗族工艺美术和民族服饰的展览，很多人都在“会亲节”上收集了许多民族服饰图案和少数民族工艺美术品。现在，这种在苗族节庆活动中加入商贸经济活动的模式更受到地方政府的青睐，成为政府举办节庆活动时最经常采用的模式。2015 年 8 月 20 日，一年一度的乌江流域贵州省赫章县舍虎“花山节”如期举办。“花山节”除了大家一起唱歌跳舞娱乐之外，政府还建立了“花山节”临时商业区，临时商业区分为小商品区、服装展示区、饮食区三部分，小商品区主要经营儿童玩具，饮食区主要出售苗家人最爱的炖羊肉汤锅，服装展示区则主要销售苗族服饰。其中花山节上炖羊汤锅和经销苗族服装的苗族个体户就有 20 多家。赶花山的人们，看完苗族歌舞，便到商品区吃饭喝酒、消费购物，给商户们带来可观的经济收益的同时，也促进了当地社会经济的发展。2015 年 11 月 8 日（农历九月二十七），享有盛名的全国十大少数民族集会之一的“中国・黄平谷陇‘九・二七’苗族芦笙节”在贵州黄平县谷陇镇隆重举行，集会历时三天，节日期间吸引了众多来自贵州省内外的苗族同胞及国内外游客，前来参加集会人数累计达到了 30 万人次以上。本届芦笙会的比赛项目涉及芦笙赛、斗牛、苗族歌舞、苗族服饰展示、赛马、斗鸟、斗鸡、银饰现场制作、刺绣现场制作、篮球比赛及摄影展等 11 个项目。此外，开幕式上还邀请了著名相声表演艺术家牛群，黄平籍苗族歌后阿幼朵，著名歌手杨胜文、阿娜丹等前来主持和演出，让广大苗族同胞享受到一场视觉与听觉相交融的民族节日歌舞盛宴。由此看来，今天的苗族“会亲节”“花山节”“芦笙节”等传统节庆，经过政府的改造、包装、运作，已成为当地的一个节日文化品牌，这些传统节日除了保留传统的文化习俗外，还被赋予了新的时代内容，被改造成集旅游、商贸、文化交流等多种功能为一体的大型民族传统节庆活动，更成为地方政府招商引资的平台。

第三，“传统节日+体育赛事”的地方传统节庆活动。在过去，苗族传统节日庆祝活动中一直都包含有民间体育比赛活动，如乌江流域湖北利川市正月举行的“踩花山”就有斗牛、斗画眉的比赛活动；贵州省福泉市干坝乡斑鸠石、福泉市仙桥乡“王卡苗寨”等很多地方都有“斗牛节”，专门举行斗牛比赛；松桃牛郎区苗族正月初九的“赶年节”有上刀梯、舞狮、要龙的体育活动；黄平九月芦笙会、施秉县白洗乡苗族“芦笙会”等节日活动中有赛马、斗牛、斗雀的体育活动；清水江两岸施秉一带的“龙船节”有划龙舟、赛马、斗雀等体育比赛活动，等等。这些体育比赛所具有的群众性、娱乐性、杂技性、健身性功能都很强，有利于全民参与、强身健体，增进各民族群众的交流和团结。现在，苗族传统节庆活动中除了有传统的体育运动项目外，更增加了长跑、篮球、水上运动等比赛活动，如中国乌江苗族“踩花山节”暨中国·彭水水上运动大赛现在就非常知名，做得很成功。彭水是乌江流域重庆市唯一的苗族自治县，享有“中国最佳文化休闲旅游县”和“全国民间文化艺术之乡”的美称，在节庆活动的策划中，坚持政府主导、市场运作的原则，按照“以节为媒，包装产品，发展旅游”的思想，以“欣赏水上运动，体验民族风情”为主线，以展现重庆彭水苗族的民族节日风情和打造具有国际影响力的品牌体育赛事活动为手段，充分利用彭水丰富的节日文化资源和水资源，独树一帜地开创了“一节一赛”的模式，将苗族传统节日即乌江苗族“踩花山节”与体育赛事“水上运动大赛”紧密结合起来，载歌载舞、精彩纷呈的苗族节日活动，刺激的摩托艇联赛、中美澳艺术滑水明星对抗赛、阿依河国际漂流大赛、江河钓鱼大赛、龙舟赛等水上运动大赛，吸引了众多海内外游客，产生了巨大的经济效益，形成了彭水响亮的苗族节日文化品牌，现已成功举办了四届。

（二）地方创新型节庆模式

当前，“以节招商，文化搭台，经济唱戏”的经济发展模式在全国各地非常盛行，地方节庆经济、节庆产业蓬勃发展，乌江流域地方政府也纷纷以办节的形式推介具有地方特色的产品，以打造节庆品牌来加强对外的整体形象宣传。但地方政府在对传统节庆的保护与开发中，需要注重什么呢？笔者认为一定要注重保护与创新的紧密结合。保护并不意味着一成不变，保护与创新并不矛盾，创新发展的目的是为了更好地保护苗族传统节日文化，因此，我们要在保护的基础上适当进行现代化的创新，使其更好地适应现代社会的发展，让苗族传统节日文化和现代城市文化有机结合，让它在现代社会中发展自我，在创新中焕发出新的生命力。

1. 创新型节庆概念

那么，何谓地方创新型节庆呢？所谓“创新型节庆”，是指依托苗族传统节日文化，创造出的“新型节日”，该“新型节日”原本是没有的，完全是“人为生产”出来的。“新型节日”如何才能被创造出来呢？

第一，依托乌江流域苗族地区特有的自然生态资源和优美的自然环境，创立“新型节日”。如每年农历八月初五，乌江流域“中国 · 贵州 · 赫章苗族‘韭菜花节’”在赫章大韭菜坪举行，该节日实际上起源于苗族“花山节”，由于赫章大韭菜坪是世界最大的连片喀斯特地区，是全国唯一的万亩野韭菜花保护地，2014 年已成功申报“中国野生韭菜——多星韭之乡”，有着数十万亩野生韭菜花，盛开期时，漫山遍野的韭菜花迎风摇曳、美不胜收，宛若人间仙境，吸引了众多的游客前来观光拍摄。因此，当地政府依托自然生态资源的优势，创造出“新型节日”——赫章苗族“韭菜花节”，为赫章文化旅游产业的发展增添新的活力。

第二，依托乌江流域苗族特有的宗教信仰、节日传说、节日习俗等节日文化资源，创立“新型节日”。如 2012 年 8 月 25 日至 27 日，乌江流域贵州施秉县双井镇举行的第三届苗族“蝴蝶妈祖文化节”；2014 年 5 月 30 日（农历五月初二），乌江流域贵州毕节市大方县举行的“兴隆乡第八届原生态苗族文化节”；2015 年 5 月 4 日（农历三月十五），乌江流域贵州水城县海发苗寨举办的第八届“苗族芦笙艺术节”。这些节日都是当地政府依托当地的传统文化创立而成的“新型节日”，一方面为了传承苗族传统文化，一方面为了扩大地区知名度，带领当地苗族群众脱贫致富。

第三，从整体上把乌江流域苗族地区的宗教、历史文化、旅游、商贸、艺术、名胜古迹、饮食等各种资源重新加以整合与配置，冠以一个节日的名称，进而举办综合性的、大规模的、复合型的节庆活动，实现苗族节日的创新性开发。近年来，随着对苗族地区文化资源的不断开发，文化产业不断发展，这种复合型“新型节日”的开发模式正成为各地政府促进地方经济增长的新选择。2011 年 3 月 17 日，贵州“安顺市第九届油菜花节暨旅游商品展销会”在安顺市西秀区若飞广场举行，本次节庆活动主要以贵州“油菜花节”带动商品展销，向游客展示贵州的民族旅游商品，吸引群众参观购物消费。2015 年 3 月 1 日至 3 月 31 日期间，“贵州・安顺（龙宫）第十三届油菜花旅游节”隆重开幕，本次节庆活动新加入了“春满大地龙宫深呼吸”——瑜伽体验，作为龙宫 2015 年油菜花旅游节的启幕亮点活动。2015 年 6 月 20 日，为了丰富人民群众的文体娱乐生活，促进全民开展健身运动，“中国・思南第四届乌江龙舟节暨思南杯龙舟赛”在思南县思唐办事处乌江二桥到一桥举行。以上节日都属于“新型节日”，都是当地政府整合当地的文化、旅游、商贸、艺术等资源创立的综合性的、大规模的、复合型的创新型节庆活动。这种创新型节庆活动，给人们带来了休闲娱乐的好去处，给苗族地区群众带来更多的就业机会，使其从中受益，同时也带动了当地特色文化产业的发展，推动了地方经济、社会、文化的发展。

2. 创新时需要注意的问题

乌江流域各地政府在开发地方“创新型节庆”时，不能一味地想吸引游客，促进地方经济增长，而忽略了苗族传统节日文化的耐受力，导致其受到现代文化的冲击而日渐衰亡。因此，创新时需要注意以下问题：

第一，创新不是无中生有。一定要依托当地的各种资源尤其是依托当地苗族的传统文化资源进行“新型节日”的创新，以传承、发展苗族传统文化，避免其走向衰落和消亡。

第二，创新时要适度增加节日的时代特征和经济发展元素，扩大苗族节日的功能，推进节庆文化的繁荣，实现文化与经济的双丰收。

第三，创新时要注重文化与旅游的有机结合，发展节日文化产业，开展节日旅游，形成节庆经济效应。

第四，创新时要注重苗族传统节日文化的价值内核，眼光不能仅仅局限于外在直接的经济效益，不能以赢利来论成败，要充分发挥其社会文化价值，促进民族团结，维护社会稳定，建设社会主义和谐社会。

二、苗族节日旅游模式

随着经济全球化的到来，现代社会日新月异地发展，现代人的工作、生活节奏越来越快，在繁忙的工作之余人们渴望得到全身心的放松，于是，越来越多的人选择去远方旅行，旅游现在已经成为人们休闲娱乐的主要方式。近年来，民族节日文化旅游越来越受到人们的青睐，旅游中的民族文化活动部分，蕴含了深厚的民族文化内涵，展现了特有的民俗风情，苗族同胞身着节日盛装、载歌载舞，吸引了众多游客前来观赏、体验、消费，各地政府抓住机遇，倡导“节日搭台，经济唱戏”，以苗族节日活动为载体，将苗族传统节日文化与旅游有机结合，大力发展民族特色文化旅游，发展地方特色经济，由此，节日旅游经济初见端倪，成为拉动地方经济增长的重要因素。

（一）民族节日旅游概念

“民族节日旅游”，一般是指以鲜明民族传统文化为主题的公众性节日庆典活动为吸引游客而开发出来的一种现代新型旅游产品。民族节日庆典活动一般都积淀了丰厚的地方历史文化内涵，内容非常丰富，其活动项目的开放性、参与性、娱乐性都很强，各地政府再加以指导，自然吸引了众多游客的到来，带动当地旅游业的发展，推动地方经济增长，并对传承地方民族传统文化、提高地方知名度、塑造地方节日文化旅游品牌等都产生了重要的作用，由此，纯粹的地方传统节庆活动就逐渐演变为地方节日旅游活动。

通常，民族节日旅游是将民族传统节庆活动与旅游产业、经贸活动有机结合起来，因此，其旅游活动项目多种多样且别具特色，如地方节日庆典活动，地方特色产品展销会、交易会、博览会，对外经贸合作洽谈会，体育赛事，等等，这些民族特色文化旅游形式使地方民族传统文化得到保护、传承和发展，使节庆活动中蕴含的节庆文化资源成为开发旅游业的优质资源，对当地旅游业的发展、经济的繁荣都起到了重要的推动作用。

（二）苗族节日旅游开发的具体模式

乌江流域苗族地区有着丰厚的苗族传统节日文化资源，有着优美的自然风光，特别适合开发节日旅游。据贵州黔东南州旅游局调查显示，到黔东南旅游观光的游客中，有70%是被各种民族节日吸引来的。近年来，乌江流域贵州、重庆等省市在发展苗族节日旅游方面取得了很大成功。在“以节为媒，发展旅游，打造文化旅游产品”思想的指导下，贵阳市“四月八”“中国·黄平·谷陇‘九·二七’苗族芦笙会”、中国乌江苗族“踩花山节”暨中国重庆彭水水上运动大赛等综合性的、大规模的苗族节庆活动的举办带动了当地节日旅游的发展，使文化与旅游相结合，传统与现代相结合，游客在欣赏如画的美景时，还可尽情参与苗族的节日狂欢，深入体验苗族特有的民族风情，获得全新的旅游体验。

在对乌江流域苗族地区节日旅游的具体开发过程中，我们需要思考几个问题：苗族节日旅游的核心是什么？应该如何在苗族地区依托苗族传统节日文化资源开发苗族节日旅游？具体要如何实施？在苗族节日旅游的开发中，我们首先要认识到节日旅游的核心不是单纯的“游”，而是民族文化，是有着深厚历史底蕴的苗族传统节日文化，我们要充分认识到它在节日旅游中的核心地位。首先，我们要防止自然资源与文化资源脱节，要将文化注入旅游之中，让旅游具有生命力，旅游不仅仅是走马观花的欣赏自然风光，不仅仅是吃喝玩乐，旅游不仅要游、购、娱，更要提升到赏和思的高度，让游客获得美好的精神体验。其次，在民族文化市场化、商品化的旅游开发过程中，苗族文化的原真性不可避免地会受到或多或少的影响，我们需要寻找苗族传统节日文化与现代旅游的契合点，尽量保持苗族传统文化的原真性，使苗族文化的真实性在文化商品化的过程中受到最小影响，最终实现民族地区经济与民族文化保护的双赢。总之，我们需要找到一种民族节日旅游的具体开发模式，既不阻挡地方政府发展旅游促进地方经济，也要保持苗族文化的原真性，因此，苗族节日旅游开发的具体模式，是我们当前需要仔细思量的非常重要的问题，有时候开发模式的优劣将决定苗族节日旅游开发的成败。

1. 苗族活态民俗节日文化保护区模式

"苗族文化丰富多彩，一个苗族村寨往往就是一部丰富的历史。"① 苗寨虽小，节日文化却是多姿多彩。苗族村寨是苗族群众的聚居地，是中国最基层的苗族社区，是苗族传统节日文化生存的土壤，传统节日文化一直存活在苗族村民的日常生活、生产劳动之中，在他们的生活方式、生产方式、饮食习惯里。当前，我国的新农村建设正在大力开展，苗族村寨承载了丰富而独特的民族文化，对于旅游者自身所处的文化环境来说，完全是一种新奇的异质文化，容易给外来旅游者带来很大的吸引力，这也为苗族村寨节日旅游开发提供了前所未有的机遇和条件。乌江流域苗族地区有许多别具特色的苗族村寨，如由国家住房和城乡建设部、文化部、财政部等七部委于2012年、2013年和2014年分三批公布列入中国传统村落名录中，贵州黄平县谷陇镇苗陇村（第二批）和平寨村（第三批）位列其中，而谷陇镇的苗陇村和平寨村就是集中反映苗族传统文化村落的代表；贵州省铜仁市松桃苗族的新寨村，已跻身省级保护单位；此外，还有许多颇具特色的苗族村寨，如贵州施秉县杨柳塘镇高塘村（即高塘苗寨）、六盘水市六枝梭嘎乡陇嘎村（长角苗）、水城县青林乡海发村（海发苗寨）、织金县官寨苗族乡妥倮村（即妥倮苗寨，聚居歪梳苗）、贵阳市云岩区黔灵镇二桥苗寨、贵阳市乌当区东风镇石头村（石头苗寨）、松桃县苗王城和九龙村、关岭自治县永宁镇白岩村（白岩苗寨）、黔南贵定县四寨村，等等。乌江流域虽然有众多特色鲜明的苗族村寨，但很多却是籍籍无名，有些就算有一定的知名度，其知名度和影响力也远远不及雷山县的"西江千户苗寨"和"上郎德苗寨"那样享誉海内外，因此，地方政府可以另辟蹊径，开发苗族村寨节日特色旅游，打造苗族传统节日文化知名品牌。

地方政府可以选择具有典型性的、别具特色的苗族自然村寨，充分利

① 曹端波、傅慧平、马静：《贵州东部高地苗族的婚姻、市场与文化》，知识产权出版社，2013年版。

用苗族村寨丰富的传统节日文化资源，调动苗族村民的积极性，尝试建立苗族活态民俗节日文化保护区。在保护区里，苗族村寨成为一个特殊的社区，它既是苗族村民的生活社区，也是节日旅游社区；苗族村民既成为旅游发展的主体，亦是旅游开发的客体。由此，把苗族村寨的节日文化作为旅游资源来开发，发展民族节日特色旅游，可以促使相对封闭的苗族村寨打开大门，增进苗族群众与外界的交流，开拓苗族群众的视野，使其了解现代科学知识、信息网络技术；同时，民族节日文化旅游产业的发展，也必将改善农村的基础设施建设，促进民族地区的经济增长，给苗族群众带来更多的就业机会。

保护区在开发的具体模式上，可以采用“政府引导+群众参与+市场运作”的模式。

第一，“政府引导”。地方政府要充分认识到其不是民族节日文化保护与开发的主体，而只是承担了“服务者”的职能，是民族节日文化保护与开发的“引导者”，把握民族节日文化保护与开发的宏观方向。在苗族活态民俗节日文化保护区里，政府要坚持“以苗族村寨为载体，以苗族传统节日文化为内容，以保持苗族原生态文化为目标”的开发思路，不以赢利为目的，以活态保护、传承苗族的原生态传统节日文化为目的，加大政府的支持力度。在乌江流域苗族村寨里按照当地的节日民俗，按照季节的变化，开展相应的岁时节庆活动，保护、传承该苗族村寨的每一个知名或者不知名的传统节日，让它以活态的方式自然地传承下去，促进苗族传统节日的复兴，当然，一些不适应时代的迷信和节日要加以摈弃。在保护区里，苗族村民如常生活，但在本村寨每一个节日到来的时候，根据原来的习俗，或者由个别整个村寨举行节庆活动，或者由家庭举行节庆活动，有限地开展苗族村寨节日旅游，不要因为政府的经济诉求或者游客的猎奇心理而改变节日活动的时间和地点，改变节日真实的内容和形式，游客可以暂时以一个苗家人的身份选择性地参与自己喜爱的节日活动，深刻感受苗族传统节日的文化魅力，体验苗族节日的习俗和庄严的祭祀仪式等。

第二，“群众参与”。苗族活态民俗节日文化保护区的建立，一定不能缺少当地苗族群众的力量。地方政府要充分认识到苗族群众是保护节日文化的真正主体，政府要制定出优惠的政策，切实保护苗族村民的各种权益和诉求，不强迫他们改变原有的生活习惯和生活方式，不破坏他们赖以生存的自然环境，并将旅游收益的一部分回馈给他们，充分调动他们的主动性、积极性，让他们自觉地参与到保护、开发苗族传统节日文化之中。之所以如此，一是因为相对于政府与开发者来说，苗族村寨及村民是较为弱势的一方，从道义上来说，应该对他们的权益加以保护；二是因为旅游开发的各种资源都是属于苗族村寨的，苗族文化旅游资源是全体村民共同所有，旅游开发的收益他们理应获得。三是因为广大苗族群众在参与苗族传统文化的保护与开发过程中，可以激发他们的民族自豪感，增强民族自信心，从而达到对本民族文化的高度认同，自觉参与到本民族文化的保护、传承中。

第三，“市场运作”。在市场经济条件下，保护区的建立需要大量的资金投入，除政府的财政支持外，地方政府还可以结合社会资本或专业文化公司，对苗族节日文化进行市场化、产业化运作，共同建立苗族活态民俗节日文化保护区，从而把民族节日文化资源作为产业来开发，使民族文化资源转化为现实的经济价值，促进民族地区的经济发展。近年来，苗族村寨旅游的开发模式大体可分为：家庭主导型、集体主导型、政府主导型、公司主导型或者综合型等，但现实情况是，保护区里涉及太多的利益主体，除了苗族村民这一主体的参与外，还包括了政府、公司、旅行社、游客等多个利益主体的参与，利益分配错综复杂，每个利益主体都会从自己的立场出发维护自己的利益，我们要承认各利益主体追求自身利益的合法性与正当性，遵循“谁投资、谁受益、谁承担风险”的原则，但同时也要考虑到深处开发环境的处于弱势一方的苗族村民们的各种权益是否得到了有效保护。

在保护区节日活动的举办过程中，有的活动需要整个村寨共同举行，有的活动是以家庭为单位举行，但无论是以什么方式举行节日活动，无论有无游客，游客多少，节日活动一定要如期举行，一定要保持节日的完整性、原真性，游客可以根据自己的需要选择自己想参与的活动。如可以通过设立苗族节日旅游“家庭接待户”的方式，如果游客想真实地体验苗族家庭的节日民俗，了解苗家人的日常生活习惯，最好的方式就是走进苗族村寨的一户家庭之中。游客可以选择在相应的季节、时间去参与，可以一天，也可以一个月或一年。如果是一天或几天的短期参与，游客可以以一个客人的身份参与自己喜欢的节日，了解苗族传统文化，感受其与其他文化的差异，感受浓浓的苗族风情。如果是长期参与，那么游客可以把自己当作这个家庭的一员，与他们同吃、同住、同生产、同过节，深刻的体验苗家人的日常生活，了解当地苗族节日的来源及历史传说。

对于一些大规模的、需要整个苗族村寨来举行的苗族传统节日，如鼓社节、招龙、四月八、花山节、苗年、芦笙节等，可在当地政府的指导下，苗族村寨村委会与专业的文化公司合作，共同打造节庆活动，塑造地方节日文化品牌，开发苗族节日旅游。但文化公司在打造节日旅游时，要坚守三个原则：一是不能为了吸引游客，随意改变节日内容和形式，将苗族歌舞等完全表演化、舞台化，将民族文化商品化，要力图保持苗族传统文化的真实性。二是要深入挖掘节日旅游资源的文化内涵，提高旅游产品的文化品位，开发高品质的文化旅游产品，打造民族文化精品。三是节庆中苗族歌舞、乐器、银饰、刺绣等民俗的展示工作，尽量选择本地苗族群众来担任，他们熟悉自己本民族的文化，还解决了苗族群众的就业问题。

2. 苗族村寨前台、后台保护模式

现在，在对苗族传统节日文化的保护与开发中，借助戈夫曼提出的前台、后台理论，也可以成为一种很好的民族节日旅游的开发模式。通过梳理，我们应该明了苗族传统节日文化的旅游开发最困难之处在于，文化的商业化带来的一系列弊端，最致命的弊端在于破坏了苗族传统节日文化的原真性，使节日文化流于表面化、肤浅化，而传统节日文化的真实性离我们越来越远。而戈夫曼提出的前台、后台理论在一定程度上解决了这一难题，它将苗族村寨（最好有两个苗族村寨）划分为两个部分，一个部分是前台，是游客直接看见的地方，是专门集中进行苗族节日歌舞表演等舞台展示的地方，是已经进行商业开发的领域，在这一领域，为了吸引游客，便于游客观赏和参与，节日活动、节日仪式、节日表演往往与它原来的模样相去甚远，原生态的苗族传统文化在这一商业化、表演化、舞台化的过程中逐渐消失；另一个部分就是后台，这是商业未涉足的地方，是未进行旅游开发的地方，是多数游客所看不见的地方，由此，苗族传统节日文化在这一保护圈中得以原汁原味地保存下来。但前台、后台理论有一个问题需要解决，就是前台的苗族村民在商业化开发的过程中获得了很大的经济效益，而同处一地的后台的群众却因为村寨未进行旅游开发，依然贫困，这显然容易引起后台村民的不满，如果能将前台旅游开发的一部分收益分配给后台的村民，让前台、后台的群众都在保护苗族传统节日文化的过程中获得一定的经济收益，改善自己的生活水平，那就最完美了。

三、苗族节日文化博物馆模式

为了保护和开发乌江流域苗族的传统节日文化，保护和弘扬苗族优秀文化遗产，在乌江流域建立苗族节日文化博物馆这种专题博物馆是一种很好的开发模式。当前，乌江流域贵州省黄平县有“飞云崖民族节日博物馆”，但这个博物馆虽然是节日博物馆，但却是贵州各少数民族共同的节日博物馆，里面所展现的不仅有苗族的节日文化和习俗，还有贵州其他少数民族的文化和习俗，由此，对苗族传统节日文化展示的广度和深度，内容与形式，都需要进一步完善，而在乌江流域建立有针对性的苗族节日文化博物馆可以很好地解决这一问题。乌江流域苗族节日文化博物馆要立足于苗族地区，服务于苗区，大力开展苗族节日文化活动。博物馆可以是封闭式的，也可以是开放式的，而开放式的、活态的苗族节日文化博物馆更胜一筹，它依傍着苗族吊脚楼、茶馆吊脚楼、银铺吊脚楼、山货店吊脚楼；由铜鼓坪、烤烟房、板凳桥、水碾坊、寨门、粮仓等组成，根据苗寨优美的自然环境进行科学规划，并按当地气候配置植被、苞谷等特色农作物，在这样和谐的苗族生态文化环境中开展苗族传统节日文化活动，可以充分展示苗族原生态的传统节日文化。此外，苗族节日文化博物馆还可以对民间文物藏品进行积极的保护、管理，保护好苗族节日文化的独特艺术价值，对濒临灭绝的苗族艺术、民间绝技、民俗文化等遗产进行有效的保护和传承。苗族节日文化博物馆主要可以通过“静态”展示厅和“动态”传承区两种方式来保护、传承苗族传统节日文化。

（一）“静态”展示厅保护模式

1. 苗族节日传统文化展览

苗族节日文化博物馆是弘扬苗族节日传统文化的载体，它立足于本土苗族文化，就地取材，以苗族节日传统文化为切入点来进行展示。乌江流域苗族节日文化的古朴与艺术体现在各个方面：祭祀用的粟米、鸡鸭、鱼肉等，都是苗族农耕文明的体现；服饰上的各种图案，虫、鱼、鸟、兽等体现了苗族人民的审美意识；蜡染、刺绣体现了苗族女性手工技术的精湛和文化审美情趣。导游通过对苗族工艺、宗教信仰、服装首饰、节庆娱乐、男婚女嫁、生产生活、食居之俗的介绍，向游客展示苗族节日文化的深厚底蕴和内涵，演绎苗族同胞对节日文化的热爱和追求。这些展厅构成了苗族节日文化的逻辑脉络，参观者仿佛穿梭在时空的隧道中，透过展览，探索了解苗族节日文化的意义，因此，苗族节日文化特征也不断得到扩展和延伸。在这里，我们应该坚持“苗族节日文化的自主性”，充分发挥其文化主体的功能，这样才能更有利于苗族节日文化的传播和发展。保持“苗族节日文化的完整性”，去各个苗寨收集和征求民众意见，维护苗族节日文化的良性运转。

2. 苗族节日民风民俗展示

苗族节日文化博物馆可以通过设立专门的苗族节日民俗文化展厅，充分展现苗族人民在节日活动中所表现出来的独特的、浓郁的苗族风情。厅内可以设置普通苗家农舍、生产生活、食居民俗、苗族服饰、刺绣、银饰、蜡染等充分展现苗族风情的展品，从不同方面反映苗族节日民俗文化。博物馆可以通过复原苗族民居、傩堂、油坊、染坊等，以藏品和照片的形式向游客展示；对于苗族的绣花帐帘、补花云肩、绘画门帘、蜡染被面、竹木雕等，可以采用动与静、平面与立体、声与光相结合的手法展示；还可以通过复原苗族婚嫁的陈列，高度浓缩地展示苗族节日婚恋文化之精髓，在时空纵横间演绎苗族辉煌的历史和独具魅力的苗族风情。对于苗族独特的民风民俗我们应该在介绍节日文化活动过程中，进行生动讲解，并且强调积极的保护，这样可以让博物馆的参观者更加深入了解苗族节日文化中的民俗。

总之，苗族节日文化博物馆充分体现了苗族节日文化的特征，使苗族节日文化遗产得到保护和弘扬，对它们要进行统一规划、分类保护，突出它们的特色。政府有关部门应制定相关政策，给民间大师、艺人等颁发固定的津贴，对具有代表性的传承人和传承单位，提供必要场所、给予适当资助、促进交流与合作。

（二）“动态”传承区开发模式

乌江流域苗族节日文化博物馆既要体现苗族节日文化的丰富内涵，又要“活”起来，“动”起来，与时俱进，使苗族节日文化得到延续和传承。

首先，可以在博物馆举办丰富多彩的节日文化活动，让游客参与进来，动态传承充满生机的苗族传统节日文化。苗族节日文化博物馆可以依照季节的变化举办相应的苗族传统节日活动，在动态的节日实践活动中传承苗族节日文化。苗族节日文化博物馆通过举行“六月六”“四月八”等苗族传统节日文化活动，使来自四面八方的苗族同胞和游客们在博物馆内欢聚一堂，共同欢庆苗族传统节日。节日期间，苗族的节日盛装、节日礼仪、节日歌舞、节日文化活动等都会以动态的、生动的表现形式展现在游客面前，在“动”起来的节日活动中，人们可以进行现场沟通、交流，学习苗族节日文化，这也使苗族节日文化的传承更加生动活泼。

其次，可以在博物馆开辟出活态的苗族传统手工技艺现场展示区域。苗族节日文化博物馆在举行各种节日活动时，可以邀请各类苗族手工技艺类代表性传承人进行苗绣、银饰、蜡染等现场的活态展示，打造苗族传统手工技艺的保护平台。苗族服饰、苗绣、银饰、蜡染等苗族传统手工技艺品在活动中可以现场制作、现场销售，它们都能带来较高的经济效益，既可以让参观者体验到苗族传统的手工艺技巧，又可以拉动经济增长。此外，工匠师傅还可以现场收徒弟“口教身传”，使徒弟在实践中“身临其境”地感受苗族传统手工艺的魅力，借此来挖掘和保护族苗族传统手工艺“传承人”。

四、苗族传统节日文化传承基地模式

鲁迅在《且介亭杂文集》中说：“只有民族的，才是世界的。”苗族传统节日文化是中华民族文化的重要组成部分，也是世界各民族文化的瑰宝。对乌江流域苗族节日文化的保护和传承，可以充分利用乌江流域各地苗学会的力量，激发民众的传承热情，挖掘、整合和利用苗族民间力量，集中民智、民力建立广泛的苗族传统节日文化传承基地，借助传承基地这种模式来展示苗族传统节日的服饰文化、饮食文化、歌舞文化及生活习俗，等等，并通过在传承基地进行苗族传统工艺的现场实践操作，既可以培养苗族文化接班人，又可以吸引游客前来观赏，使更多的人关注苗族传统文化、工艺，使苗族文化走向中国、走向世界。因而，这种基地传承模式对苗族传统节日文化的传承、发展具有重要的现实意义。苗族传统节日文化的传承基地，要注重对苗族传统节日中所蕴含的文化内涵的保护与创新，重视对苗族文化传承人的培养。在苗族传统节日文化传承基地，当地苗学会要认真负责地指导、协助苗族同胞开展好节日文化的传承工作，在策划、拍摄、编辑、出版上拿出文化精品，比如创作出苗族歌舞专辑、苗族历史剧、苗族风情片等贴近苗族群众生产生活的优秀作品，助推乌江流域苗族节日文化的传承与发展，为中华民族的灿烂文明献上一颗璀璨的明珠。

（一）传承苗族信仰与节日民俗

首先，传承苗族信仰。乌江流域苗族的主要信仰有自然崇拜、图腾崇拜、祖先崇拜等原始宗教形式，苗族普遍盛行祖先崇拜，特别注重祭祖，这是“万物有灵”和“灵魂不灭”的原始宗教观念的引申和发展。信仰是苗族节日文化的基本组成，节日与信仰结合起来，以信仰为基础，通过苗会组织的宣传，让当地苗族同胞了解本宗支的谱系、历史事件和迁徙来源的路线；将苗族节日文化中有积极意义的信仰赋予新的内容，给予新的解释，使之发扬光大；还要鼓励宗教与民间信仰中对社会有积极作用的方面，这样才能延续苗族传统节日文化，使苗族节日文化具有生命力。对于无法延续的信仰，可以作为一种文化遗产保存和记录下来，也可以适度开发和利用，用于民俗展示、当成一种旅游资源。

其次，传承苗族节日的民风民俗。乌江流域少数民族人口众多，分布辽阔，苗族只是其中之一，在长期的历史发展过程中，当地的苗族在服饰、节庆、婚嫁、丧葬、娱乐、礼节、禁忌、饮食等方面，形成自己独特的风俗习惯。要把当地优秀的节日民俗文化与旅游资源有机结合起来，借此来带动地方经济的发展；在当地建立一支“政治强、业务精、作风正”的苗族民俗文化队伍，精心培育人才，使其成为苗族民俗文化的行家里手；因地制宜地对当地苗族同胞进行民俗文化教育，开展民俗文化技能传承培训，对民俗文化“取其精华，弃其糟粕”。

（二）传承节日中独特的苗族传统音乐与舞蹈

首先，弘扬苗族传统音乐。苗族音乐是苗族社会生活的生动写照。要传承和弘扬乌江流域的苗族节日音乐，应多组织一些苗族民乐类的音乐会、讲座等，以此提升苗族音乐的影响力，令世人领略中国苗乐的魅力；为使苗族民间音乐得到很好的传承，需要从娃娃抓起，学校里可以设置苗族乐器的选修课，为喜欢苗乐的孩子们提供了一条途径，提高他们对苗族音乐的鉴赏能力；苗族音乐有无限的魅力，但是要为人们所接受，必须充分利用网络资源进行全方位宣传，以此提升苗族传统音乐在人们心目中的地位；要用与时俱进的眼光去看待苗族传统音乐，以能普遍为人们接受的方式传达出来，这样苗族音乐才有可能在这个时代广为流传；苗族音乐家们应该尽可能地把各种苗族音乐录制成各种音轨，把苗族音乐推广到全世界。

其次，传承苗族传统舞蹈。舞蹈伴随着苗族的历史，生动地反映出苗族人民的生活。苗族的歌舞富有古朴、粗犷的风格，表达真挚、纯朴的思想情操，也使人感受到民间艺术的真、善、美。为了使当地的苗族节日舞蹈经久不衰，永具魅力，应该发挥苗会组织的作用，对当地即将消失的苗族节日舞蹈加以重点保护。建立健全资料档案，分门别类地制定保护方案，落实保护措施，进行系统全面的保护；对苗族节日舞蹈有贡献的传承者进行奖励；当地苗族的文艺组织通过宣传普及苗族舞蹈的起源与发展知识，对积极的参与者、创作者进行表彰；当地政府给予一定的资金投入，支持当地苗族民间舞蹈艺术的发展。

（三）传承苗族的服饰与银饰技艺

发挥市场经济的杠杆作用，掀起服饰文化浪潮，同时为乌江流域的苗族同胞提供规范的传统文化服务。

首先，传承苗族服饰工艺。苗族服饰工艺保持着中国民间的织、绣、挑、染的传统工艺技法。但现如今手工制作的苗族服饰越来越少，原因在于苗族传统工艺逐渐衰弱，新一代工匠的制作技艺远不如前辈。为保护与传承苗服制作这一民族传统文化，应举办有特色的苗族服饰文化节，给苗族服饰工艺提供广阔的交流平台。在强化苗族传统的服饰工艺同时，旨在将苗族服饰推向全国乃至世界。乌江流域的苗族服饰图案是民族历史传承的载体，对苗族服饰工艺的创新，进行新元素的转化，对苗族服饰图案元素的现代性应用，强调对苗族服饰图案元素的适当转换，传承乌江流域苗族服饰的传统工艺技法。

其次，传承苗族银饰技艺。苗族银饰的锻制技艺是苗族民间独有的技艺，工艺水平极高。针对银饰技艺失传的现实，应该鼓励当地苗族人在自己家里成立“苗族妇女银饰与刺绣互助组”，手把手地教授村里的妇女银饰锻打技艺，以家庭作坊内的手工操作完成；不局限对本地银匠的培养，对沿途的分支或民族的银饰款式都了然在胸，加工起来亦轻车熟路，得心应手，重视对地域性银匠的培养；当地政府充分尊重苗族群众的风俗习惯，每年低价拨给苗族专用银。

第四节 乌江流域苗族传统节日文化保护与开发需完善的几个方面

一、增强苗族同胞对本民族文化的认同感，养成“文化自觉”意识

（一）“文化自觉”概念

“文化自觉”这一概念是费孝通先生在其晚年提出的，他认为“文化自觉是指生活在一定文化中的人对其文化有‘自知之明’，明白它的来历，形成过程，所具的特色和它发展的趋向，不带任何‘文化回归’的意思，不是要‘复归’，同时也不主张‘全盘西化’或‘全盘他化’。自知之明是为了加强对文化转型的自主能力，取得决定适应新环境、新时代对文化

选择的自主地位。”① “文化自觉”这一概念适用于任何一个民族，即每一个民族成员都应该明白本民族文化的起源、历史变迁、发展趋势，不断进行反思与创新，并自觉促使本民族文化的保护和传承。同样，乌江流域苗族同胞对苗族的传统节日文化要有“自知之明”，要了解它的来源，形成过程，具有的特色及发展的趋向，要确立其在现代社会的自主地位，通过学习和思考本民族传统节日文化，进而在内心深处真正认同本民族的传统节日文化，并自觉地把它代代传承下去。“一个民族，只有当她真正对本民族的文化传统产生价值认同，才能促使她对本民族传统文化的传承与保护变为自觉的行动。”② 而“民族语言、宗教信仰、服饰、生活方式和人际交往方式、禁忌与风俗习惯，是民族成员在一定的环境下潜移默化形成的，是民族心理和民族情感的重要组成部分，是民族认同的标准。”③

现在，在乌江流域的苗族地区已经很难看到苗族同胞穿着苗族服装，可见独具特色的苗族服装在苗家人的日常生活中已经逐渐隐退，尽管许多苗族人家里仍保留有自己的民族服装，但一般只在逢年过节或参加重大节日庆典时才会穿；在苗族地区说苗语的人也很少了，大多数苗族青年在平时交流时都说汉语；苗族村寨已经空落落了，青壮年们都外出打工去了，许多传统节庆日没有人过了，许多苗族文化传承人老了，却找不到人来接他的班；苗寨里会唱苗族古歌，会跳苗族芦笙舞的人也很少了，就连偏远的苗寨里的人也都去唱卡拉 OK 了；一些苗族节日民俗如游方、闹寨等也面临着消失的危险。以上这些现象都表明，在现代文明与市场经济的冲击下，乌江流域苗族同胞的自我认同感严重缺失，他们可能在节日舞台上会穿着苗族盛装、唱着苗族古歌、跳着苗族芦笙舞，但内心深处却对本民族传统文化越来越淡漠，他们不知道苗族古歌、芦笙舞的来源、传说及其重要的价值，他们没有认识到苗族传统文化的当代价值，当然也很难找到族群认同感。当今大量的苗族青壮年为了改变贫困生活，离开苗寨外出打工，远离了学习和继承本民族传统文化的环境，他们为了尽快适应、融入

---

① 费孝通：《论文化与文化自觉》，群言出版社，2005 年版，第 256 页。

② 任强力：《民族文化旅游与民族文化保护的双向互动》，载《黔南民族》，2003 年第 2 期。

③ 王庆仁：《少数民族文化：多样性保护与产业开发》，载《中国民族报》，2007 年 6 月 8 日。

外面的世界，已不说苗语，不穿苗族服装，不断改变自己，慢慢接受了外部世界全新的价值观念、生活观念，逐渐放弃了自己的本民族文化，长此以往，他们越发缺乏对本民族文化的认同感，更无法形成传承苗族文化的自觉意识，“文化自觉”主要存在于年事已高的人群中，而老一辈传承人一旦离世，民族文化则后继无人。

（二）增强苗族同胞的自我认同感，养成“文化自觉”意识的具体途径

当前，在市场经济大潮的冲击下，在城市化的进程中，社会主要的价值观念发生了很大的变化，苗族传统节日文化在这一过程中不断受到外来节日文化的猛烈冲击，导致苗族同胞对本民族节日文化的认同感日益降低，“文化自觉”意识严重缺乏，在对苗族传统节日文化的保护与开发过程中，苗族群众往往陷入被动、消极的状态，政府推一下动一下，缺乏自觉参与保护的意识。那么，我们应该如何增强苗族群众对本民族传统节日文化的认同感，养成其“文化自觉”意识，使其自觉传承本民族文化呢？

第一，在政府层面，国家和乌江流域地方政府除了重视汉族的传统节日文化外，也要同等重视少数民族的传统节日文化，重视苗族的传统节日文化，因为它们同样都是中华民族宝贵的、优秀的文化遗产，是增强民族认同感和民族情感的最好壁垒，都需要得到很好的保护和传承。国家对苗族传统节日的重视程度越高，苗族同胞自然对本民族节日文化的认同感也增强，越容易养成“文化自觉”意识。那么，我们应该如何重视苗族的传统节日文化呢？首先在国家意识层面，通过官方渠道加大保护与发展苗族传统节日文化的各种宣传，通过这些广泛的宣传，给苗族同胞传递一个信息，即国家很重视苗族节日，苗族的传统节日文化在现代社会具有重要的价值和意义，由此增强苗族同胞对本民族节日文化的自豪感和认同感，自觉重视和传承本民族的传统节日文化。其次，在国家与当地政府制定的政策层面，在保护与开发苗族文化的过程中，不得破坏苗族村寨的自然人文生态环境，不得损坏文物，不能改变苗族村民的社会生活习惯和生活方式，确立苗族群众的主体地位，让他们自觉参与保护与开发，切实保障当地苗族群众的各种权益，使他们成为开发

的切实受益者。总之，在苗族传统节日文化的保护与开发过程中，不仅要考虑政府的需要、游客的需求，也要充分考虑当地苗族群众的文化需求和社会意愿，让他们成为节日开发的最大受益者，并使他们认识到本民族传统文化的文化价值和经济价值，发自内心地树立起民族自信心和自豪感，增强民族认同感，进而形成“文化自觉”意识，提高其弘扬本民族传统文化的主动性和积极性。最后在国家和地方政府的指导下，在乌江流域苗族地区举办一些有特色、有影响力、盛大的苗族节日庆祝活动，以节庆活动推动当地旅游业的发展。节庆活动是苗族同胞在社会生活中进行沟通、交流、寻觅佳偶的重要方式，体现了苗族群众共同的原始信仰和思想认识，节庆活动可以把四面八方的苗族同胞聚集起来，在庄严的氛围下祭祀祖先，在欢快的氛围下表演丰富多彩的苗族歌舞，充分展示和弘扬苗族传统文化，形成一种共同的文化氛围，使苗族同胞获得文化认同感和文化归属感，进而增强民族认同感，有力地调动苗族群众传承与保护本民族节日文化的自觉性和积极性。苗族节庆活动的举办，也会吸引世界各地的游客，他们对苗族传统节日文化的喜爱，必将激发苗族群众对本民族文化的保护意识，使其获得强烈的民族自豪感和民族自信心，自然他们对本民族节日文化的认同感也会油然而生。

第二，在社会层面，要提高人们对苗族传统节日文化价值的思想认识，要让人们认识到乌江流域深厚的苗族传统节日文化是人类社会宝贵的文化财富，我们要好好保护、传承它，充分利用它为人类造福，有了这种思想认识，我们在现实生活中自然就会重视苗族的节日文化传统。这种思想认识应该如何培养呢？显然，乌江流域苗族传统节日文化的重要性毋庸置疑，但在现实生活中，忽视、轻视它的现象时有发生，因此，乌江流域苗族节日文化传统的保护还需要全社会的共同努力，具体来说，就是需要广泛的社会教育，如国家的各级教育机构、社会的新闻媒体、苗族文化研究机构、苗族社区以及广大的社会文化人士，都有责任投入到社会教育之中，提高人们对民族节日文化价值的思想认识，提高人们对民族节日文化传统的重视程度。

第三，在个体层面，苗族同胞对本民族传统节日文化要有“自知之明”，即苗族同胞要明白本民族传统节日文化的起源、变迁、创新与发展，明白节日的活动内容及形式，明白复杂的节日仪式背后所蕴含的深层文化内涵。因为，民族自信心的产生，民族认同感的增强，“文化自觉”意识的养成，都必然是建立在苗族成员对本民族传统文化的深入学习理解之上。在现代社会，苗族传统节日文化在代代传承的过程中，苗族成员必然也会或多或少地受到其他节日文化的影响，一旦他们接受了我国汉族的节日文化或者外国的节日文化，就会逐渐舍弃本民族的节日文化传统，由此，他们不再为本民族节日文化感到自豪，会逐渐对本民族节日文化失去信心，民族认同感也日益缺失。所以，只有增进苗族青少年对本民族节日文化的认知、认可，帮助他们树立对本民族节日文化的信心，培养他们的责任感，才能使乌江流域的苗族传统节日文化代代传承下去。当苗族成员深入了解了本民族传统节日文化的起源和变迁史，才会对苗族祖先所承受的深重苦难感同身受，这有利于激发苗族成员的民族忧患意识，培养他们对本民族文化的责任担当，当本民族传统文化在城市化进程中面临困境时，他们可以利用自己所掌握的现代文化知识，对苗族传统节日文化进行开发研究，扬弃其不适合时代发展的文化因子，弘扬其优秀的、积极的文化因子，对苗族传统节日文化进行创新性改造。

当前，要让苗族同胞对本民族传统节日文化有“自知之明”，首要的事情就是加强对乌江流域苗族地区中小学的青少年进行苗族传统节日文化的教育与传承。2005 年，中宣部等部委联合下发的通知中指出：“要把传统节日中蕴含着中华民族的传统美德纳入学生平时日常行为习惯养成教育体系中”“要让广大的青少年更好地了解传统节日、认同传统节日、喜爱传统节日”。学校可以开设苗族节日文化的相关课程，让苗族传统节日或苗族节庆内容进教材，让学生学习节日礼仪，了解节日民俗，把苗族传统节日中蕴含的传统美德和文化内涵传递给学生，让学生从小接受自己民族的传统节日文化教育，让自己对本民族节日文化有“自知之明”。学校可以通过组织校园活动和社会实践活动，在当地苗族过节的时候应景地开展苗族传统节日文化主题教育活动。学校还可以开设苗族节日专题讲座，请专家、学者来校传授苗族传统节日文化知识，并充分利用每一个苗族传统节日到来的时机，给学生讲解苗族节日的来源、传说及文化变迁，对学生进行教育和熏陶，让他们明白，每个民族都有自己独特的传统节日，西方有“情人节”，汉族有“七夕”，而苗族有自己的“姊妹节”，激发苗族学生对本民族传统节日的自豪感和自信心，使他们自觉地将这些宝贵的民族节日文化遗产传承下去。这种与苗族传统节日文化相关的专题讲座或者专题研讨会，也可以在苗族村寨展开，邀请村民参加，结合本村寨传统节日的实际情况给学生和村民普及苗族传统节日文化的知识，为本村寨传统节日的保护与开发提出良好的建议。总之，苗族传统节日文化反映了苗族人民的宗教信仰、生活习俗、道德理想、审美情趣，保留着苗族人民久远的历史记忆，这些要素使它成为增强苗族人民民族认同感，促进苗族人民自觉传承苗族传统文化的强大力量。

二、在市场经济条件下，变文化行政主导模式为文化行政指导模式

当前，乌江流域苗族传统节日文化的保护与开发主要是一种文化行政主导模式，节庆活动的整体流程设计、组织、实施、宣传、营销、政策法规等，一般都由当地政府文化行政部门负责，文化部门遵循市场经济的发展规律，立足于游客的需求，以保护民族节日文化、促进地方经济、改善民生为目的，通过行政手段和财政拨款方式推动民族节日文化的保护与开发工作。

有了政府的大力支持，这种文化行政主导模式对乌江流域苗族节日文化的保护与开发起到了重要的作用：首先，在政府文化部门的主导下，节庆活动成为少数民族的一个文化符号，文化部门在设计节日活动的内容和形式时，将传统节日原有的文化与其他文化融合在一起，新文化的加入丰富了节日活动的内容，满足了不同的人群对节日活动不同的需求，不仅使原有的苗族传统节日文化得到有效的保护和传承，现代文化的引入也给节庆活动注入了新的活力。如乌江流域贵州镇宁苗族的“苗年”，在 20 世纪 70 年代之前，目的很单一，就是为了祭祀祖先，祈求祖先的庇护，大家走亲访友，聚在一起跳芦笙、踩鼓、斗牛、赛马等，一起热热闹闹地祝贺新年，这是苗族群众自发组织的传统节日活动；到了 20 世纪 80 年代中期到 90 年代末，政府参与到节庆活动的开发中来，“苗年”除了原有的文化功能外，还增加了经济功能，政府在节庆活动中加入了各种比赛、民族商品

展销会、体育活动等，如苗族芦笙舞大赛、苗族情歌大赛、苗族酒歌大赛、苗族铜鼓舞大赛、民族商品展销会、篮球友谊赛、田径运动会等等。2007 年乌江流域贵州省普定县猫洞苗族的“花山节”，在乡政府的主办下，节日活动内容除了苗族鼓舞表演外，还有现代歌舞的表演，这不仅丰富了节日活动的内容，也让久居偏远之地的苗族同胞观赏到了现代歌舞，感受到了现代文化的气息。其次，在政府文化部门的主导下，各民族成员打破禁忌（界限），参与到苗族传统节日活动中，各民族文化得以相互碰撞、相互交流，增进了民族团结，维护了社会稳定。最后，在政府文化部门的主导下，乌江流域苗族的传统节日增加了知名度，扩大了影响力，同时也促进了地方经济的发展，改善了苗族群众的生活。

我们看到了政府主导的文化行政模式给乌江流域苗族传统节日文化的发展带来的积极作用，同时，我们也应该看到这种文化行政主导模式存在的弊端：首先，一般政府主办的节日活动有着固定的流程，如需要程式化的介绍领导、领导讲话、领导宣布节日开始等等，这改变了苗族传统节日原有的流程。其次，政府文化部门为了推动当地旅游业的发展，促进地方经济，有时候会把苗族节日活动安排在国家的节假日或周末举行，以便吸引更多游客的到来，获得更多收益，其初衷是很好的，但苗族传统节日活动的时间、地点被改变，容易让苗族群众产生一种感觉：这是政府的节日，不是他们自己的节日。再次，政府文化部门为了增强节庆活动的吸引力，在苗族传统节日活动中加入了一些现代文化元素，如现代歌舞、各种比赛活动等，以便吸引更多游客，这些新文化元素的加入使原文化受到了强烈冲击，导致原生态的苗族传统节日文化逐渐流失。最后，我们也看到，这种文化行政主导模式保护动力很单一，只能依靠政府来保护；保护手段很单一，只能依靠政府的行政指令和政府制定的相关法律法规来开展工作；有时候会出现政府热、群众冷的局面。

因此，我们在市场经济条件下进行苗族传统节日文化的保护与开发，需要转变政府的职能，变文化行政型政府为文化服务型、协调型、管理型政府，变文化行政主导模式为文化行政指导（或引导）模式，主要可从以下几方面入手：

（一）提高思想认识，转变思想观念

要变文化行政主导模式为文化行政指导（或引导）模式，避免文化行政主导模式带来的一些负面影响，使苗族传统节日文化在新形势下更为健康地发展，政府文化部门需要转变一些观念，提高对苗族传统节日文化的认识，由此自然会带来工作方式、工作手段的良性转变。

第一，更为准确地理解“文化”概念。当前国内外学术界的对于“文化”概念的理解是比较宽泛的，是指贴近普通大众的、生活的文化，既包括文化之官方的、精英的、艺术审美的、文字的、物质的、可视的部分，也包括文化之大众的、草根的、民间的、生活的、非文字的、非物质的、无形的部分。我们在实际工作中对于“文化”概念的理解跟国内外学术界对于“文化”概念的理解，有一定的差距。文化行政部门理解的文化一般是官方的、精英的（如艺术家）、艺术审美的、文字的、物质的（如文物）、非物质的（如口头相传的文化）文化部分，而贴近大众的、草根的、民间的、生活的文化部分却容易被忽略。因此，我们对于“文化”概念的理解要更为准确，这样才能更好地指导、开展民族节日文化的保护传承工作。

第二，不断对民族节日文化的来源与特性进行探讨研究。在对乌江流域苗族地区节日活动的开发中，文化部门的一些工作人员不是本地人，缺乏苗族的文化背景，不了解当地的苗族传统文化，不了解当地节日的来源、传说，不能深入挖掘节日的深层内涵，更多以经济效益来设计节日旅游活动，容易陷入开发误区，如盲目地在节日活动中加入一些现代文化元素，而不是深入了解苗族传统节日的历史及文化特性并根据这些文化特性去指导节日活动的开展，合理地融入一些现代文化。在节日活动中加入大量的现代文化元素容易导致原有的苗族传统节日文化受到现代文化的冲击，原生态的苗族传统文化在这样的环境中日渐式微，传承将会变得越发艰难。因此，文化部门在举办节日活动之前，需要组织专家学者进行田野调查，对当地的苗族传统节日文化的保护与开发进行探讨研究，文化部门工作人员结合专家学者们的调查研究成果，倾听来自地方苗族社区和苗族文化传承者的声音，认真做好苗族节日开发的指导工作，并根据苗族传统

节日的文化特性在节日活动中适当融入一些新文化元素，尽量保持苗族传统文化的原真性。

第三，转变保护观念，变行政主导的、自上而下的、依靠行政指令保护的模式为行政指导的、民间主办的、群众参与的、自下而上的、市场运作的保护模式。在对乌江流域苗族传统节日文化的保护与开发中，文化行政部门的参与需要保持一个适当的度。所谓适当的“度”，就是指政府行政参与的力度要适当，不要大包大揽，要适当放权给民间，由民间力量来举办节日活动，为适应新形势的需要对节日文化进行市场化、产业化运作。因此，文化部门需要转变保护观念，变“行政主导式”为“行政指导式”，将活动主体还给民间群众，将苗族传统节日归还给民间，奉行民族节日民间办的原则，激发群众参与节日活动的主动性、积极性，变“要我保护”为“我要保护”，而政府从节日活动的具体事宜中退出，做好节日活动的宏观指导和宣传工作，把握大局和方向，必要时给予一定的财政补助。

第四，改变一些片面的认识和看法。其一，文化行政主导开发模式依靠的是单一的政府财政支持的方式，除此之外，再没有其他的资金渠道，容易让人产生一种片面的认识，即只有政府财政有钱，民族节日文化才能得到有效的保护，若政府财政没钱，则根本无法实施保护，对民族节日文化的保护与开发完全依赖于政府财政的支撑。但实际上，政府的财政资金毕竟是有限的，文化部门可以改变单纯依靠政府财政支持去保护民族节日文化的方式，充分利用社会资金，以政府财政支持结合社会资金的方式来保护民族节日文化，这样就解决了资金不足的难题。并且，在资金的花费方面，相关部门一定要做好预算，认真审计，通过严谨的学术调查和研究，确定实施的文化项目，严防虚假的项目申报套取资金，严防花钱做政绩工程和表面文章。其二，开发中过于重视苗族节日文化的经济价值，过于重视其所产生的经济效益。苗族节日文化除了具有经济价值之外，还具有更为重要的文化价值，保护苗族传统节日文化对于我们国家、社会、民族乃至整个人类都具有重要的意义，对于当地苗族社区和苗族群众的生活更具有深远的影响。那么，我们应该如何认定苗族传统节日文化的价值呢？苗族传统节日文化价值的认定必须要经过权威和严格的工作程序，如需要专业、深入的田野调查，严谨、公正的学术研究成果，传承人的认定书，由国家各级政府部门权威认定的结论，以及最终由专家组成的评审委员会根据详实资料得出的结论。

（二）转变部分职能

近年来，乌江流域各地政府通过行政方式来主办、运作苗族节庆活动的现象比较普遍，使得“传统节日符号日益成为国家职阶系统渗透到民族地区传统社会结构的有效工具。节日作为一种重要的公共文化空间，无疑是国家意识形态和行政权力渗透到传统社会中的重要渠道，国家通过对某些节日和节俗采取或肯定或否定的态度，并加以或允许或禁止的规范，引导着包括节日在内的民俗文化向有利于国家倡导的价值观念方向发展。在操作层面上，国家通过对具象化的节日符号的控制，构造出能在共同体内部形成某种集体认同的文化标识”①。但在市场经济条件下，随着苗族节日庆祝活动逐步市场化，节庆文化产业蓬勃兴起，政府继续承担节庆文化产业的全部职能已经不适应时代的发展。因此，我们应该要转变这种文化行政主导模式，促使文化行政部门转换职能，使习惯于采取行政手段和财政拨款方式去推动工作开展的文化行政机关运用相关的政策、法规去协调各方面的立场和利益，以管理、服务、督促、检查、指导、奖惩等方式稳步推进乌江流域苗族传统节日文化的保护与开发工作，在宏观上指导节日活动，把握节庆活动的大局和方向，从而将更多的职能分解给社会、市场、文化企业，促进社会民间力量的全面勃兴，以解决苗族节日开发所需要庞大资金的问题，实现资金筹措的多元化和市场化，最终变文化行政主导型政府为服务、协调、管理型政府。苗族社区不再单一地依靠政府财政来保护当地的苗族传统节日文化，也可以促使社会的民间力量担负起保护当地苗族传统节日文化的责任，使苗族节日开发走市场化和产业化道路。

（三）进一步深化文化产业改革

第一，推动苗族传统节日文化朝着市场化、文化产业化的方向发展。

---

① 李德建：《民族节日符号的现代转型及动力探析—以贵州苗族节日为例》，载《广西民族研究》，2008 年第 3 期。

20 世纪 70 年代末，我国开始实行改革开放，由计划经济体制转为市场经济体制，市场经济对我国民族传统文化造成了冲击，加速了其现代化的变迁，在这一进程中，传统文化出现了市场化、商品化的趋向，传统文化的价值观和社会功能在现代社会出现了新的变化。随着中国经济的持续高速增长，人们的经济意识日益增强，民族节日文化的经济价值日益凸显。由此，乌江流域各地的政府文化部门抓住这一契机，对蕴含巨大商机的苗族传统节日进行开发、挖掘、保护，哪些节日可以开发？如何开发？开发的目的是什么？一般是由政府部门通过行政手段来决定、实施。当前，我国市场经济体制进一步深化，这种文化行政主导模式以单一的行政手段和财政支持作为开发的动力，越来越显现出一些现实问题：如通过行政手段来开发缺乏灵活性，开发中所需的大量资金难以筹措，节庆活动难以激发群众参与的主动性和积极性，等等。因此，在这一时代背景下，政府需要进一步深化文化产业改革，变政府主导的行政开发模式为政府指导的市场开发模式，将苗族节日活动的开发权归还社会，让它回归民间，并制定优惠政策，吸引社会资金参与节日开发，吸引群众积极参与，促使乌江流域苗族传统节日的保护与开发朝着市场化、产业化的方向发展，概括起来就是："政府指导、市场运作、节日文化与旅游结合、群众参与、利益共享"。通过政府财政与社会资金的通力合作，广开融资渠道，开展丰富多彩的苗族节庆文化活动：将新的现代文化创新地、恰当地、适度地融入节日活动中；打造优质的节庆品牌；开展独具苗族风情的节日旅游活动；开发相关的苗族文化衍生产品；通过电视、媒体、广告、音乐等商业形式进行广泛宣传，推动乌江流域苗族地区节庆文化产业的发展与创新，满足广大人民群众的精神需求。

第二，在苗族节庆活动中融入新文化元素时，要注意原有文化的适应能力，避免原有文化被新文化所取代，避免苗族传统节日文化被"移风易俗"，保持苗族传统文化的原真性。我们经常说要保护苗族传统节日文化的"原生态"或"原汁原味"，其实就是说要保护基层苗族社区（即苗族村寨）的现状，维持其现有的传承机制，不要刻意人为地将其"现代化"，也不要刻意人为地"复古"，人为的"现代化"和刻意的"复古"均有可能对苗族传统节日文化造成破坏。如现在乌江流域一些苗族地区在举办苗族“花山节”活动的时候，有的用苗族音乐跳现代舞，有的用现代音乐跳苗族芦笙舞，传统与现代完全混搭，还有一些直接在节日活动中加入大量的现代歌舞、各种比赛及娱乐活动，而真正体现苗族传统节日文化的节目却非常少，长此以往，原有文化将被新文化所取代，原生态的苗族传统节日文化会被“移风易俗”。因此，在苗族传统节日文化的基础上要注意适度创新，在苗族节庆活动中注入新的文化因子，可以使其充满生机与活力，但新文化的注入一定要适量和恰当，要注意原有文化的适应能力，注意保护苗族传统节日文化的原真性。如2012年乌江流域贵州省施秉县双井镇举行的独具特色的苗族“蝴蝶妈祖文化节”，节日活动以祭祀苗族始祖——蝴蝶妈妈为主，还有苗族蝴蝶歌、枫木歌、踩鼓舞、苗族刺绣、银饰、斗牛、赛马、斗鸟比赛，此外，还在节日活动中增加了具有现代文化元素的盛装巡游等。该节日活动在内容的设置上，除安排了节日原有的传统文化节目外，还增加了盛装巡游吸引了大量游客，让游客享受了视觉的盛宴，感受到苗族服饰的独特美感，新增加的现代节目数量少，比较有新意，且对原有的苗族传统节日文化没有造成太大的影响，因此，这种创新是适量而恰当的。

第三，苗族节庆活动要深入体现苗族传统节日的文化内涵。当前，为了推动地方经济的发展，乌江流域各地政府使出浑身解数，想要吸引更多的游客参与到节庆活动中来，由此，一些文化部门为迎合游客的需求去设置节日活动的流程和节目，导致节日活动内容设置的环节本末倒置，现代歌舞节目太多，展现原汁原味的苗族传统文化的节目较少；有的为了博得游客的眼球，把一些严肃而庄重的祭祀祖先的仪式商业化、表演化，让游客参与祭祀仪式，游客的参与具有娱乐性，这使得祭祀原有的庄重、严肃的氛围消失，祭祀原有的文化内涵逐渐丧失；有的在节庆活动中加入一些与文化毫不相干的内容，显得不伦不类。如2015年乌江流域贵州省贵定县德新镇四寨村举办的第三届“6.24”苗族会亲节，节日活动安排除了苗族服饰展、手工织布、蜡染、手工刺绣、苗族山歌、斗鸟、篮球比赛等民族项目活动赛事外，德新镇计生协组织还在活动中展开了与计生相关的知识宣传，免费为群众义诊，发放避孕药具、计生知识手提袋、计生政策和法律法规宣传资料、宣传手册，而计生工作与苗族节日文化并无什么关系，将计生工作加入到“苗族会亲节”的活动中，有不伦不类的感觉，不太适宜。[①] 因此，苗族传统节庆活动内容的设置，一定要充分体现苗族传统节日的文化内涵，传承其优秀的文化价值观和社会伦理道德，紧扣这一点，苗族节庆活动才能有其独特的文化根基，永葆生命力。

第四，乌江流域苗族传统节日文化的保护与开发单一依靠政府的力量是远远不够的，需要社会各种力量的通力合作。文化部门要充分认识到政府财政的力量是有限的，所能提供的资金是有限的，人才储备也是有限的，在苗族传统节日文化的保护与开发中如果单纯依靠政府的力量，其保护与开发的动力是单一且单薄的，因此，政府要充分利用社会各个领域的丰富资源，结合社会民间的各种力量，积极吸纳社会各方面的资金，建立长期有效的资金保障机制，按照“谁主办、谁受益”的原则，提倡社会办节，政府和社会各界通力合作，共同保护苗族传统节日文化，使民间社团、文化企业、旅游企业、地方自治实体、基层苗族社区、苗族学者、苗族群众、民族博物馆、苗族传承馆等都能够发挥积极的作用。政府文化部门需要变文化行政主导模式为文化行政指导模式，变政府“主导型”参与模式为政府“指导型”参与模式，变行政型政府为服务、协调型政府，重在宏观指导，把握大局和方向，真正做到为人民服务。此外，在节日文化开发中，政府可以通过制定减税等优惠政策和协助提供贷款的方式吸引社会企业参与开发；可以在苗族村寨实施奖励政策，推行“利益共享”模式，将开发中获取的一部分收益用于奖励苗族群众，按照苗族群众在保护与开发中所做贡献的多少，每年给予现金奖励，这样节日开发的成果群众共同分享，将大大提高苗族群众保护苗族传统节日文化的积极性，变“要我保护”为“我要保护”，增强他们的主人翁精神。政府要探索建立民族文化补偿机制，对在民族节日文化的保护和开发中给群众造成的损失给予适当的经济补偿，以调动他们保护民族文化的积极性、主动性。政府与社会力量通力合作，与市场实现良性互动，充分发挥各自的职能，承担起各自的责任，共同推动苗族节庆文化产业蓬勃发展。

---

① 信息来源：黔南文化网，作者：罗猛，2015 年 08 月 17 日。

三、打造乌江流域苗族节日文化知名品牌

（一）文化品牌的核心价值

“文化品牌”的核心是文化，文化是品牌最核心的价值体现，品牌如果失去了文化，品牌也就失去了生命力，失去了竞争力。纵观世界上百年老品牌都有着深厚的文化底蕴，品牌文化展现了其文化品位、艺术审美、生活情趣、情感内涵等精神元素，是最触动消费者心灵的要素，使消费者能对品牌产生美好的想象和联想，进而接受该品牌。民族节日文化品牌是民族节日文化的精品，是向外传递民族节日文化内涵的一个有力媒介，是地方的一张名片，在现代社会具有重要的价值和意义。通过民族节日文化品牌，可以让大众了解该节日的历史渊源、节日民俗、节日服饰、节日音乐和歌舞、节日饮食等节日文化，明白节日的意义，进而影响公众的意识形态和价值理念，增强公众对该民族传统节日文化的认同感，最终接受此民族节日文化品牌。民族节日文化品牌除了可以保护民族传统节日，传承传统节日的文化内涵外，还可以通过该民族节日文化品牌在当地开发节日旅游，宣传当地特有的自然文化资源、地方特色产品，展示当地少数民族独特的民风民俗、民族审美、民族情趣等，提高地区的知名度和影响力，促进地区经济的发展，提高当地群众的生活质量和水平，进一步满足群众的精神需求。

（二）打造地方苗族传统节日文化知名品牌

乌江流域有许多优秀的、独具地方特色的苗族传统节日文化，当前，乌江流域苗族地区各级政府纷纷通过行政命令的方式，选取一个或几个在当地具有代表性、具有民族特色的节日作为当地的固定节日，并在节日期间举行盛大的庆祝活动，吸引大众参与，大力宣传，增加其知名度和影响力。在乌江流域这样的苗族传统节日文化活动有很多，如苗族“芦笙节”就有“中国·黄平·谷陇‘九·二七’苗族芦笙会”、贵州施秉县杨柳塘镇苗族同胞的“巴梭芦笙会”、贵州六盘水市水城县第七届“芦笙艺术节”等；苗族“花山节”有贵州威宁自治县苗族“花山节”、贵州赫章大韭菜

坪苗族“花山节”、赫章县舍虎梁子“七·七”苗族“花山节”、关岭自治县永宁镇白岩村苗族“花树节”、毕节金沙县联合村苗族“米花节”、安顺市平坝区苗族“米花节”等；与“跳花节”类似的还有贵阳市花溪区燕楼乡“跳花节”、织金县官寨苗族乡妥倮苗族“跳花节”、镇宁县猫猫冲村竹王坡“跳花节”、乌江源百里画廊文化艺术节暨化屋苗族“跳花坡节”、毕节地区黔西县化屋苗族“跳花坡节”、中国乌江苗族“踩花山节”暨中国重庆彭水水上运动大赛等；苗族青年男女寻觅佳偶的节日有贵州铜仁地区松桃苗族“六月六”情人节、贵州黔南州贵定县德新镇四寨村“6.24”苗族会亲节、贵阳市云岩区杨惠村“三月三”苗族文化节等；苗族祭祀性节日有贵州织金县大平乡苗族“三月三”祭山神、黄平县飞云崖“四月八”祭神牛、龙里苗族龙年大祭“踩场”、松桃自治县长兴堡镇九龙的苗族“接龙”活动、贵阳市清镇苗族的“祭鼓节”、贵州镇宁苗族的“夜郎竹王节”、施秉县双井镇的“蝴蝶妈祖文化节”等；此外，还有贵阳市“四月八”、贵州施秉县高塘苗寨的“弄卯节”、施秉平寨的苗族“独木龙舟节”、龙里县大竹村“吃新节”、关岭苗族永宁街的“三月街”和“七月街”、大方县兴隆乡原生态苗族文化节、贵阳市乌当区东风镇云锦村石头寨“跳场”、龙里县草原乡塘兴村苗族同胞“跳月”、龙里县果里村“跳洞”，等等。虽然有如此众多的苗族传统节日文化活动，但被开发成节日文化精品，打造成知名节日文化品牌的，却寥寥无几。现在乌江流域打造得比较知名的、规模和影响力比较大的苗族节日文化品牌只有极少数几个，如中国乌江苗族“踩花山节”暨中国重庆彭水水上运动大赛、“中国·黄平·谷陇‘九·二七’苗族芦笙会”、贵阳市“四月八”、贵州黄平县飞云崖“四月八”、清水江畔施秉平寨的苗族“独木龙舟节”，而其他很多节日虽然年年举办，却仍然籍籍无名，未能形成知名品牌。究其原因，一是因为乌江流域各地举办了很多雷同的节日，导致其苗族节日缺乏独特的传统文化内涵和特色，吸引力不够，无法打造成节日文化品牌。如乌江流域很多苗族地区都举办了与“四月八”“芦笙节”“花山节”“跳花节”趋同的节日，但真正被打造成知名节日文化品牌的非常少，主要的原因就是缺乏特色。二是因为政府文化部门的品牌意识不强，对自己具有的品牌节日文化资源缺乏足够的认识和了解，因此未能推出苗族传统节日文化品牌。三是因为政府打造力度不够，主要表现在对节日文化内涵的挖掘不够，宣传力度不够，资金不足等方面，导致其苗族传统节日文化品牌在全省、乌江流域、全国缺乏知名度和影响力。

那么，如何才能打造一个全国知名的地方苗族传统节日文化品牌呢？首先，选择作为品牌的苗族传统节日必须要有文化内涵，有特色，有吸引力。节日不能仅仅流于表面热闹的形式，大家聚在一起游玩娱乐、消费购物，而节日的深层文化内涵却缺失了，节日所承载的传统文化意义被人们遗忘了，这样过节是肤浅的、形式化的，缺乏吸引力的。其次，以苗族地区的传统节日文化资源为文化品牌核心，整合当地具有苗族特色的宗教文化、习俗文化、服饰文化、饮食文化、居住文化等各种资源，凸显地方特色，形成苗族传统节日文化精品，倾力打造乌江流域地方苗族传统节日文化知名品牌，让地方的苗族传统节日文化资源转变为现实的社会效益。最后，加大品牌宣传力度，通过广告效应提高地方知名度，使其在全国形成影响力，并在消费市场获取商业利益。这几年，乌江流域各地政府开始对民族节日文化进行对外宣传，一些苗族节日文化品牌已在国内外有了一定的知名度，如中国乌江苗族“踩花山节”暨中国重庆彭水水上运动大赛、“中国・黄平・谷陇‘九・二七’苗族芦笙会”，但是知名品牌数量还非常少，质量也有待提高。因此，政府可以请国内外著名的学者、大师、名人、名嘴，创作一批以苗族传统节日文化为主题的纪录片、音乐美术作品、影视剧、文艺宣传片，提升品牌文化品位；可以充分利用电视、广播、互联网、报刊等大众媒介，通过在电视台做专题节目，在媒体上播放纪录片、打广告的方式，加大对苗族传统节日文化品牌的宣传力度，扩大该文化品牌在全国的知名度和影响力，让大家知道该节日文化品牌，熟悉该节日文化品牌，共同参与到乌江流域苗族传统节日文化的保护与开发中来。

四、建立健全民族传统节日文化的法律保障体系

当前，在开发利用乌江流域苗族节日文化资源的过程中，如何保护好苗族的传统节日文化？这是一个至关重要的问题。因此，当务之急就是要加快民族节日文化法治建设的步伐，把民族节日文化保护纳入法制轨道，

立足少数民族地区的实际情况，以国家法律为准则，制定相应的地方法规，并将法律法规认真贯彻落实，做到有法可依、有法必依，真正以法律法规来保护、传承优秀的民族传统节日文化。立法保护是对民族传统节日文化最好的保护，要做到这一点，国家和地方各级政府还需要进一步健全民族节日文化保护的法律体系。

（一）大力开展民族地区的普法教育活动

再完善的法律，也必须要广大群众知法、懂法，使群众具有法律意识和法制观念，只有这样，法律才能得到贯彻实施，不至于成为一纸空文。而使群众增强法律意识和法制观念最有效的办法就是在民族地区大力开展普法教育，广泛宣传民族节日文化保护相关的法律法规。通过在乌江流域苗族地区开展经常性的普法教育活动，可以让当地广大苗族群众了解国家和地方政府相关的法律法规，具备基本的法律意识，知道运用法律来保护本民族的节日文化，运用法律来维护自身的权益，知道必须运用法律来解决遇到的矛盾和问题，以避免违法行为的发生。同时，苗族地区政府和旅游相关部门也要加强自身的法制观念，认真学习、熟练掌握与民族节日文化和节日旅游业发展相关的法律法规，以提高自身的执法和依法办事的水平。此外，我们还要充分利用其他阵地，广泛开展普法教育的宣传活动，让苗族同胞真正做到知法、懂法、守法，如可以充分利用地方电视、电台广播、报纸杂志等大众媒体对民族节日文化的法律法规进行广泛宣传，也可以在节日或者一些重要的活动中组织人员到苗族地区宣传相关的法律知识，还可以到民族地区的学校中对青少年进行法律知识教育，尤其需要尽快出版苗文版的法律法规读本及音像制品。长此以往，苗族传统节日文化的立法保护发展之路将会越来越制度化、规范化、合理化，依法保护工作将会越来越常态化。

（二）加快对民族传统节日文化保护的专门性立法

目前，我国乌江流域苗族地区保护民族传统节日文化的立法体系，在国家层面主要有《中华人民共和国文物保护法》和《中华人民共和国非物质文化遗产法》；在地方法规层面主要有保护文物的《贵州省文物保护条例》《重庆市实施〈中华人民共和国文物保护法〉办法》《湖北省文物保护管理实施办法》《云南省实施〈中华人民共和国文物保护法〉办法》，保护非物质文化遗产的《贵州省非物质文化遗产保护条例》《云南省非物质文化遗产保护条例》《重庆市非物质文化遗产条例》《湖北省非物质文化遗产条例》。从乌江流域苗族地区的实践来看，其民族传统节日文化立法的发展经历了从物质文化保护立法到非物质文化保护立法，现在正处于从非专门性立法到专门性立法的演进时期。民族传统节日文化有着自身独特的特点，在保护立法上与非物质文化遗产保护立法有着显著的区别。非物质文化遗产保护立法主要是保护非物质文化遗产，即保护在历史长河中具有代表性的文化遗产，而物质文化和一般性的非物质文化，不在其保护范围之内。而民族传统节日文化保护立法既要保护精神层面的非物质文化遗产——民族传统节日所蕴含的深厚的文化内涵，又要保护物质层面的节日历史文物。《中华人民共和国非物质文化遗产法》和乌江流域各省市的非物质文化遗产保护条例只是从宏观层面对民族传统节日文化保护做出了大概的规定，但对民族传统节日文化保护与开发的具体范围、具体手段、具体实施细则、具体处罚措施，等等，都没有做出有针对性的、详细的规定，因此，对少数民族传统节日文化保护进行专门性立法，是我们亟须要做的事情。对少数民族传统节日文化保护进行专门性立法，要注意以下几方面内容：

第一，世界、国家、省市、地区等各个级别的保护性法律法规在内容承接上要相互一致，不能相互矛盾。目前保护乌江流域苗族传统节日文化的法律法规主要有联合国、国务院、全国人大常委会、省或市人大常委会、各级地方政府等通过的各级别、各层次的法律法规，这些法律法规在具体实施过程中，各级别、各层次的法律不能在内容上出现不一致、发生矛盾。如联合国教科文组织在《保护非物质文化遗产公约》正式把传统节日纳入非物质文化遗产的保护范畴内，我国的国家法律也应该与之相一致，地方的法律应该与国家法律保持一致。

第二，专门性立法对少数民族传统节日要尽量实施整体性保护。一方面需要对乌江流域苗族的传统节日实施完整保护。现在乌江流域苗族地区的普遍做法是选择当地最具有代表性的苗族传统节日举办庆典活动，或者当地政府把它指定为苗族地区的法定假日，这在一定程度上促进了当地苗族节日文化的传承发展，但也有其不足之处，就是得到保护的节日非常少，只有极少数的几个传统节日，无法充分体现苗族传统节日文化的完整内涵，当地其他苗族传统节日也会由于缺乏保护而导致其所蕴含的节日文化不断流失。因此，对少数民族传统节日要实施系统、完整的保护，即要保护当地苗族完整的传统节日，而不只是保护具有代表性、典型性的少数几个传统节日。另一方面，需要对苗族传统节日文化的内涵与形式实施整体性保护。随着时代的发展，在节日庆祝活动中为了吸引更多的游客，很多原本严肃庄重的节日仪式、节日内容，或者被篡改，或者被简化，或者直接被娱乐化、观赏化，甚至有的节日仪式直接被取消，导致苗族传统节日文化的内容变得面目全非。因此，我们要对苗族传统节日的活动内容、活动形式、节日流程、节日时间与地点等实施整体性保护。总之，只有完整的苗族传统节日才能真正体现苗族独特的节日文化特色，只有苗族传统节日文化内涵和形式的整体性传承，才具有重要的价值和意义。

第三，专门性立法的法律法规在保护少数民族传统节日文化上要尽量完备。所谓立法的“完备性”，是指在立法中不能存在明显的空白或者漏洞，要尽量全面。首先，法律法规在层级上要比较完备。既要有世界级法律、国家级法律，也要有地方法规，或者民族自治地区的法规等。国家级法律可以制定一些指导性的、方向性的、宏观性的规定，而民族地区政府由于更了解当地少数民族传统节日的文化内涵，可依据国家法律，结合当地实际情况，进一步制定出具体可行的、细化的保护措施，并以地方法规形式通过、实施。其次，法律法规在内容上也要比较完备。如需要明确保护开发的范围、保护开发的原则、保护开发的手段；需要建立保护的资金制度、责任制度、安全制度，明确资金如何筹集和管理，如何安全防范，如何将责任落到实处等；需要有准确的利益分配原则，维护少数民族基本的文化权益，确立少数民族群众在保护开发中的地位与作用，增强他们保护本民族节日文化的主动性和积极性；需要制定保护与苗族传统节日相关的历史文物、古籍、民族建筑、节庆场所的具体政策；需要有培养、保护苗族文化传承人的具体政策和举措，使苗族传统节日文化后继有人；需要有明确的处罚措施，一旦违反规定将承担什么法律责任；需要有一定的激励机制，如果对苗族传统节日文化实施了有效的保护将给予何种奖励，等等。此外，还需要进一步贯彻落实乌江流域苗族地区法定节假日办法，我国现有的全国性的法定假日都是汉族的传统节日，少数民族的法定节日非常少，因此，苗族地区可以根据当地的实际情况制定传统节日的放假办法，通过制定地方性法规或者政府章程，选择当地最具代表性的苗族传统节日作为法定假日，并在假日举办各种庆祝活动，由此，为民族成员提供了参加节日庆祝活动的机会，促进了民族团结，激发了民族自豪感，使民族成员自觉地参与到保护民族节日文化的活动中来。

五、保护、培养苗族文化传承人和旅游管理专业人才

（一）保护、培养苗族文化传承人

我国文化部副部长王文章认为："非物质文化遗产是以活态形式传承的文化遗产，主要依靠传承人口传心授。因此，传承人保护是非物质文化遗产保护工作的核心。"乌江流域的民间有许多著名的苗族艺人，他们是苗族传统文化的重要传承人，但他们大多年事已高，如果一旦离去，若没有传承人，他们一生所研习的苗族文化将随他们的离去而成为"绝唱"，因此，在保护与开发乌江流域苗族传统节日文化的过程中，保护、培养苗族文化传承人是一项非常重要的工作。对乌江流域苗族文化传承人的保护与培养，主要可以从以下三个方面来实施：

1. 政府政策保护

政府保护是苗族传统文化传承人保护中最重要的一种保护，其保护的方式主要有两种：

一是国家或地方政府出台保护性政策法规对民族文化传承人予以支持，并依照政策法规严格执行，这是政府保护的主导模式。2008 年，我国文化部部务会议审议通过了《国家级非物质文化遗产项目代表性传承人认定与管理暂行办法》，该办法第 12 条规定："各级文化行政部门应对开展传习活动确有困难的国家级非物质文化遗产项目代表性传承人予以支持，

支持方式主要有：资助传承人的授徒传艺或教育培训活动；提供必要的传习活动场所；资助有关技艺资料的整理、出版；提供展示、宣传及其他有利于项目传承的帮助。对无经济收入来源、生活确有困难的国家级非物质文化遗产项目代表性传承人，所在地文化行政部门应积极创造条件，并鼓励社会组织和个人进行资助，保障其基本生活需求。”在 2007 年至 2009 年，我国文化部先后认定并命名了三批共 1488 名国家级非物质文化遗产代表性项目的代表性传承人。中央财政从 2008 年起专门资助国家级非物质文化遗产项目代表性传承人每人每年 8000 元，从 2011 年开始，对传承人每年的资助金额增加到了 1 万元，鼓励并支持他们开展传承活动。2009 年，贵州雷山县政府出台了《西江千户苗寨民族文化保护评级奖励办法》，2000 年以来，雷山县财政按照此办法每年对民族文化保护投入资金达 150 万元以上，用于每年苗年节办节活动，县民族文工团运行，民族文化书籍搜集、编辑、出版，全县民族民间艺人、技师的补贴、奖励、补助，等等，这些奖励办法大大提高了老百姓自觉保护和传承民族文化的积极性和主动性。因此，国家和地方政府在制定保护民族文化传承人的政策法规时，可以参照以上办法，对乌江流域苗族传统文化传承人首先进行级别认定，然后根据级别每年给予传承人奖励和资金扶持，鼓励他们将自己所研习的苗族文化传授给后代，使苗族文化继续发扬光大。此外，国家和乌江流域各省市政府文化部门在传承人招收学生、培训学徒方面要给予政策支持和相应的经济补助，并对他们制作的民族产品在宣传与营销方面给予政策扶持，有了政府政策与资金的大力支持，苗族文化传承才能后继有人。

二是国家或地方政府文化部门主导建立少数民族文化传承馆，以此来保护、培养苗族文化传承人。2015 年 7 月开馆的“贵州省非物质文化遗产博览馆”，是一座面积约 4000 平方米的多功能现代非物质文化遗产馆，内设展示厅和传承厅。“展示厅”通过多媒体、投影等多种现代技术手段，利用 600 余件非遗实物、60 余组实景模型、200 多幅图片，重点展示了贵州非物质文化遗产 10 大类别的独特项目，其中苗族非物质文化项目在该馆占着重要位置，有苗族独木龙舟、苗族蜡染、苗族芦笙、苗族刺绣、苗族银饰、苗族织布、苗族农民画、苗族歌舞文化等。“传承厅”通过苗绣、蜡染、黄平泥哨制作技艺、银饰制作技艺等传承人现场技艺展示，让参观者对非遗项目及传承有一个全方位的认识。由此，“贵州省非物质文化遗产博览馆”也成为教育、培训苗族文化传承人的重要阵地。

2. 学校教育保护

保护、培养苗族传统文化传承人的另一个重要途径就是通过学校教育来培养。2002 年 7 月贵州省颁布了《贵州省民族民间文化保护条例》，将“民族民间文化进校园”写入了地方法规；2002 年 10 月贵州省出台《关于在全省各级各类学校开展民族民间文化教育的实施意见》，要求全省中小学尤其是民族地区中小学贯彻落实“民族民间文化进校园”政策，将优秀的民族民间文化融入学校教育教学活动中。在政策的支持下，将民族节日文化引入中小学日常的教育活动中，从小就对青少年进行民族节日文化的熏陶，培养和提高青少年对民族节日文化的保护意识，培养青少年的民族情感，从而为培养民族传统文化传承人打下良好的基础。如可以在乌江流域苗族地区中小学校开设苗汉“双语”课程，开设苗族传统节日文化的相关课程，让学生了解苗族传统节日的来源、节日的变迁、节日的类型、节日的礼仪、节日的音乐和歌舞、节日的服饰、节日的饮食，等等；可以开设苗族乐器、歌舞表演培训班，开设苗族服饰、蜡染、刺绣、银饰等手工工艺培训班，将芦笙等苗族民间传统乐器引入学校课堂，聘请高水平的苗族文化传承人到学校来传授技艺，以培养苗族文化的继承人。

乌江流域民族院校也是培养苗族传统文化传承人的重要阵地。民族院校与一般高校相比，拥有丰富的民族文化资源，具有独特的地位，民族院校可以依托其民族语言、民族文化、民族艺术、民族体育等相关专业建立一些教育培训基地，通过开展各种培训活动，培养传承民族民间文化的少数民族专门人才；可以设立研究机构对苗族传统节日文化开展深入的研究，传承苗族博大精深的传统文化。贵州民族大学在这方面的工作开展得比较好，现已经有 3 个贵州省高等学校人文社会科学研究基地：贵州世居民族研究中心、贵州民族生态文化研究中心、法制与民族地区发展研究中心；设有贵州民族文化艺术研究院、贵州民族科学研究院、贵州民族医药研究院等 8 个研究院及一些科研机构；同时学校还建立了 5 个基地如贵州少数民族双语教学基地、贵州世居民族民间文化传承基地、贵州少数民族干部培训基地、贵州少数民族预科教育基地、贵州少数民族传统体育基地。除此之外，2011 年，“贵州省少数民族人才培养基地”也正式落户贵州民族大学。另外，贵州省 8 个民族学会及其研究中心如贵州省民族文化学会、贵州省苗学会等均挂靠在学校。贵州民族大学充分利用这些研究基地、培训基地、少数民族人才培养基地，积极开展各种保护传承民族传统文化的教育培训活动，为乌江流域苗族地区培养了很多精通苗族传统文化的专门人才，这种成功的模式，可为乌江流域其他省市的民族院校提供参考和借鉴。

3. 社会多途径保护

除了政府与学校的保护、培养方式以外，社会领域也是培养苗族文化传承人的有效渠道，具体来说可以采取以下几点措施：

第一，以政府部门为指导，吸引社会资本投资，在乌江流域建立苗族文化传承基地、培训室、工作室等，以多种形式来培养苗族文化传承人。如乌江流域贵州省黔东南州黄平县飞云崖的苗族节日文化传承基地，关岭县的“关岭苗族芦笙舞传承基地”在实践中都取得了成功。如果把传承基地设置在乌江流域独具特色的苗族村寨或苗族地区，处于具有浓厚苗族文化氛围的环境中，对培养苗族文化传承人将更为有利。

第二，重视苗族社区的作用，在乌江流域基层苗族社区培养苗族文化传承人。在我国，所谓苗族社区是指苗族同胞的聚集地如苗族村寨、苗族乡、苗族镇、苗族县等，而基层苗族社区更多的是指相对独立的苗族村寨。基层苗族村寨是展现苗族同胞社会生活方式的地方，也是苗族传统节日文化得以产生、传承、发展的基础环境，是由村寨里群众的集体智慧共同创造发展而来，积淀着深厚的文化传统，承载着苗族人民漫长的历史记忆。在我国少数民族地区，文化传承的传统方式一般就是家族传承、师徒传承等，而基层苗族社区是保持这些传统传承方式的最佳场所，在社区里，培养苗族文化传承人不需要再次适应，一切都是自然而然形成的，社区保持着其原有的、传统的文化传承机制，因此，人们很容易保持自身的生活方式，保持传承传统节日文化的办法，保持举办节日庆祝活动的方式。以基层苗族社区来培养苗族文化传承人，有很多优点，比如不需要花太多的钱搞大工程建设，只要彼此愿意，文化传承马上就可以进行；当老辈的传承人离开后，新的传承人能继续将本民族文化保留在苗族社区里，使其保持持久的生命力，并在新条件下获取创新的机会；同时也促进了苗族社区民族文化教育的发展。

第三，吸引社会民间资本投入苗学研究机构，以苗学研究机构形式来培养精通苗族传统文化的接班人。当前，国家级的知名苗学研究机构有“中国苗学研究院”，乌江流域最知名的苗学研究机构就是“贵州省苗学会”。“贵州省苗学会”是在中国共产党领导下的由苗族同胞和各族各界人士、专家、学者自愿组成的群众性学术团体，也是贵州省哲学社会科学联合会的团体会员，自1988年成立以来，一直致力于苗学研究，大力开展苗族文化的学术交流活动，以促进苗族文化的发展。贵州省除了省级的苗学会，在下属的各个地州市还设置了市级的苗学会，如黔东南州苗学会、黔南州苗学会、毕节市苗学会、安顺市苗学会；县级的苗学会，如黄平县苗学会、赫章县苗学会、施秉县苗学会，等等。这些苗学会里有许多科研人员，他们既是普通的工作者，所做的工作就是研究苗族传统文化，他们也是精通苗族传统文化的人员，因此，可以说苗学会也是培养苗族传统文化传承人的一个重要基地。现在苗学研究机构的发展面临一个现实问题：资金短缺。政府机构投入的资金是有限的，因此，资金短缺使苗学研究机构的发展陷入瓶颈。在这个问题上，我们可以借鉴“贵州河湾苗学研究院”的成功经验，引入社会民间资本，集科学研究、人才培养、产业开发等为一体，推进苗学研究机构的可持续发展。“贵州河湾苗学研究院”是贵州苗学研究第一个民间智库，是将研究与开发、学术与产业融为一体的文化产业创新民营机构，由国内民间资本贵州浙企投资有限公司投资创建，是国内首个民间资本投入的苗学研究机构。它依托企业实体和苗区富有特色的传统文化资源，对苗族和苗区的社会、历史、经济、宗教、节日、风俗、文学、歌舞、服饰、手工艺、饮食、医药、建筑等进行系统研究，探索将苗族传统文化与现代文化产业、中高端文化消费市场对接的可行途径，以推进苗区经济社会可持续发展。“贵州河湾苗学研究院”的这种创新性探索，在社会上引起很大的反响，为苗学研究机构的持续发展开辟出一条新路，乌江流域的苗学研究机构可以对此进行借鉴，以便更好地培养新时代的苗族文化传承人。

第四，充分利用苗族博物馆资源，以博物馆形式培养苗族文化传承人。乌江流域四省市有很多与苗族文化相关的博物馆，尤其是贵州省最多，因此，我们可以充分利用苗族博物馆丰富的馆藏资源，为乌江流域苗族地区培养苗族传统文化传承人。可以从苗族地区选拔优秀青年来担任苗族博物馆的工作人员，他们既会说流利的苗语，又会说流畅的汉语，为了给游客做出精彩的讲解，他们需要认真学习苗族文化，掌握各种苗族民间技艺，接受苗族文化的熏陶，通过他们精心的准备，让来自世界各地的游客了解苗族文化，喜爱苗族文化，弘扬苗族文化，在此过程中也增强了他们的民族自信心和民族自豪感，从而为乌江流域苗族地区培养了优秀的苗族文化传承人。

（二）引进、培养高素质的旅游管理专业人才

乌江流域苗族地区有着丰富的民族文化资源和自然资源，现在随着民族文化旅游的兴起，应抓住机遇促进当地节日旅游的发展，而旅游业要发展，当前最亟需要解决的问题就是改变旅游从业人员素质参差不齐、旅游管理专业人才严重匮乏的现状，引进、培养高素质的旅游管理专业人才，促进乌江流域苗族地区节日旅游良性、健康的发展。具体来看，高素质的旅游管理专业人才的引进、培养可以从以下几方面入手：首先，大力发展旅游院校教育，以培养优秀的、职业的、高素质的旅游管理专业人才，这是培养旅游管理人才的主阵地。其次，教育培训和提高现有旅游从业人员的综合素质，尤其要提高导游的综合素质。当前，乌江流域苗族地区旅游从业人员素质参差不齐，尤其是导游的水平相对比较低，一些导游由当地的村民担任，而村民由于对苗族传统知识的缺乏了解，给游客解说时完全凭自身的经验，解说零乱而随意，不系统、不专业，而导游是当地旅游业的一个窗口，导游素质的高低将直接影响游客对当地的印象，因此，要加大对导游的教育培训，使导游达到本土化、民族化、专业化的水平。导游最好是当地的苗族人，这样不容易流失人才，精通苗语和汉语（最好还要加上外语），了解本民族文化，掌握导游的相关基础知识，语言表达流畅，能对本民族的传统节日、民风、民俗等进行生动、准确的讲解，并善于向当地的文化传承人学习，他们既是导游，让游客了解了苗族独特的节日文化，为游客带去精神的愉悦，同时他们也是当地苗族文化的承载者和传播

者，肩负着光荣的使命。此外，也要对苗寨中从事旅游活动的农户进行培训，让他们学习接待礼仪、卫生营养、诚信服务等方面的知识，改善服务条件，满足游客需求。最后，当地政府要加快创新旅游业的用人机制，强化人才的文化与旅游素质，为了防止人才流失，还要加紧出台优惠政策以吸引优秀的旅游管理专业人才。只有这样，乌江流域苗族地区的节日旅游业才能得到健康、持续的发展。

参考文献

［1］李良品、祝国超、曾超：《乌江流域民族史》，中央文献出版社，2007年版。

［2］张世友：《变迁与交融：乌江流域历代移民与民族关系研究》，中国社会科学出版社，2012 年版。

［3］王朝文、龙志毅：《贵州旅游的可持续发展》，贵州人民出版社，2006年版。

［4］甘肃省古籍文献整理编译中心：《中国民俗知识》，甘肃人民出版社，2006 年版。

［5］龙海清：《中国民俗大系·湖南民俗》，甘肃人民出版社，2003 年版。

［6］王桐龄：《中国民族史》，吉林出版集团有限责任公司，2015 年第2 版。

［7］徐潜主编：《中国民族（一）》，吉林出版集团吉林文史出版社，2014 年版。

［8］徐万邦、祁庆福：《中国少数民族文化通论》，中央民族大学出版社，1996 年版。

［9］李德洙、张儒、徐亦亭：《中国少数民族文化史》，辽宁人民出版社，1994 年版。

［10］费孝通：《论文化与文化自觉》，群言出版社，2005 年版。

［11］黄翔：《旅游区管理》，武汉大学出版社，2004 年版。

［12］邢莉：《中国少数民族节日》，五洲传播出版社，2006 年版。

［13］季诚迁：《少数民族节日》，中国社会出版社，2006 年版。

[14] 贵州省文化厅群文处、贵州省群众文化学会编:《贵州少数民族节日大观》,贵州民族出版社,1991 年版。
[15] 黄泽:《西南民族节日文化》,云南大学出版社,2012 年版。
[16] 贵州省文管会办公室等编:《贵州节日文化》,中央民族学院出版社,1988 年版。
[17] 贵州省民族事务委员会主编:《贵州省民族传统节日进入旅游市场的文化条件分析》,贵州教育出版社,2009 年版,第 1—2 页。
[18] 杨寿川:《云南民族文化旅游资源开发研究》,中国社会科学出版社,2003 年版。
[19]《黔东南苗族侗族自治州概况》编写组:《黔东南苗族侗族自治州概况(修订本)》(中国少数民族自治地方概况丛书),民族出版社,2016 年版。
[20]《松桃苗族自治县概况》编写组:《松桃苗族自治县概况(修订本)》(中国少数民族自治地方概况丛书),民族出版社,2007 年版。
[21]《黔江土家族苗族简况》编写组:《黔江土家族苗族简况》,黔江土家族苗族自治县成立纪念,1984 年版。
[22] 伍新福:《中国苗族通史(上、下)》,贵州民族出版社,1999 年版。
[23] 吴荣臻主编:《苗族通史》,民族出版社,2007 年版。
[24] 熊玉有:《苗族文化史》,云南民族出版社,2003 年版。
[25] 杨昌才:《中国苗族民俗》,载《黔东南州民族研究》,1990 年。
[26] 石朝江:《中国苗学》,贵州大学出版社,2009 年版。
[27] 何琼:《西部民族文化研究》,民族出版社,2004 年版。
[28] 吴正光:《屋里屋外话苗家》,清华大学出版社,2012 年版。
[29] 曹端波、傅慧平、马静:《贵州东部高地苗族的婚姻、市场与文化》,知识产权出版社,2013 年版。
[30] 柳梅、蔡明华主编:《民族宗教理论与政策概论》,武警院校统编教材,2014 年版。
[31] 政协水城县委员会编:《水城文史资料辑》(内资),1989 年。
[32] 织金县民间文学三套集成编委会:《中国民间故事集成·织金县卷》(内资),1988 年。

[33] 中国社会科学院语言研究所词典编辑室编：《现代汉语词典》[Z]，北京：商务印书馆，1996年版。
[34] 唐祈、彭维金主编：《中华民族风俗辞典》，江西教育出版社，1988年版。
[35] 贵州省苗学会编：《王朝文文集——苗学研究与苗族发展》，贵州人民出版社，2008年版。
[36] 许宪隆主编：《民族文化发展保护研究》，民族出版社，2004年版。
[37] 颜勇、雷秀武：《贵州民族文化传统节日综论》，载《贵州民族研究》，2007年第6期。
[38] 于桂敏、廉洁：《中华传统节庆文化探究》，载《大连教育学院学报》，2012年第28卷第4期。
[39] 龙海清：《苗族传统节日文化的基本特征与当代意义》，载《怀化学院学报》，2007年10月第10期。
[40] 陈兴贵：《保护三峡文化多样性的意义、原则与途径》，载《重庆三峡学院学报》，2010年第6期。
[41] 王杰：《全球化时代文化多样性的意义》，载《学术月刊》，2011年第7期。
[42] 魏洪丘：《论乌江流域的旅游文化开发价值》，载《重庆社会科学》，2005年第11期。
[43] 马丽亚：《苗族传统文化浅析》，载《新西部》，2014年第3期。
[44] 杨涛声：《民族节日文化与民族经济的发展》，载《贵州民族研究》(季刊)，1994年4月。
[45] 迟燕琼：《少数民族传统节日的文化传承功能》，载《民族艺术研究》，2008年第3期。
[46] 孙九霞：《节日符号在民族旅游开发中的运用及问题》，载《中南民族大学学报》，2003年第6期。
[47] 李竹青、杜莹：《少数民族传统节日的功能及发展趋势》，载《青海民族学院学报》(社会科学版)，2004年第7期。
[48] 徐锡广、李金福：《“短裙苗”民族文化传承的困境和对策》，载《中国民族教育》，2014年第1期。

[49] 杜锐：《苗族民间文化的现状、传承与保护》，载《湖北广播电视大学学报》，2007 年第 12 期。
[50] 党允彤：《论贵州苗族芦笙舞的当代传承与保护》，载《贵州民族研究》，2014 年第 6 期。
[51] 龙云清：《苗族非物质文化遗产的传承问题分析》，载《中共铜仁地委党校学报》，2008 年第 1 期。
[52] 马廷中：《生态旅游发展中民族文化的保护》[J]，《重庆教育学院学报》，2006 年第 5 期。
[53] 张晓松：《生态保护理念下的长角苗文化·贵州梭嘎生态博物馆的田野调查及其研究》，载《贵州民族研究》，2000 年第 1 期。
[54] 梁敏：《少数民族地区传统节日与旅游经济结合模式初探》，载《湖北民族学院学报》（哲学社会科学版），2007 年第 1 期。
[55] 梁焰：《对民族文化旅游开发的思考——以贵州省黔东南州苗族文化旅游开发为例》，《人民论坛学术前沿》（文史哲），2013 年 2 月。
[56] 丁健、彭华：《民族旅游开发的影响因素分析》，《经济地理》，2002 年第 2 期。
[57] 黄翔、连建功：《中国节日旅游研究进展》，载《旅游科学》，2006 年第 1 期。
[58] 范建华：《论节庆文化与节庆产业》，载《学术探索》，2011 年第 2 期。
[59] 任强力：《民族文化旅游与民族文化保护的双向互动》，载《黔南民族》，2003 年第 2 期。
[60] 李德建：《民族节日符号的现代转型及动力探析——以贵州苗族节日为例》，载《广西民族研究》，2008 年第 3 期。
[61] 潘定智：《黔东南苗族节日简论》[J]，《贵州民族学院学报》（社会科学版），1988 年第 1 期。
[62] 王清敏：《论黔东南苗族传统节日的文化精神》，《贵州文史丛刊》，2010 年第 3 期。
[63] 贾哗、邵志忠：《苗族传统节日文化》，载《广西民族研究》，1994 年第 4 期。

[64] 罗连祥：《改革开放以来我国少数民族传统文化的变迁与保护——以黔东南苗族传统节日文化为例》，载《兰州学刊》，2011 年第 3 期。
[65] 邢莉：《民族民间节日的价值体系及保护原则》，载《河南社会科学》，2010 年第 3 期。
[66] 李炳昌：《民族文化开发的基本原则——以黔东南苗族侗族自治州为例》，载《贵州师范大学学报》（自然科学版），2003 年第 4 期。
[67] 王希辉：《论乌江流域少数民族文化的开发与保护》，载《黑龙江民族丛刊》（双月刊），2008 年第 4 期。
[68] 吴平：《民族文化进校园的实践与思考——基于贵州省黔东南的调查研究》，载《教育文化论坛》，2011 年第 6 期。
[69] 王剑：《乌江流域少数民族传统节日特征研究》，载《重庆与世界》，2011 年第 10 期。
[70] 杨光宗：《民族地区节日文化的保护与创新——以恩施州节日文化为例》，载《吉首大学学报》（社会科学版），2008 年第 6 期。
[71] 杨涛声：《民族节日文化与民族经济的发展》，载《贵州民族研究》（季刊），1994 年第 2 期。
[72] 石群勇、龙晓飞：《论民间博物馆在民族文化保护、传承中的作用——以凤凰山江苗族家庭博物馆为例》，载《原生态民族文化学刊》，2009 年第 4 期。
[73] 石群勇：《多重认同：文化遗产与博物馆——以凤凰山江苗族家庭博物馆为例》，载《凯里学院学报》，2009 年第 4 期。
[74] 周真刚、唐兴萍：《浅说生态博物馆社区民族文化的保护——以梭嘎生态博物馆为典型个案》，载《贵州民族研究》，2004 年第 2 期。
[75] 龚德全：《30 年来贵州世居民族岁时节日文化研究综述》，载《贵州民族学院学报》（哲学社会科学版），2008 年第 3 期。
[76] 吴正光、庄嘉如：《贵州少数民族节日简介》，载《贵州文史丛刊》，1981 年第 1 期。
[77] 韩荣培：《略论贵州民族节日的地方文化特色》，载《贵州民族研究》（季刊），1990 年第 2 期。
[78] 薛丽娥：《论政府参与模式对民族节日文化的影响》，载《贵州民族

研究》，2009 年第 5 期。

[79] 吴宗友、曹荣：《论节日的文化功能》，载《云南民族大学学报》（哲学社会科学版），2004 年第 6 期。

[80] 潘启洪、贺丽霞：《黄平苗族旅游文化开发研究》，载《科技情报开发与经济》，2005 年第 7 期。

[81]《国务院实施〈中华人民共和国民族区域自治法〉若干规定》，载《人民日报》，2005 年 5 月 27 日。

[82] 胡锦涛：《在中央民族工作会议暨国务院第四次全国民族团结进步表彰大会上的讲话》，载《人民日报》，2005 年 5 月 28 日。

[83] 吴建伟：《试论贵州民族民间文化保护与立法》，载《贵州民族报》，2003 年 4 月 7 日。

[84] 王庆仁：《少数民族文化：多样性保护与产业开发》，载《中国民族报》，2007 年 6 月 8 日。

[85] 唐胡浩：《社会变迁中的民族认同研究——以来凤县土家族为例》，硕士论文，第 43 页。

[86]《少数民族地区民族文化保护与旅游发展——以贵州省雷山县为例》（文化遗产日上的讲话，2006 年 6 月 10 日）。

[87]《梭嘎苗族生态博物馆》，贵州省人民政府网，2014 年 5 月 26 日。

[88]《贵州六枝梭嘎长角苗生态博物馆介绍》，远方网，2014 年 5 月 26 日。

后记

乌江流域苗族地区有着丰富多彩的民族节日文化传统，是我国重要的文化遗产，但改革开放以来，随着我国经济的快速发展，城市化进程的不断推进，乌江流域地处偏远的苗族村寨原有的封闭状态也被打破，与外界的沟通与交流日益增多，许多苗族青年男女纷纷外出打工，苗族村寨里仅剩下老人和儿童，苗族节日文化活动的开展难以为继；又由于外来节日文化所带来的巨大冲击，乌江流域苗族地区传统节日文化传承与发展面临前所未有的危机。因此，如何保护乌江流域苗族传统节日文化成为当前一个具有现实意义的重要课题。保护，意味着需要大量的资金支持，而乌江流域苗族地区一般地处偏远，经济落后，人民生活非常贫困，要筹措大量的资金来保护苗族传统节日文化是很困难的。因此，我们地方政府需要改变思路，把保护与开发有机结合起来，利用乌江流域苗族地区丰富多彩的苗族传统节日文化资源进行旅游或者其他形式的开发，吸引游客参与，由此将带来不菲的经济收益，而一部分的经济收益就可以用来作为其节日文化保护的资金，一举两得。但是，乌江流域苗族传统节日文化的保护与开发是一个复杂的体系，保护资金的筹措只是其中一个需要解决的问题，此外，我们还需要有正确的理念的指导。

本书首先对民族节日文化概念进行了阐述，苗族传统节日文化是中国民族节日文化中的一个重要组成部分。其次对乌江流域苗族的具体分布情况进行了梳理，对乌江流域苗族的传统节日及其类别、特征进行了详细的概括。在以上的基础上，本书进一步对乌江流域苗族传统节日文化的内涵与表现形式进行了详细的归纳和概括，从苗族祭祀节日文化、苗族农耕节日文化、苗族纪念节日文化、苗族婚恋节日文化、苗族祝颂节日文化、苗族娱乐节日文化六个方面对乌江流域苗族传统节日文化的内涵进行了归纳阐述；从苗族节日礼仪、苗族节日文化艺术和体育活动、苗族节日传统手工艺术、苗族节日饮食四个方面阐述了乌江流域苗族传统节日文化的具体表现形式。由此看来，乌江流域苗族传统节日文化作为我国民族文化的重要组成部分，作为我国重要的文化遗产，有着重要的现实意义，它有利于传承苗族传统文化；有利于促进乌江流域苗族地区的经济发展；有利于促进民族团结和社会稳定，因此我们尤其要重视对它的保护与开发，促进其传承与发展。当前，乌江流域苗族传统节日文化内涵不断流失，乌江流域苗族节日文化特色逐渐消失，乌江流域苗族传统节日文化传承面临危机；与此同时，随着我国市场经济的深入推进，民族节日旅游蓬勃兴起，民族节庆文化产业成为新的经济增长点，乌江流域苗族传统节日文化传承又面临着难得的机遇。目前，乌江流域苗族地区在苗族传统节日文化的保护与开发方面做出了积极的努力，举办了丰富多彩的苗族节庆活动，建立了与苗族节日文化相关的博物馆，成立了苗族文化活动基地，开发了苗族村寨节日文化旅游，颁布了保护民族节日文化的相关法律法规等具体举措，以保护和弘扬乌江流域苗族传统节日文化。但是，乌江流域苗族传统节日文化在保护与开发的具体实践活动中，由于未能正确把握保护与开发的辩证关系，导致开发模式“趋同化”现象严重，缺乏地方特色；开发具有功利性、破坏性，追逐经济利益最大化；开发中政府居于主导地位，行政干预严重；节日旅游开发的配套设施不够完善等。此外，乌江流域苗族传统节日文化的保护与开发在立法上缺乏完备的法律保护体系，苗族地区群众保护苗族传统文化的法律意识比较淡薄，缺乏对少数民族节日文化的专门性立法保护；政府主导的立法忽视了少数民族群众在保护与开发中的地位与作用等；在人才培养上，苗族文化传承人和民族旅游管理专业人才严重缺乏。由此，我们要保护和开发好乌江流域苗族传统节日文化，必须基于乌江流域苗族地区的实际情况，基于乌江流域苗族传统节日文化当前的现状和客观存在的问题，坚持保护第一，开发第二，文化保护与经济开发和谐并举；在开发中坚持特色原则、整体原则、创新原则、可持续发展原则；在乌江流域苗族地区科学构建地方节庆模式、苗族节日旅游模式、苗族节日文化博物馆模式、苗族传统节日文化传承基地模式。除此之外，增强苗族同胞对本民族文化的认同感，养成“文化自觉”意识；在市场经济条件下，转变政府的文化行政主导模式；打造乌江流域苗族节日文化知名品牌；建立健全民族传统节日文化的法律保护体系；保护、培养苗族文化传承人和旅游管理专业人才等也是乌江流域苗族传统节日文化保护与开发需要完善的几个方面。

本书共包括前言和六个章节，由陈风波、陈风华、刘燕燕共同撰写而成，历时一年半的时间，得到了遵义师范学院历史文化与旅游管理学院院领导的大力支持，在实地调研的过程中得到了遵义师范学院历史文化与旅游管理学院学生的鼎力帮助，在此对他们的辛苦付出表示衷心的感谢！在写作的过程中，由于作者能力的限制，书中还有不太完善的地方，希望大家批评指正，谢谢！

陈风波

2016 年 4 月 15 日